普通高校经济管理类应用型本科系列规划教材

Pharmaceutical Marketing Practice

医药营销实务

主编

丰志培（安徽中医药大学） **洪世忠**（安徽中医药大学）

副主编

官翠玲（湖北中医药大学） **罗中华**（甘肃中医药大学）

丁红伟（山东中医药大学） **倪华安**（安徽天星医药股份有限公司）

编委（以姓氏笔画为序）

庆艳华（广州中医药大学） **孙文静**（安徽中医药大学）

李国强（安徽中医药大学） **李　靖**（甘肃中医药大学）

汪　成（安徽中医药大学） **张恬恬**（安徽中医药大学）

周丘云（湖北中医药大学） **郑赫宏**（安徽天星医药股份有限公司）

谭红玲（广州中医药大学）

中国科学技术大学出版社

内 容 简 介

本书以医药市场现行营销模式为研究背景，梳理和解析药品从生产企业流向市场过程中，实施营销各环节的一般过程和实际操作技能，以医药市场营销理论为依据，结合医药企业现行药品运营实况，通过医药营销实际事务研究整理而成。从认识医药营销、分析医药营销、医药营销操作技能、医药营销职业规划4个专题编写，共分12章。适用于医药高等院校经管类、医药类本专科学生，也可以作为医药企业管理者、医疗服务机构管理者、医药营销者、医药营销研究人员以及咨询培训人员的参考读物。

图书在版编目(CIP)数据

医药营销实务/丰志培，洪世忠主编. —合肥：中国科学技术大学出版社，2023.1
ISBN 978-7-312-05553-9

Ⅰ.医… Ⅱ.①丰… ②洪… Ⅲ.药品—市场营销学 Ⅳ.F724.73

中国版本图书馆CIP数据核字(2022)第254430号

医药营销实务
YIYAO YINGXIAO SHIWU

出版 中国科学技术大学出版社
安徽省合肥市金寨路96号，230026
http://press.ustc.edu.cn
https://zgkxjsdxcbs.tmall.com
印刷 安徽省瑞隆印务有限公司
发行 中国科学技术大学出版社
开本 787 mm×1092 mm 1/16
印张 17
字数 434千
版次 2023年1月第1版
印次 2023年1月第1次印刷
定价 60.00元

前　言

近年来，我国医疗卫生体制改革深入推进，医药行业新政策不断出台，对医药营销人员的专业素养要求也越来越高。在新形势下，医药市场竞争环境日趋复杂，对医药企业而言，既面临机遇也面临挑战。为实现企业目标，医药企业需要具有医药专业知识、能把握医药市场规律、善于医药营销操作技能的复合型、应用型人才。医药营销实务教材就是围绕这类人才培养目标而编写的。

《医药营销实务》梳理和研究药品从生产企业流向市场过程中，实施营销各环节的一般过程和实际操作技能，以医药市场营销理论为依据，结合医药企业现行药品运营状况，通过医药营销实际事务研究整理而成。

本教材编写将突出医药市场营销的基本知识、基本技能、基本技巧、基本礼仪。围绕现行“两票制”、“4＋7”带量采购、医药代表备案制等新医改政策及医药市场现行模式发生的变革，试图阐述在变革中如何开展医药营销行为，同时通过案例分析、角色模拟等内容的编写来介绍医药营销实务操作过程，对医药营销中各阶段的行为技巧展开详细介绍。

教材在医药营销理论基础上，根据医药营销实际，坚持普遍性与特殊性相结合的原则，系统介绍医药营销操作实务，突出新政策下医药市场变革，展现医药营销领域的最新操作技能。我们根据一线医药营销岗位调研情况，借鉴国内外最新研究成果，进行教材编写。

《医药营销实务》从认识医药营销、分析医药营销、医药营销操作技能、医药营销职业规划4个专题编写，共分12章。既设置了课堂授课，又设计了实验和实训内容，同时还尝试增加了课程思政要点等。

在内容设计方面，围绕医药市场现行营销模式下的药品营销过程，展开介绍各营销过程中的营销技巧，突出医药市场营销的基本知识、基本技能。

在结构方面，以教师易教和学生易学为导向，每章设计了学习要点、课程思政、引导案例、教材正文（选择插入营销视野）、案例分析、技能实训、复习思考和参考书目八大模块。

教材知识结构由浅入深，案例分析、训练模拟相得益彰，理论知识联系行业实际，让学生喜欢营销、热爱学术，传播药品信息，使学生在以后的医药营销工作中，真正成为医生、医院和医药企业之间的桥梁，将医药企业的最新研发动态带入医院，再把医生用药的临床状况反映给医药企业。希望通过本教材的学习，能使医药贸易类大学生知识结构和基本技能得到进一步完善和提高，锻炼学生分析问题与解决问题的能力，为学生毕业后从事企业管理、市场营销和医药代表等方面工作打下良好基础，成为复合型、应用型人才，能够在跨国制药企业、国内制药企业和医药流通企业及其他医药相关行业从事医药贸易、市场营销及医药企业管理等工作。

本教材由安徽中医药大学、湖北中医药大学、甘肃中医药大学、山东中医药大学、广州中医药大学、安徽天星医药集团有限公司等高校和医药企业联合编写。编写分工如下：第一章由丰志培、洪世忠编写，第二章由倪华安、郑赫宏编写，第三章由罗中华、李靖编写，第四章、第五章由倪华安、张恬恬编写，第六章由洪世忠、孙文静编写，第七章由丁红伟编写，第八章由李国强编写，第九章由丰志培、李国强编写，第十章由谭红玲、庆艳华编写，第十一章由官翠玲、周丘云编写，第十二章由丰志培、汪成编写。

教材立足医药市场新形势新变化，面向医药营销领域，力求全面、实用，同时体现一定的创新性、前瞻性，既可以作为医药高等院校经管类、医药类专业本专科学生教材，也可以作为医药企业管理者、医疗服务机构管理者、医药营销者、医药营销研究人员以及咨询培训人员的参考读物。

本教材的编写，参考了安徽中医药大学医药经济管理学院医药贸易教研室万毅教授编写的《医药营销实务讲义》，在此表示衷心感谢。由于本书属创新性新编教材，加之编者知识和实践水平有限，教材中若有疏漏之处，敬请广大读者提出宝贵意见，以便再版时修订完善。

编　者

2022年9月

目　　录

第一章　医药营销实务概述

通过本章学习，需要掌握医药营销、医药营销实务等概念以及医药营销的未来发展趋势；熟悉医药营销各种路径；了解医药营销中的医药生产企业、医药商业企业、终端零售药店和医院营销的发展过程。

课程思政

学习该门课程时，我们要树立为大健康事业的发展提供优质服务的意识，用医药专业知识为企业的合规营销做策划，为医生群体的合理用药做服务，传播医药前沿研发信息，收集患者群体的用药不良反应并反馈给研发体系，致力于我国大健康事业发展。宣传并执行国家医药政策，降低药品价格，让患者看得起病，用得上药，为创建和谐社会贡献自己的一份力量。

通过本章节学习，我们了解到我国医药行业的发展是循序渐进的，从不发达到欣欣向荣，从粗放管理到合规经营，从药价虚高到让利于民。国家为了人民的利益，采取切实可行的措施来规范药品经营秩序，实施“两票制”政策压缩药品营销中间环节，降低了药品营销成本；实施“4＋7”带量采购制度及医保药品目录谈判政策降低了药品价格；实施一致性评价政策保障了药品质量和疗效。新政策实施的目的是促进医药行业优胜劣汰，倒逼企业创新发展，围绕国家大健康发展做好服务。

山西振东制药的跃升之路

山西振东制药在2016年医药工业百强企业排名中从2015年的88位跃升至57位，排名提升31位，是上升最快的企业。

山西振东制药能实现大跃进，得益于企业的转型升级战略。早在2014年，山西振东制药就开始探索企业转型之路，并且选准方向走对了路，在2016年的政策调整时能够从容应对。

营销模式转型：突破传统营销模式，以处方药终端学术推广为主体，以普药渠道流通、OTC品牌运营为补充。从简单的利益关系向合作关系转型，从单纯的营销产品向先进的营销品牌、营销服务、营销学术等观念转型。山西振东制药在优势区域采取自营模式，在新开发和基础薄弱市场实行代理模式。

管理机制创新:2016 年各省区成立省区分公司,管理机制下沉,业务效能进一步上升。对省区不再局限于销售政策、公关能力、执行能力等指标的考核,重点是省区市场准入能力、劳务合同能力、专家网络建设、商务处理能力。

拳头产品驱动:拳头产品——岩舒注射液,凭借良好的安全性、丰富的临床价值及充分的机理研究,成功避开大多数省份的辅助用药目录,并且不限使用医院级别,成为少数可以在基层使用的中药注射剂。

并购战略推进:2016 年收购康远制药,此次并购,处方药和 OTC 两条产品线进行优势互补,以"岩舒"带动处方药,以"朗迪"带动 OTC,全面拓展公司各产品群的销售规模,使产品品牌与企业品牌形成良性互动,把产品优势转化为品牌优势,把品牌优势转化为市场优势。

2020 年(第 37 届)全国医药工业信息年会发布了 2019 年度中国医药工业百强榜单,振东制药再次入选该榜单。

作为中国领先的医疗健康产业集团,振东制药的业务发展立足中国、布局全球,以药品制造与研发为核心,覆盖中西制药、保健食品、家护用品、文化旅游、农业科技开发等五大产业的健康产业。

振东制药坚持科研创新,推行差异化营销战略。在肿瘤管线方面深度研究和二次开发;泌尿管线方面加速独家剂型通过一致性评价;补益管线方面,保持市场品牌势能,加快后续品种的研发进度。此外,振东制药还不断拓宽辅助管线,为企业专业化格局打下更深厚的地基。

医药行业有其独特性,也具有普适性,就中国制药企业的众生相而言,也是一部中国各行业的真实写照。展望未来,医药行业发展的长期趋势将是整合和优化。在"创"与"变"的时代风口,拥有绝对创新力量的中国医药工业百强,将持续通过产品创新、技术创新和经营模式创新来实现企业自身的整体战略目标,并在促进行业高速发展、引领工业转型升级和冲击世界一流企业的过程中,更好地诠释整个产业所赋予其的社会价值与责任。

资料来源:根据工信部 2016 年医药工业百强与 IT 产业网资讯资料整理。

第一节　医药营销的产生与发展

一、医药营销的产生

医药营销活动与医药生产活动是相伴而生的,本教材主要探讨我国现行医药营销。

我国医药营销主要经历了计划经济时期、计划市场经济转型期、市场经济时期三个时期,期间发生了翻天覆地的变化。医药营销的形成和发展主要依托于医药生产、医药流通、医药零售以及医院推广等(图 1-1)。

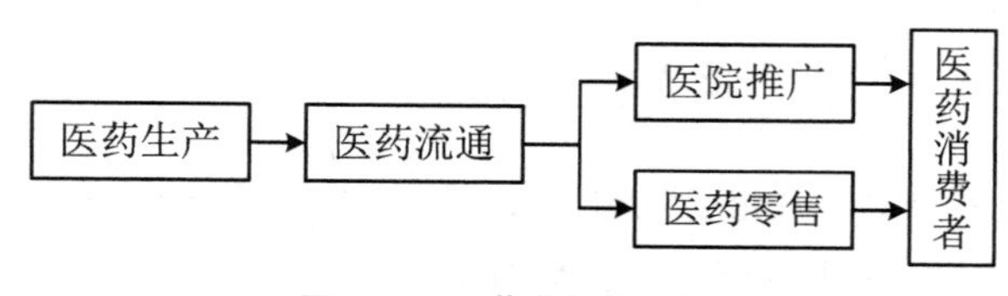

图 1-1　医药营销运行图

二、我国医药营销的发展

1979 年之前我国处于计划经济时期，医药行业奉行计划导向，医药管理体制基本上是集中统一管理模式，药品实行分级分类计划管理，购销方式较为单一。当时，我国医药管理政策规定制药企业不能直接进行销售，而要经过中间商（药品批发企业）进行销售。医药生产企业根据指令计划生产药品，医药公司负责流通调度，医药生产和流通完全分离，制药企业在这种体制下不必考虑销售问题。改革开放后，我国社会主义市场经济体制逐步形成，医药行业发展加速，加之市场营销学在我国广泛传播，带来了医药企业营销观念和营销手段的变革。改革开放以来，我国医药行业营销活动的演变大致可分为三个阶段。

第一阶段为 20 世纪 80 年代至 90 年代初。这一阶段是医药行业迅速发展的时期，药品市场处于卖方市场，药品经营利润丰厚，医药企业经济效益良好。在 1980 年，医药行业的销售利润率为 21.7%。新的药厂和医药经销公司如雨后春笋般出现。20 世纪 80 年代末，医药批发企业发展到 2500 多家，竞争格局逐渐形成。同时，以西安杨森、上海施贵宝、天津史克为代表的合资公司抢先在国内创建了生产基地。西方先进的企业管理理念和市场营销经验也随之进入我国医药市场。1990 年前后，一些医生、药剂师、医学院校教师加盟外资医药企业，成为我国改革开放后第一代专业的医药代表。

第二阶段为 20 世纪 90 年代初至 90 年代中后期。此时，我国医药行业进入调整期，结构性问题日渐突出，医药企业效益大幅度滑坡，加上国际市场传统原料药价格走低，整个医药行业面临困境。企业间竞争越来越白热化，整个医药市场处于无序竞争状态，各制药企业为了促销产品，或竞相降价，或暗箱操作，药品回扣现象引起社会关注。

第三阶段为 1998 年至今。我国医药行业进行了结构调整，政府也出台了一系列的医改政策，使我国医药工业的整体运行环境得到了一定程度的改善。丰富的国产药品、合资药品加上每年的进口药品，使医药市场转变成为买方市场。随着医药市场化的进程加快，医药商业竞争更加激烈，促使医药企业由销售导向转变为市场导向，即按市场的竞争状况来决定医药企业的营销策略。医药市场营销从销售驱动型的非专业化模式，走向市场驱动型的专业化营销模式。2000 年后，处方药和非处方药开始分类，大量的零售药店和连锁药店建立，消费者对药品选用范围扩大，选用方式也从单一“处方型”转向“双方型”，药品市场竞争愈演愈烈。同时，世界经济一体化逐渐形成，尤其是我国加入世界贸易组织后，高新技术带来经济生活的新变化及消费理念和行为的深刻转变，新的医药营销观念不断产生。

随着“两票制”、“94 号文件”、反商业贿赂、三医联动、国家药物目录、“4＋7”带量采购、药品一致性评价和新药审批制度等相关政策的推行，我国医药行业新营销体系在也不断完善。

首先，我国医药生产企业目前有 7600 多家，部分生产企业在市场上已经有真正的自营队伍，大部分企业还是以代理为主要营销模式。在各项政策实施后，无自营队伍的生产企业营销将陷入难以为继的状态，新业态、新经营模式将会出现，在生产企业的极度需求下，新经营模式也会快速发展。

其次，我国现有医药商业企业 13000 多家，配送、流通、纯销等经营模式同时存在，大量的医药中间商业机构可能会退出医药流通领域。医药商业市场将被细化为配送型商业、市场运作型商业、纯销型商业。国药控股、华润、九州通和分布在各省的原有省医药公司和地方医药商业公司承接配送工作，分布在区县的小型纯销商业完成区域的销售工作。

另外,全国医疗机构数量突破100万家,医院销售的药品占我国药品销售市场份额的70%以上,是药品销售主要渠道。全国医药零售连锁企业6300多家,下辖药店达31.3万家,单体零售药店达24.1万家。近几年,网上零售药店和DTP药房也在不断发展。零售终端的药品销售占30%市场份额。

医药营销在中国近40年发展中已经形成了外资、内资和代理的推广格局及营销模式,学术推广、客情关系是推广中的主要特点。随着更为规范合规的行业发展趋势,学术推广、专业推广一定是未来医药营销的主流。如何做好学术推广是未来的关键,其中提升医药代表专业能力和进取意识,针对性推广、搭建共赢平台和互联网技术应用的创新推广模式建立都将助力企业学术推广,从而在未来竞争中超越对手,立于不败之地。

第二节　医药营销实务相关概念

一、医药营销概念

(一)医药销售

医药销售是指以出售、租赁或其他任何方式向第三方提供医药产品或服务的行为,包括为促进该行为进行的有关辅助活动,例如广告、促销、展览、服务等。也就是说医药销售是指实现医药企业生产成果的活动,是服务于客户的一场活动。

(二)医药营销

1960年,美国管理协会(AMA)这样定义营销:市场营销是引导货物和劳务从生产者流向消费者或用户的企业商务活动的过程。也就是说,医药营销是引导药品和医药代表的服务从药厂流向医院、药店、患者的企业商务活动的过程。

2004年,AMA修订了营销的定义:“市场营销既是一种组织职能,也是为了组织自身及利益相关者的利益而创造、传播、传递客户价值和管理客户关系的一系列过程。”

医药营销既是药品生产、经营企业的组织职能,也是为了医药企业自身及政府相关部门、药品集采中心、招标代理公司、医院等单位,包括诊疗机构各部门,以及医生、医药代表、患者、患者家属等个人创造、传播、传递客户价值和管理客户关系的一系列过程。

(三)医药营销实务

1. 实务

实务是指实际的例子或在某特定领域中的事务。也可解释为实际事务,与理论等词相对应,理论指研究原理性问题,实务则研究实际操作标准。

2. 医药营销实务

医药营销实务以医药市场营销理论为依据,以医药企业现行药品运营为基础,主要介绍药品在流向市场过程中实施营销各环节的实际操作。

(四)医药生产企业

医药生产是指原料经物理变化或化学变化后成为新的医药类产品的过程,包含通常所说的中西药制造，还包含医药原料药及卫生材料制造。

药品生产企业是指生产药品的专营企业或者兼营企业。

医药生产企业是医药营销渠道的源头，是药品提供者，在医药营销渠道中除了具有提供产品的功能外，还拥有医药营销及药品流通或出口的功能。一些著名的医药生产企业，如国外的辉瑞公司、拜耳公司、诺华公司、赛诺菲公司以及国内的国药集团、华润三九、修正集团、天士力控股等，既是生产者，又是营销行为的主宰者，在整个营销过程中居于核心地位。

医药生产企业提供的产品范围非常广泛，不同企业的实力和规模也千差万别。大到像辉瑞制药公司年收入超过500亿美元的巨无霸企业，小到一些国内刚刚成立的生物制药公司，可谓是天壤之别。但作为制造商，它们都面临着相同的任务，即必须有效满足医药市场的需求，必须通过有效的方式把医药产品提供给患者。制造商可以选择直接销售的方式，也可以通过间接方式销售。

（五）医药代理商

医药代理商是指受委托人委托，替委托人采购或销售医药产品并收取佣金的一种中间商。医药代理商只是在买卖双方之间扮演促成交易的中间人的角色，本身并不拥有医药产品的所有权，一般是医药商业公司，不一定是独立机构。经营活动受供货商（也就是招商企业）指导和限制，供货权力较大。

医药代理商的类别较多。按照所代理的产品来分，医药代理商可分为采购代理和销售代理；按代理的区域来分，可分为全国总代理和地区代理。医药企业是否选择代理商以及选择何种代理商进行销售，需要视具体情况而定。在开拓新的区域市场或是开展全新药品销售时，选择具有专业的医药营销知识与技能的代理商是一个较好的选择。

（六）医药经销商

医药经销商往往具有以下特征：独立的经营机构，拥有商品的所有权（买断制造商的产品服务），获得经营利润，多品种经营，经营活动过程不受或很少受医药招商企业限制，与供货商责权对等。

（七）医药批发商

医药批发商是医药销售中的重要成员，是专门从事药品批量买卖的中间商。医药批发商既不生产产品，也不直接将商品卖给终端的消费者，而是作为制造商和零售终端的连接者而存在，在医药市场开发方面扮演着重要的角色。

目前我国的医药批发商又可分为商业批发商、代理批发商和药品生产企业的销售部或办事处三种类型，下面分别做简要介绍。

医药商业批发商是指具有法人资格的独立批发企业，主要由各类医药商业经营批发公司组成，是我国医药批发商的主导类型。商业批发商的收入主要来自买入和卖出药品的价格差。

医药代理批发商是指不具有医药产品所有权的批发商，在药品的经营中不承担销售的风险。其收入主要来自销售医药产品的佣金而非买卖的价格差。

医药生产企业的销售部或办事处隶属于医药生产企业，是自行设立的销售组织，但又具有一定的独立性，专门从事本企业医药产品的批发销售任务。这种类型多见于医药工业品市场。

（八）医药零售商

零售是指将商品或服务直接销售给终端消费者，以供个人或家庭的非商业性用途的活动。医药零售商是医药营销渠道中的另一类重要成员，是实现医药产品从生产领域向消费领域流通的最终环节。医药零售商功能的有效发挥，对提高医药营销的效率和服务水平具有重要意义。

医药零售商提供的是终端服务，客户每次购买数量少，交易次数多，金额小，属于零星销售，所以零售商必须控制进货批量，加快销售过程，提高资金周转率。这就形成了医药零售商小批量进货、低库存和重视现场促销的经营特点。

目前我国的医药零售商主要由各种类型的药店和各级医疗机构（医院、诊所）组成。另外，由于非处方药也可由各种超市和便利店（需要具备国家规定的具体条件并严格按照批准药品范围经营）进行销售，因此这些终端也可称为医药零售商。

（九）医药顾客

顾客是医药营销渠道的终点。医药产品只有销售给顾客才能实现其真正的价值。医药顾客市场又可分为消费者市场和组织市场。

二、营销与销售的区别

营销与销售的区别，主要包括以下几个方面。

（一）包含内容不同

营销是一个系统，而销售只是营销的一部分。营销包括市场调研、市场推广、品牌策划、销售、客户服务等。

（二）思考角度不同

销售主要是企业以固有产品或服务来吸引、寻找客户，这是一种以企业为中心的由内向外的思维方式。营销则是以客户需求为导向，并把如何有效创造客户作为首要任务，这是一种以顾客为中心的由外而内的思维方式。

（三）诉求结果不同

销售是把产品卖好，将已有的、现有的产品卖好。营销是让产品好卖，是产品的行销策划、推广，目的是让销售更简单甚至不必要。

（四）营销哲学不同

（1）营销需要我们以长远的战略眼光确定大的方向和目标，并以切实有效的战术谋策达成中短期目标，营销的这些特性，会进一步激发、训练我们的长远商业目光及把握市场机会的能力。

（2）因为营销是一种以外向内，通过外部环境改造企业内部环境的思维，它更能适合于市场，所以营销不但适合于企业的长远发展，同时也是一种以市场为本的盈利思维。

第三节　医药营销实务研究内容

本书以医药市场现行营销模式为研究背景，探讨营销过程中的主要营销环节，以及各营销环节的实践技能。全书共分理论篇、分析篇、实践技能篇、职业规划篇四部分内容，共十二章。

一、医药营销实务研究框架结构

医药营销实务主要研究药品投放市场的整个营销过程，包括以下几个方面：

(1) 医药生产企业生产的药品通过自营和招商模式投放医药市场。同时根据相关政策，进入医院的大部分药品需要生产企业完成招投标运行环节。

(2) 医药生产企业通过自己的营销团队进行市场调研来确定市场，在相应的市场运作推广下，将药品直接销售到医疗和零售企业终端，并进行终端营销模式促销。

(3) 医药生产企业通过招商模式将药品投放到自营模式不能到达的医药市场。在招商过程中，根据医药批发企业情况，与医药批发企业进行代理或经销合作模式的商务谈判，并与之确定合作模式的合同签订。医药批发企业根据与生产企业的合作模式进行选品种、市场调研、定市场、产品推广将药品销售到医疗和零售企业终端，最后实施终端营销模式促销。

医药营销实务研究框架结构如图 1-2 所示。

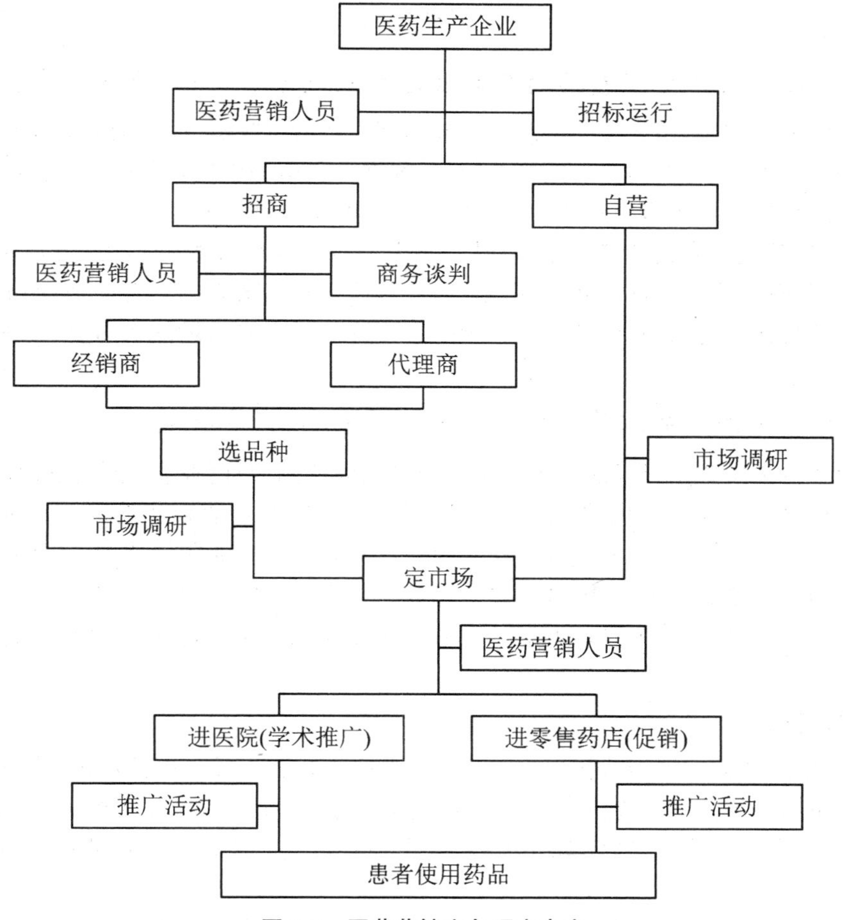

图 1-2　医药营销实务研究内容

框架结构图中的“自营”“招商”(“代理”“经销”)“医院推广”“零售药店营销”等营销模式，以及选品种、市场调研、定市场、进医院、进零售药店、学术推广和促销等营销环节和营销技能见教材第二章、第三章、第四章、第五章和第六章内容；“推广活动”见教材第七章内容；

"招投标"见教材第八章内容;"商务谈判"见教材第九章内容;"医药营销人员"见教材第十章、第十一章和第十二章内容。

二、现行医药营销模式

医药营销是为满足终端客户需求,通过多种科学的营销策略,有效地满足目标市场各种需求,最终实现营销目标。医药营销实务主要研究企业完成药品营销目标的方法和实操技能(图 1-3)。

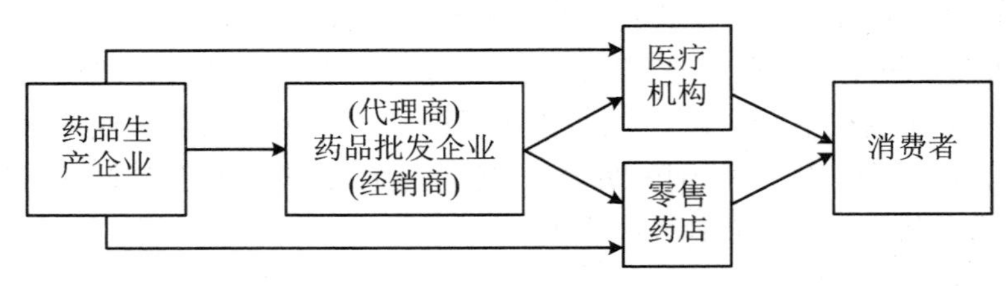

图 1-3　药品营销流程图

(一)药品从生产企业直接销售到医疗机构或零售终端(自营模式)

有些规模大、资金充裕的大中型制药企业内部组建营销队伍,通过成立营销中心(公司)或外派医药营销人员的方式,负责区域营销、品牌推广和市场维护,不通过商业企业,直接将药品销售到医疗机构或零售企业终端,减少了商业环节。制药企业自营模式符合"两票制"政策,为"一票制"政策来临铺垫基础。同时,自营模式对企业品牌的销售,与企业理念相一致,便于管理和政策执行,可以实时了解市场动态,便于营销策略的动态调整;能够加强企业与客户终端的直接沟通,有利于营销渠道维护。自营模式需要大量的人力物力,因为从生产到售后的管理过程太长,资金投入很大。

(二)药品从生产企业销售到批发企业的营销(商务模式)

药品商务营销模式是指药品从生产企业通过招商谈判,与商业企业建立购销关系,借助商业企业渠道来完成药品流向终端的营销过程。药品生产企业合作的医药商业类型有多种,这和药品生产企业的整体营销体系设置有关。一般合作商业包括代理商、经销商等。

医药招商模式说是一种模式,其实是一种综合运用的营销方法,因为任何制药企业都会和医药商业企业产生协作关系,而协作关系的产生前提,就是制药企业寻找合适的医药商业。

1. 招商模式

(1) 传统招商模式。很多制药企业一开始是通过电话或者会议招商的,电话招商就是组织一些人员给各地的商业企业打电话,介绍本制药企业的情况、商业政策情况和产品情况,如果医药商业有合作意向,就进一步跟进,直到签署合作协议。合作的形式分代理和经销两种形式。

会议招商就是制药企业参加各种类型的会议,这些会议会聚集全国各地的商业企业,制药企业通过会议展台展示企业形象和企业产品,来吸引医药商业企业。

(2) 精细化招商模式。随着招商模式的发展和改进,很多制药企业摒弃了单一的电话或者会议招商模式,而是采取精细化招商模式,精细化招商比传统招商模式更有效。精细化招商,先要进行产品规划,然后根据产品在不同区域的发展要求对区域进行调研,研究各地医药商业企业的实际经营情况，最终从区域商业中选择出适合本制药企业的合作商业。这是由被动招商或者坐等招商变为主动招商。

精细化招商的运行方式也多种多样：电话招商、会议招商、电商招商、网站招商、平台招商、微信公众号招商、短信招商、DM招商、邮件招商和电视广告招商等。招商模式在很多制药企业中是和自营团队协同进行的。

2. 商务模式分类

医药生产企业通过招商的方法寻找合作的商业企业，根据与商业企业的合作形式，可分为代理商或经销商模式。

(1) 代理商模式。

代理商模式是指制药企业委托代理商在某个区域全权代理企业药品，或在指定区域内实施药品营销，即指代理商为制药企业打理药品生意，获得制药企业给予佣金额度的一种经营行为。需注意的是，所代理药品的所有权属于生产企业，而不是商家。因为商家不是售卖自己的产品，而是代制药企业转手卖出去。所以代理商，一般是指赚取制药企业代理佣金的医药商业单位。

以前制药企业通常通过招商寻找全国总代理商，再由全国代理商寻找区域代理商，再者省级代理商，甚至县级代理商。这种层层多级代理商的长渠道代理模式在“两票制”实施背景下，取而代之的是制药企业需要多地多点通过招商模式寻找代理商，由长渠道代理转变为宽渠道代理。

(2) 经分销模式(经销商模式)。

经分销模式一般是由自营队伍的制药企业采用的商业合作模式。这种模式中，一般制药企业在一个省设置一个或几个经销商，经销商并不完全负责协议经销区域的销售。有些经销商下面有自己的分销渠道，而有些没有。这时，制药企业和经销商签署经销协议，经销商主要负责所在区域的物流、资金和发货。在经销商下面，制药企业还要通过招商构建区域的分销体系，分销商要把药品从经销商手中销售到各个终端去，并负责终端回款。很多制药企业的自营队伍就是在分销商下面做销售管理、市场管理、终端促销以及终端维护，但自营队伍并不负责终端对分销商的回款，终端对分销商的回款由分销商和终端解决。

经分销模式其实是制药企业的自营队伍和区域商业充分合作的一种模式，这种模式在“两票制”等政策影响下，也发生了很大变化。

现在很多采用经分销制(制药企业-经销商-分销商-医院)的医药企业因为“两票制”或者“一票制”，改变了经分销模式。比如，有的制药企业由于自身营销队伍比较强势，终端掌控较好，在面对医院市场，就脱离了实施“两票制”的区域的分销商，产品经由制药企业-经销商-医院。而有的制药企业由于对终端掌控弱，自营队伍较小，就脱离经销商，直接给分销商开票，产品经由制药企业-分销商-医院，由分销商(纯销)开发，销售到医院。

当然，在“两票制”下，原来的经分销系统作为第三方服务体系还在运行，为制药企业提供药品营销咨询服务、委托配送服务等，制药企业支付咨询服务费。

目前，招商已经成为药品生产企业组建销售渠道的重要方式之一，越来越多的公司都在努力发展经销商，很多的中小型药品企业更是完全依靠经销商来实现产品的终端销售。但是，如何提高经销商的招商签约成功率？如何分辨招商中的代理陷阱？如何提高招商销售代表的经销商拜访效率？这些都是值得深思的。

显然，纯粹的电话招商或者拜访招商已经不适应竞争的需要，为了规范药品招商销售代表拜访经销商的程序，强化队伍管理和有效的拜访，需要制定符合企业经销商发展需要的拜访标准程序。

（三）药品在医疗机构的营销（医院营销）

医院营销包含两个过程：药品销售和临床推广。其中，制药企业或商业企业通过精密的营销策划及专业的营销队伍，将药品销售到医疗机构。这个过程是药品进医院的销售过程。医生接受药品医学信息，根据患者临床需求，完成患者使用药品的过程，此过程为临床推广过程。

无论是在销售过程，还是推广过程，医药企业都要在国家政策允许范围内，组织医药营销人员开展医院营销行为。医院营销主要包括以下各行为：

在药品销售到医院的过程中遵循药品销售准则；在医生处方药品的学术推广过程中，合规拟订药品推广计划和方案；向医务人员传递医药产品相关信息；协助医务人员合理使用本企业医药产品；收集、反馈药品临床使用情况及医院需求信息。

在医疗机构当面与医务人员和药事人员沟通；举办学术会议、讲座；提供学术资料；通过互联网或者电话会议沟通；以医疗机构同意的其他形式开展学术推广活动。

（四）药品从零售药店流通到消费者的营销（零售药店营销）

零售药店营销是指零售药店的药品推销人员（包括零售药店导购员和执业药师）把药品销售给顾客的过程。在零售药店经营过程中，零售药店为了促进药品的销售，开展促销活动，从而吸引顾客、指导顾客、促进顾客购买药品和服务。零售药店营销过程是在药店店长的组织管理下，由药店的所有岗位人员齐心协力向顾客销售药品、提供服务的过程。药店营销也包括药店店长的营销策划；药店导购员和执业药师向顾客销售药品；收银员和服务台店员向顾客提供服务，辅助销售药品工作的顺利开展。

零售药店是药品零售企业把药品从流通领域转化为消费领域的最终终端，其经营效益的好坏直接影响着药品重复销售的频率，因此药品生产企业和批发企业的医药代表为了更好控制药品终端市场，需要了解药店的类型模式、熟悉药店推销的基本步骤、把握药店推销的基本特点和规律，进而分析顾客购药心理，研究药店的经营模式，掌握药品推销的方法和技巧，以提高本企业生产和经营的药品在终端的销售量。

三、医药营销路径

在现行营销模式下，药品销售到终端的营销路径一般分为以下四种：

（1）药品生产企业通过自建营销队伍的模式，将药品销售到医疗机构，再由医生处方至患者使用。

（2）药品生产企业通过自建营销队伍的模式，将药品销售到零售网点，再由营业员促销到消费者使用。

（3）药品生产企业通过招商，与医药批发企业以代理或经销模式合作，将药品销售到医院、社区门诊等医疗机构，最终由医生处方至患者使用。

（4）药品生产企业用招商，与医药批发企业以代理或经销模式合作，将药品销售到零售药店等商业网点，最后由营业员促销至消费者使用。

四、医药营销人员

药品生产及经营企业的药品营销需要有医学、药学或医药营销学专业背景的人员来承担，从事渠道销售和临床推广工作。从事药品营销的人员，称之为医药(学术)代表、医药学术专员、药品信息沟通专员等，名称不尽相同，但都是医药营销的一线执行者，他们需要接受专业教育，学习一定的临床理论知识及实际经验，并经过市场营销知识及促销技能的培训，进而从事药品推广、宣传等市场促销工作。

(一) 医药营销人员分类

(1) 根据行为功能可将医药营销人员分为医药代表、销售代表、物流配送代表。

(2) 根据工作内容可将医药营销人员分为医院代表、OTC代表、商务代表、招商代表、渠道营销代表、终端直供营销人员。

(3) 根据工作能力可将医药营销人员分为第一代友善的访客、第二代药品讲解员、第三代疑难解决者、第四代医药顾问。

(二) 医药营销人员应具备的能力

医药营销人员在药品营销活动中承担着不同角色，他们需要运筹帷幄，具备多种能力，包括市场行为能力、销售行为能力、配送行为能力。

1. 医药市场行为能力

任何产品的经营都离不开市场，其中药品经营更离不开市场。无论国家相关政策如何改革，都会对合规的市场行为进行扶持，国家治理医药购销领域是打击商业贿赂行为，而不是打击市场行为。

大部分医药营销人员，尤其临床推广型医药代表，需要具备合规市场行为的能力，包括以下几点：

(1) 医院学术推广行为能力。

① 给医生带来国内外药物研发的最新动态。现在药物研发日新月异，医生药学知识也需要不断更新。通过推广，可以帮助医生提升诊疗水平，获得更好的诊疗体验。

② 指导医生联合用药。很多医生所学专业并不是药学相关专业，他们对相关药物的毒副反应不是很清楚，这就需要制药企业医药代表，跟进企业积累的数据，对医生进行联合用药指导。很多疾病并不是单一药物就能治愈的，需要相关药物联合使用才能达到治愈目的。很多药物，尤其是化学药物，科学合理地联合用药，可以发挥药物协同作用或者相加作用，达到较快有效的治疗效果。但如果联合用药不合理，就会导致拮抗作用发生。拮抗作用包括相减作用和抵消作用，拮抗作用会导致联合药物的药效都消失或者弱化，甚至可能导致其他的严重毒副作用的发生。

③ 分析换代药物的优劣性。由于药物研发发展很快，一些老牌原研药物的治疗功效不如新型的仿制药物，也有一些是新型专利药物代替老牌专利药物，这些都需要专业的医药代表对医生进行专业的指导。

④ 做药物的四期临床。很多药物上市后，如果想进一步研究其新领域治疗、不良反应、药物疗效、不同体质人群的治疗效果、改进给药剂量等，就要做四期药物临床。药物四期临床可以让制药企业获得更多的研发数据，也可以让医生获得更具参考价值的用药指导方案。

⑤ 为医生提供更多的用药数据。很多患者用完药后，或者从医院获得药品后，如果住院，医生能及时获得患者用药信息；如果不住院，医生就很难获得患者用药信息。如果制药企业能收集更多的患者用药信息反馈给医生，医生就能更合理用药，也能提升诊疗水平。

⑥ 帮助医生继续教育。很多医生其实是需要更多更高层级的继续教育，但是医生继续教育途径并不多，加上时间不允许，所以很多医生的诊疗水平提升很慢。医药代表可以组织业内专家对医院的相关科室的医生进行继续教育，提升医生诊疗水平，也让医生有更好的发展空间。

⑦ 协助开展医疗技术研发。现在很多医院都需要提升医疗技术，但是由于资金问题和立项问题，很难获得相关的机会。但医院具备相关的医疗技术研发条件和人才，这时，如果制药企业能够为医院提供资金和外部研发条件，就可以帮助医院做很多医疗技术的研发项目，会极大地提升医院的医疗技术实力和业内知名度。

⑧ 为医院提供战略、营销、组织、薪酬绩效等管理咨询服务。

(2) 基层医疗机构用药指导行为能力。

未来，基层医疗机构会因为分级诊疗承接很多康复患者，这些康复患者前期用药基本来自上一层级医院。但是，随着康复期的变化，用药也会发生变化。这时，可能很多药物并不是来自医院，而是来自基层医疗机构，毕竟对于利益层面的争取是任何机构都需要的。但是，基层医疗机构的医生基本上对药物的使用能力还有待提高，这就需要制药企业的市场部门或者商业企业的市场部门对基层医生进行专业的用药指导和教育。

(3) 药店、诊所和民营医院的营销行为能力。

民营医院和公立医院不同，民营医院以盈利为主要目的，对合理用药的关注度往往不高，但医药营销人员还是需要把民营医院纳入市场范围，提供专业用药指导，可以避免联合用药发生问题。

对于药店，还有市场活动、患者教育、促销活动等市场行为，都需要销售代表全程指导。

对于诊所，可能需要定期提供专业用药指导。诊所数量在我国非常庞大，由于其自身的能力限制，用药水平低，诊疗水平也低，一般不会用较高层级的药物，大多是常用药物，因为常用药物风险低，但相应地利润也低。所以，对诊所医生定期教育也是一个庞大的但有实际意义的工作。

2. 销售行为能力

部分医药营销人员即销售代表，承担着销售行为，基本上是完成与医院院长、药剂科主任、仓储人员、财务人员、医生等客户关系的维护，这样可以保证缺货及时补充、购货资金及时返还及其他事项。

销售功能如果由制药企业承担，则人工需求很大、费用很高。未来医药经营结构发展中，销售功能会向商业企业聚焦，因为维护客户关系、发货、回款等功能是很多商业企业的自有功能。

销售功能的区域化情况比较普遍，他们是本区域人员，人缘关系广泛，与医生、药店店员建立关系较快，也容易构建信任关系。所以，销售功能一般直接交付给当地的与医院、药店、诊所、民营医院等关系较好的纯销商业比较好。销售功能在医药经济社会化分工中有不可替代的作用，这不是市场人员能做好的。市场人员的优势是专业性方面，而不是人际关系层面，二者不能混淆，未来市场服务才是医药经营的重心。

3. 配送行为能力

还有一部分医药营销人员承担着配送行为功能。具有配送行为功能的一般存在于大型医药商业企业，可能是国企，也可能是民企，这些企业都和当地的医院、药店等有着较好的业务联系。但是大型商业一般的业务联系能力主要是配送行为能力、入驻医院的行为能力和资金能力。

大型商业一般缺少市场行为功能和销售行为功能的人员，所以，很多大型商业基本通过自身的物流优势、资金优势和开户入驻优势为制药企业服务，从而培养出大批的物流配送人员。因其无法提供其他服务，导致很多制药企业无法和大型商业合作。

大型医药商业有很强的仓储能力和物流系统，这是保证医药经济运行的关键要素，也是大型医药商业生存和发展的根本。

制药企业可以把物流、资金、开户功能交给大型医药商业，这样可以保证资金周转、物流安全快捷、进入相关医院速度较快。但是，制药企业的终端销售功能是否交给当地的纯销商业，取决于企业实力和对终端的掌控意愿，如不做终端销售，也可以交给市场功能雄厚的第三方医药服务体系。

第四节　医药营销发展趋势

随着医药政策调整，尤其从 2016 年以来，与药品相关的各类政策出台后，药品营销市场发生了翻天覆地的变化。医药营销正在发生的变化以及未来的发展趋势主要包括以下几点。

一、信息技术导致的营销组织结构扁平化

药品流通覆盖了从生产商到消费者之间的全过程，同时也是一个经济价值的分配链条，存在一系列交易过程，也是不同主体实现利益的场所。压缩环节、提高效率是各国药品流通体系发展的基本方向。

信息不对称广泛发生在药品生产商、管制者、卫生服务者、顾客或患者之间，由此带来流通环节成本较高、药价虚高以及行业不正之风频发。为减少药品流通环节，压缩药品营销成本，降低药品价格，中华人民共和国国家卫生和计划生育委员会于 2017 年 1 月 9 日发布了国医改办发〔2016〕4 号《印发关于在公立医疗机构药品采购中推行“两票制”的实施意见（试行），的通知》。

“两票制”已经全面推行，“一票制”也正在试点中。目前的“两票制”已经大幅减少了药企到销售终端中间的流通环节，而未来将迎来的“一票制”更是要求药企直接向销售终端供货。这也就意味着药企的接触对象将从过去的少数几个区域经销商或代理商，转向数以万计的医院、药店、医药电商。药品营销从以前的长渠道模式转变为短且宽的营销渠道模式。

二、医药行业政策导致的集中招标采购常态化

20 世纪末，国内药价虚高不下，导致“看病难看病贵”的社会现象，我国药品流通领域的确存在比较严重的体制问题，严重地侵害了患者的利益，造成社会医疗保险的极大浪费，并

成为社会关注的焦点之一。

为遏制药价虚高，从 1999 年开始，省市县医疗单位进行药品招标，通过药品招投标的尝试，有效降低药品价格。各地医疗机构药品集中采购招标逐步尝试，到各省县级以上医疗机构药品在省直药品招标平台实施药品招标，一直到 2018 年，政府在四个直辖市和七个省会城市当中选择一些质量疗效比较好的仿制药，进行国家集中带量采购议价，谈判的试点采购，大幅度压低虚高药价。

药品集中带量采购是协同推进医药服务供给侧结构性改革的重要举措。党的十九大以来，按照党中央、国务院决策部署，药品集中带量采购改革取得明显成效，在增进民生福祉、推动“三医联动”改革、促进医药行业健康发展等方面发挥了重要作用。为推动药品集中带量采购工作常态化、制度化开展，2021 年 1 月 22 日经国务院同意，由国务院办公厅发布了国办发〔2021〕2 号文件《国务院办公厅关于推动药品集中带量采购工作常态化制度化开展的意见》，对药品集中带量采购常态化制度作了详细部署。

三、医药营销行为法规约束细致化

当今中国正在经历巨大的社会转型，过度营销的现象仍然非常严重。产品假冒伪劣、价格欺诈和价格陷阱、虚假促销和广告等种种恶劣的推销行为层出不穷。但随着我国建设法治社会步伐的进一步加大，保护消费者合法权益，反对不正当竞争和“诚实守信”商业伦理的倡导和回归，必然是今后营销学和营销实践重要的组成部分。

药品是特殊商品，除接受一般商业行为的监督，药品营销行为还接受《药品管理法》《药品经营质量管理规定》等法规的约束。为规范医药代表学术推广行为，促进医药产业健康有序发展，2020 年 9 月 30 日，国家药监局正式发布了《医药代表备案管理办法(试行)》，办法共 17 条，自 2020 年 12 月 1 日起施行。

四、医药营销人员专业化

营销人员必须发展成为精通某类商品的知识、技能和服务的专家，而不仅仅是“促进购买的说服者”。2015 年我国新修订的《中华人民共和国职业分类大典》，对涉及营销工作的专业技术人员统一称为“商务专业人员”，并进一步细分为十三个小类，医药代表就列在其中。

2020 年 12 月 1 日起我国施行的《医药代表备案管理办法(试行)》中明确指出，医药代表是指代表药品上市许可持有人在中华人民共和国境内从事药品信息传递、沟通、反馈的专业人员。

从医药代表的定义中可以看出，医药代表的专业性是医药代表不同于一般推销人员的最大特点。而未来一个医药代表职业生涯持续发展的能力，将越来越与其能否胜任“药品信息沟通专家”的角色关系密切。

五、医药营销学术化

学术营销就是根据药品的主治功能、临床数据和差异性，提炼出药品的差异卖点、联合用药的关键作用、治疗的机理等对受众(医生或者消费者)进行多次沟通，让受众认可药品，从而形成销售的营销模式。

学术营销可以帮助制药企业构建一个高效、权威、系统的营销模式，可以整合国内专业的学术带头人资源、研发资源、产品资源和市场资源，可以让制药企业的产品在诸多竞品中获得长足的发展。

学术化推广确实是药企营销的主流模式。医药代表备案制要求医药代表只能从事学术推广、技术咨询等活动，不得承担药品销售任务。

随着医药领域反商业贿赂力度加大，从药品研发到生产到销售，简单粗暴、快速致富的方法终于不再管用，大家意识到学术化推广的好处——操作安全又有效果。随着持久鼓励创新（改革临床试验管理、优化审评审批、加强创新权益保护、上市许可人制度）、回归质量（仿制药一致性评价、药品注射剂再评价）、国际接轨（接受海外新药临床数据、加入国际人用药品注册技术协会）等医药创新文件落地，未来医药市场将迎来原研药、创新药、独家品种等具有自主知识产权的新药，而有循证医学证据支持的药品需要有专业素养的学术队伍向医生和患者进行宣传推广。

六、医药营销数字化

（一）政策倒逼药企营销数字化转型

随着政策环境变化，医药领域的高毛利时代已经一去不复返。带量采购和医保谈判分别压缩了仿制药和新药的利润空间，倒逼企业控制自身成本。在削减成本的过程中，开支最大的就是销售部门，销售团队规模缩小，数字化手段提升人效比的能力就凸显出来了；医药分开、一致性评价、疾病诊断相关分组等政策逐步落地，“处方外流”进一步提速，传统医药渠道利润被挤压；医药代表备案制实施，明确医药代表不得承担药品销售任务，传统药企依靠医药代表拉动销量的时代已经过去，药企迫切找到新的市场增量，数字化的应用将为医药行业带来更高速度的增长。

另一方面，“两票制”已经全面推行，“一票制”也正在试点中。这就要求药企直接向销售终端供货。药企将要面对数以万计的医院、药店、医药电商。药企想要在不影响销售的情况下控制自身成本，或许数字化是可行的解决方案。

（二）医疗健康领域数字化趋势

医疗健康领域在过去的五年中发生了巨大的变化，其中引领潮流的无疑是数字化手段在医疗健康领域中的应用，通过接通三甲医院与基层之间的网络与数据，用远程医疗、互联网医院与院外各种互联网医疗的工具，构建医联体与医共体，让基层的就诊率从 2016 年的 60%上升到 2019 年的 90%，逐步实现“大病不出县”。

医疗服务机构的信息化是从通用管理软件到以医疗临床为中心的电子病历，再到医疗智能辅助决策的升级，目前全国 84%的县级医院已达到二级医院水平，诊断准确率提高了 5%，门诊与住院的人次都明显增长。

研发与临床的数字化使得新药研发的成功率高于 2%，同时降低了 30%～50%的时间与成本，是个极大的撬动杠杆。而药品流通与销售的数字化，减少了代理渠道的层级，使得整体市场费用率至少降低 10%～30%。

（三）疫情加速医患互动线上化，在线营销成为新常态

新冠疫情席卷全球，医疗行业首当其冲，继而引起一系列的生态变化。根据《2020 中国

医生洞察报告》的数据显示，今年以来，医生62%的上网时间是与医学相关的行为，每周累计进行线上医学行为的时间达到15.2小时，越来越多的医生以线上的方式参加学术交流、进行医患互动，医生院外医学行为的线上化成为后疫情时代的新常态。由于疫情导致的线下交流不便，催化了一系列的线上化新常态，具体包括医生教育线上化、患者管理线上化、临床研究线上化、市场活动线上化。

在政策和疫情的双重作用下，医药数字化进程彻底加速，医药企业需要用新的眼光和新的模式来看待医药数字化营销，行业亟待破局。

（四）连通医患两端建立B(药企)-D(医生)-C(患者)(B2D2C)医药数字化生态

药企的数字化营销，主要是针对自己旗下的处方药。目前来看，药企在数字化营销上主要有三个合作方向，分别是数字化营销平台、医生端流量入口和药品销售终端。

1. 充分利用互联网平台

通过互联网平台进入医生社区窗口，解决医生的需求，比如诊疗工具、患者管理和再教育。

2. 使用数字化手段管理既有营销渠道

为了更好地管理和维护自己长期以来积累的客户资源，药企需要一套完整的数字化解决方案来提升自己在资源维护上的效率。

3. 销售终端资源拓展

药店和医药电商在慢病管理方面有天然的优势。“线上问诊＋医药电商”让患者足不出户就能完成复诊、续方、购药，然后直接配送到家。因此药企在与互联网医疗平台合作的过程中，除了看重其问诊环节上的医生资源外，包含药品零售服务的全流程慢病管理，也是其看重的关键点之一。

七、第三方医药服务体系将大规模出现

2016年以来针对医药、医疗行业，国家和各省发了很多政策性文件，尤其“两票制”和带量采购政策的实施，医药行业结构发生大转变。医药商业企业进行转型，专业的第三方医药服务平台凸现，制药企业与其合作，形成新的营销渠道结构体系。

目前医药企业，尤其是制药企业，面临着营销层面的诸多问题，代理模式为主的制药企业、自营队伍较弱的制药企业要想解决未来的艰难时局，必须与第三方服务平台建立一个专业的服务厂商体系，通过线上平台和线下专业团队形成服务体系，为诸多制药企业和纯销商业构建对接平台，同时发挥两个公司的专业能力，长期为合作制药企业保驾护航。

第三方专业医药服务体系将打通产业链，承接制药企业全国(或部分省市)产品经营，在市场层面对接代理模式为主的制药企业和各地区纯销商业，并在对接过程中，为合作的上下游客户提供专业的增值服务，同时也为各大终端、政府部门提供专业增值服务。

增值服务主要包括：免费为交付给第三方服务经营权的产品设计高质量的市场策划方案；保证市场策划方案的落地实施；制药企业可以快速进入市场，并形成实际销售；增加销售机会、覆盖面和深度，能形成更大的销售规模；低价格提高质量的各种管理咨询服务；提供融资、并购、重组等服务；非经营性产品的经营工作；最大化为制药企业降低经营成本和经营风险，合理合法分解部分经营费用。

八、零售端的新模式不断涌现

"新零售"的概念出现，无论是电商，还是传统商超、创业公司，都在抢先布局这块市场。在技术进步与消费升级双轮驱动下，医药零售也将搭上了"新零售"这列快车。

在公立医院全面取消"药品加成"和限制"药占比"等政策推进下，以及带量采购虽未中标但依从性好的慢病治疗药品进入零售药店等情况下，零售药店和医药电商的药品销售占比会大幅提升，药品销售逐渐"去医院化"。传统零售药店的经营模式也将持续变革，实现以"客户为中心，产品＋服务"的创新商业模式。线下药房、医药电商、O2O送药、智慧药房等新模式的探索，未来将为消费者提供更为便利的医疗服务和医药产品，以及更为方便的购物体验。同时借用大数据细分顾客，精减产品种类，做到在线支付、处方外配、就近扫码自行取药等职能，引导消费者建立健康的生活方式。可以预见，医药新零售正在驱动医药传统零售渠道向全渠道健康管家的角色转变。医药新零售的未来依旧是用户与服务，谁能抓住用户的心，未来就属于谁。

九、医药营销国际化发展

随着我国"一带一路"倡议的提出，以及新药审批制度国际化标准，新时代医药企业营销战略必将放眼全球，多方位、多形式、多层次参与国际合作与市场竞争，通过生产国际化、资本国际化、研发国际化，实现全球资源的有效整合与配置。

跨国合作已成为中国制药企业走向国际市场的第一步，国内药企积极探索与海外药企合作方式，或共同研发，或成熟产品转让，或共建合资公司等，通过跨国合作拓宽国际医药市场。

国内药企通过外延式并购打通国际市场，在欧美收购药厂，收购欧美项目，或并购海外企业快速完成国际化，股权投资欧美研发企业，获得产品未来市场准入许可。

国内企业以国际化思路开展药物研发，临床上国际化布局，利用国际多中心的临床数据，再拿回国内作为申请产品上市的部分支持性数据，来加快临床申报速度，让新药本身实现全球化。

辉瑞公司和医药代表的诞生

药品推广代表作为一个职业，从它诞生之日起，就从来没有与其专业性分离。在土霉素获批准上市前一个星期，辉瑞公司首席执行官史密斯不幸逝世。他在临终之前对自己的接班人麦基恩说："如果这个抗生素土壤筛选计划能够有任何结果的话，不要再犯我们在青霉素上犯的错误，不要把它交给别的公司，我们要自己去卖……"史密斯之所以留下这样的遗言，是因为近100年来，辉瑞公司一直是将产品以原料药的形式卖给其他公司，遵照史密斯的遗愿，公司立即着手培训了8名医药代表，当土霉素于1950年3月15日得到美国食品与药品管理局批准时，他们马上分头行动，将贴有辉瑞商标的药品推销给批发商，向医生介绍这种辉瑞专利药物的疗效。这8个人成为销售与市场营销组织的先驱，这个组织在以后的岁月里被公认为整个行业的最佳组织。一个强大的新型制药公司由此诞生了……

资料来源:徐爱军. 医药商品推销学[M]. 北京:中国中医药出版社,2018.

讨论:

1. 案例中史密斯对接班人麦基恩说的“青霉素上犯的错误是将青霉素交给别的公司卖”所指的是哪种营销模式?

2. 辉瑞公司在销售土霉素过程中采用的是哪种营销模式?

3. 辉瑞公司诞生初期的8人营销队伍属于营销人员中的哪一类?他们具备何种营销能力?

药品营销路径调研实训

一、项目操作具体步骤

步骤一:选择一处方药品,联系该药品生产企业,了解该药品在安徽市场的终端布局。

步骤二:根据该产品的市场终端布局,将学生按安徽省16个城市分组。

步骤三:各小组负责所分配城市的关于该药品的营销团队是如何将药品推广到终端的调研,判断营销团队与生产企业的关系。

步骤四:撰写该药品从生产企业流向终端的路径。

二、项目操作要点和注意事项

1. 本项目实施的关键是切实做到处方药的选择,并联系好该药品的真实生产企业。

2. 班级里推选一位沟通能力强的同学与生产企业内负责该产品在安徽省的营销负责人(或了解该产品市场情况的人员)联系,了解产品在安徽省终端网点情况,同时了解各城市负责人情况。

3. 各小组可通过各城市终端网点信息查找该产品的销售路径。

4. 撰写销售路径时,需要写清企业和终端的真实全称,同时注意:

(1) 该企业是不是生产企业通过招商形式选择的商业企业,合作的模式是代理商?还是经销商?或是第三方委托配送服务商?

(2) 如果是生产企业营销团队将药品直接营销到终端,请写出药品进入终端的销售环节。

5. 营销团队与生产企业的关系。

1. 我国现代医药营销模式有哪些?
2. 绘出药品从生产企业营销到医疗机构的路径图。
3. 药品营销与药品销售有什么区别?
4. 药品代理商和药品经销商的异同点有哪些?
5. 医药代表的市场行为能力包括哪些?
6. 医药代表备案制中医药代表能做和不能做的内容有哪些?
7. 简述我国现代医药营销的发展趋势。
8. 简述我国现代医药营销市场情况,以及未来发展方向。

第二章　医药营销运行模式及其分析

通过本章学习，了解医药营销模式及特点，熟悉医药营销运行的主要环节，初步掌握开展医药销售的关键步骤及促进销售的相关措施；掌握医药营销运行的核心环节，包括构建品种体系、确定重点经营品种、熟悉品种进入市场，尤其是医院、零售药店等终端的流程及关键要素；掌握国家医改政策对医药营销的影响，对比分析传统医药营销模式和现代医药营销模式的区别。

我国医药市场历经变革洗礼，市场秩序逐步趋向规范完善，法制体系进一步健全。在健康中国战略指引下，医药行业被称为永不衰落的朝阳产业，未来医药行业的总体发展趋势非常明确。随着经济发展，人们健康意识增强，国家出台了一系列医疗保障措施。“十四五”期间是医药行业发展的关键时期，也将是行业大有可为的战略机遇期。作为新时代的医药营销人员，要有责任担当，不但要掌握扎实的专业基础知识，还要具备一定的营销技能，以及敏锐的市场洞察和操控能力。

科学构建企业营销体系的必要性

江苏恒瑞医药股份有限公司是一家从事医药创新和高品质药品研发、生产及推广的医药健康企业，创建于1970年，2000年在上海证券交易所上市，截至2019年底，共有全球员工24000余人，是国内知名的抗肿瘤药、手术用药和造影剂的供应商。2019年，恒瑞医药实现营业收入232.9亿元，税收24.3亿元，并入选全球制药企业TOP50榜单，位列第47位；2020年，营业收入277.35亿元，同比增长19.09%。2020年公司累计投入研发资金49.89亿元，比上年增长28.04%，研发投入占销售收入的比重达到17.99%，入选全球1000强药企榜单，位列全球第21位，也是唯一一家闯入前25名的中国药企。2021年上半年，恒瑞医药营业收入132.98亿元，同比增长17.58%，报告期内累计研发投入25.81亿元，比上年同期增长38.48%，研发投入占销售收入的比重达到19.41%，有力地支持了公司的项目研发和创新发展。尽管处方药销售因疫情受到一定影响，该公司依然呈现出持续良好的发展趋势。接下来，让我们一起分析一下恒瑞医药销售业绩不断创新高的原因。

第一，构建完善的品种结构。恒瑞医药产品体系涵盖了抗肿瘤药、手术麻醉类用药、特色输液、造影剂、心血管药等众多领域，已形成比较完善的产品布局。其中，抗肿瘤、手术麻醉、造影剂等领域市场份额在行业内名列前茅，是国内知名的抗肿瘤药、手术用药和造影剂的研究和生产基地之一。此外，恒瑞医药大力投入创新药研发，经过多年积累，公司前期创新药的研发投入逐步进入收获期。医保目录的动态调整、国家谈判，将高价值的创新药纳入医保目录，加快了新上市创新药的放量速度，为公司业绩增长奠定了坚实基础。

第二，制定科学的营销策略。首先，优化组织架构。恒瑞医药秉持"以市场为导向，以客户为中心，合理配置资源"，围绕"专注始于分线，专业成就未来"的销售理念，建立产品线事业部制，成立肿瘤事业部、影像事业部、综合产品事业部、手术麻醉事业部，不断创新思路，完善人员组织构架，推进分线销售改革，转变营销模式。此外，落实深化"专注、专业"的推广理念，全面推行医学、学术为引领的市场推广策略，细分目标市场，力求将市场做透。同时，拓宽销售领域，在保持现有抗肿瘤药和手术用药的基础上，重点围绕免疫治疗、心血管、代谢疾病、疼痛管理等领域打造新的增长点。目前，恒瑞医药已经构建了遍及全国的销售网络。

总体来说，正是由于恒瑞医药多年来着力于产品结构的优化提升，才能通过产品创新升级和多元化产品管线的拓展推动公司持续发展。加上系统化、专业化的医药营销人员培训体系，打造了专业化水平较高的营销团队，形成了专业、规范、有序、完善的销售体系，为公司做深做透市场、做大做强产品的销售目标夯实基础。

资料来源：《恒瑞医药：恒瑞医药 2021 年半年度报告摘要》。

第一节　医药营销运行主要环节

一、医药市场分析

医药行业是国家战略性新兴产业，关系国计民生，是国民经济的重要组成部分。随着我国人口老龄化加剧，城镇化水平不断提高，以医疗救助为兜底、医保为基础、商业保险等为补充的医疗保障制度逐渐完善，国民药品消费刚需将持续扩大，我国医药行业整体将呈现出持续向好的发展趋势。但是医药行业发展中结构性矛盾仍然比较突出，企业数量多，整体规模小，创新能力弱，结构调整的压力比较严峻。

近几年来我国医药市场需求旺盛，医药行业正经历高速增长期，终端规模持续上升，尤其是疫情后老百姓的健康意识进一步加强。中国药品领域"供给侧"矛盾突出，主要体现在细分产品市场供需关系均未达到均衡。一方面，高端的创新药严重不足，不能满足国民的健康需求，严重依赖国外进口。另一方面，低端的仿制药过剩，供给远远超出市场总需求。

目前中国仿制药整体水平不高，准入门槛低，企业快速发展的同时，产业基础又比较薄弱，药品研发低水平重复现象比较严重。自 2015 年深化医药卫生体制改革以来，我国医药创新鼓励政策层出不穷，医药创新上升到国家高度，创新药研发迎来政策春风，我国新药申报及批文数量明显提升。医药行业的改革正在进入从量变到质变的过程。

2020 年，中国医药制造业企业数量已达 7665 个，同比增长 3.8%。从 2015 年至 2020 年我国医药企业数量不断增加，六年间共增加了 549 个，呈现增长趋势。2020 年中国医药制造业营业收入为 24857.3 亿元，同比增长 4%。2020 年中国医药制造业投资收益为 344.1

亿元，同比增长27.6%；中国医药制造业营业利润为3435.8亿元，同比增长12.2%。

2020年，全国药品流通市场销售规模稳步扩大，但增速放缓。统计显示，全国七大类医药商品销售总额24149亿元，扣除不可比因素同比增长2.4%，增速同比放慢6.2个百分点。其中，药品零售市场5119亿元，扣除不可比因素同比增长10.1%，增速同比加快0.2个百分点。截至2020年末，全国共有药品批发企业1.31万家；药品零售连锁企业6298家、下辖门店31.29万家，零售单体药店24.10万家，零售药店门店总数55.39万家。

随着全球人口持续增长、新兴市场的快速发展、居民健康意识的持续提升和社会老龄化程度进一步加深，全球医药市场保持了稳定增长。在人口老龄化趋势下，随着60岁以上老年人口比例持续提升，中国医药行业面临未来二十年的人口结构红利，临床治疗存在巨大的未满足空间。同时我国政府提出，协调推进医疗、医保、医药联动改革。"三医联动"改革深入推进将加速"健康中国"战略的落地。医药科学持续进步，不断有新兴的技术助力医药产品革新、产业升级。需求的升级和医药科技的进步将进一步带动产业发展。未来中国医药行业面临洗牌，在政策的调整中持续规范、完善市场制度，将进一步提升整体市场供给水平。

二、营销实施及主要运行环节分析

（一）医药营销路径

学习医药营销运行环节，首先要了解医药营销路径。医药产品市场销售路径主要包括以下两大类型四条路径。两大类型包括：一是内部管理事业部制（自营团队销售）；二是招商代理制。路径包括：生产企业通过自营团队将药品销售到医疗机构；生产企业通过自营团队将药品销售到零售药店；生产企业通过招商，与批发企业以代理或经销模式合作，将药品销售到医疗机构；生产企业通过招商，与批发企业以代理或经销模式合作，将药品销售到零售药店。

1. 生产企业通过自营团队将药品销售到医疗机构

生产企业依据公司战略及经营管理工作需要，结合自产品种临床特色，根据医疗市场需求反馈，通过自营团队将药品销售到医疗机构。医疗机构属性决定了药品（麻醉药品及第一类精神药品除外）营销的具体路径，国家没有明确规定非公医疗机构使用药品的采购路径，而是根据市场的法则自采自销，公立医疗机构使用的所有药品（不含中药饮片）均要求通过省级药品集中采购平台进行采购。

生产企业根据医疗机构属性分别采取不同路径。药品销售到非公医疗机构，路径相对简单，仅需获得医院同意即可，双方交换资质材料、各自建立首营资料档案即可发生销售关系；生产企业药品销售到公立医疗机构，不仅需要医院同意和生产企业建立业务关系，而且需要将产品进入医院目录，此外还需要围绕所销售的药品在省网采平台建立该医院与生产企业的配送关系。

2. 生产企业通过自营团队将药品销售到零售药店

零售药店药品的采购模式决定了生产企业的药品销售路径，根据零售连锁药店及单体药店的不同性质通常分为两种路径。连锁性质的药店需要连锁总部统一采购，由连锁总部统一配送到各自所属单体门店，各单体药店可以自行采购所需药品。生产企业通过自营团队将药品销售到连锁药店的，一般需要先行和连锁总部的采购人员谈判，做好产品进店的准入工作，准入成功后再根据市场调研的情况决定产品需要覆盖哪些终端门店，再行产品的动销方案;将药品销售到单体药店,仅需药店店长或负责人同意采购即可,但由于一般单体药店的规模小及客流量少,药品销售准入容易,销售提量较难。

3. 生产企业通过招商,与批发企业以代理或经销模式合作,将药品销售到医疗机构

生产企业在发展初期,获得药品生产批文投产上市后,由于没有成熟的营销团队或充分的市场调研,一般采取招商模式推动产品的销售,由全国多个区域药品经营公司代理经销。该代理企业直接包揽了药品的销售渠道,包括准入到医疗机构及后期医疗机构的产品动销。代理商一般只负责药品的商业渠道发货职责,代理商子公司负责将药品销售到区域医疗机构。

生产企业在自有营销团队不能覆盖的终端或推广不力的县域市场,也有与药品经营企业合作营销的模式,开展面向特定市场的部分产品合约销售。

4. 生产企业通过招商,与批发企业以代理或经销模式合作,将药品销售到零售药店

生产企业通过招商将药品销售到零售药店,即生产企业与批发企业以代理或经销模式开展合作,药品批发企业承担所代理经销药品的配送及营销推广职责,批发企业需组建零售药店营销人员,负责产品的零售渠道覆盖及门店促销工作;若药品批发企业仅限于产品的代理配送及渠道覆盖,则还需要有第三方专业的零售促销团队人员去负责零售药品的产品促销工作。

(二)医药营销运行主要环节

1. 产品定位

产品定位是医药营销最重要环节,产品定位准确就能在营销运行中起到事半功倍的效果,定位并不是对产品做什么事情,而是把产品定位在未来潜在客户的心目中。从医药营销学来说,盈利模型是以产品和服务为载体,产品直接决定盈利的多少与速度,服务能推动盈利能力和获利的持久性。产品的判断标准之一就是当前的市场容量与潜力,其次就是产品的资源匹配度是否能够实现预期销量和利润。如何评判产品好坏?依据产品生命周期的判断,在不同阶段均有特点,均可以获得相应的利益,关键是哪个阶段的产品更能够与市场需求匹配。

作为医药营销人员,在对引进产品或者剔除产品进行抉择的时候,不可盲目,应该对产品市场调研信息进行分析判断。此外,还需要对供或销方信誉和市场地位进行调研,对产品的质量稳定性、是否过评、集采招标情况、协议量、价格体系、代理时效、约束条件、回款周期等进行逐一谈判。

(1) 通过市场机会分析圈定大品类。可以按照临床疾病分类和以往区域用药数据进行筛分,结合网采平台预警限制使用品种目录和品种集采招标进展情况寻找大品类。此外,就是参考历年中标销售数据,并评估销售预期,同时,参考竞争对手的品类。所谓的大品类,需要按照用药类别进行初步圈定,也就是划好方向,圈定产品需要结合自身的覆盖能力、资金状况及销售能力与工业资源进行匹配。

(2) 精准判断锁定小品类。确定大品类后,需要对备选的产品进行细分和筛选,筛选是基于当前销售情况和未来预期走势。因此,锁定小品类并确定产品的时候,一定要基于自身资源和能力的判断,避免盲目跑马圈地,造成协议资源浪费。比如承接有基础销售的产品,制药企业的期待是上量,那么产品上量的潜力有多大,可以替代对手多大的份额,凭什么样的优势去替代,都需要列入考虑范围。如果是临床产品,就要考虑本标期的变现、潜力及未来招标中标预期等。如果是院外产品，则主要考虑产品结构多样性，以及销售队伍匹配和终端客户需求。

（3）判断产品所处的生命周期区段。如果产品处于导入期，则适合中小型代理商介入，门槛低，可以争取生产企业的营销支持。成长期则是需要寻找推广和覆盖能力较强的推广商进行推广，不断扩大市场份额。而成熟期，拥有了较大的市场份额和知名度，凸显规模优势，可以寻找有实力的经销商进行密集覆盖，或者进行区域分解，细化市场。按照产品生命周期的阶段看，正常的成长期、成熟期和衰退期是基本法则，药品也是如此，只是不同产品的时间长度不一致。

（4）结合国家最新政策趋势与市场动态。通过对药品招标、医保目录、一致性评价等政策以及流行病等突发事件影响，全方位研判药品市场定位。

① 药品招标采购制度变化。国务院深化医药卫生体制改革领导小组于2019年11月29日印发《关于以药品集中采购和使用为突破口　进一步深化医药卫生体制改革的若干政策措施》，文中要求有序扩大国家组织集中采购和使用药品品种范围，随着药品集中采购的深入，未来还有更多品种的药物将被纳入采购，或对医药企业产生更多影响。基本药物制度的执行，促使众多基药产品在基层获得强制使用，大大延长了这些产品的成熟周期，而且直接培养了一大批所谓的大品种。在低价药政策的推动下，很多独家的特异规格产品获得青睐，虽然最终低价药成了高价药，低价药产品政策也带动了一批当红产品出现。

② 医保目录变化。《国家基本医疗保险、工伤保险和生育保险药品目录(2020年)》于2021年3月1日实施，文件要求各地要严格执行，不得自行制定目录或用变通的方法增加目录内药品，也不得自行调整目录内药品的限定支付范围。要及时调整信息系统，更新完善数据库，将本次调整中被调入的药品，按规定纳入基金支付范围，被调出的药品要同步调出基金支付范围。协议期内谈判药品执行全国统一的医保支付标准，各统筹地区根据基金承受能力确定其自付比例和报销比例，协议期内不得进行二次议价。品种定位需结合最新医保目录的调整及国家药品谈判结果，属于医保目录品种或国谈产品在公立医疗机构一般会优选准入。

③ 药品一致性评价。国务院办公厅于2021年1月22日印发《关于推动药品集中带量采购工作常态化制度化开展的意见》明确分级开展工作，国家组织对部分通过一致性评价的药品开展集中带量采购，根据市场情况开展专项采购，指导各地开展采购工作。各省(自治区、直辖市)对本区域内除国家组织集中带量采购范围以外的药品独立或与其他省份组成联盟开展集中带量采购，并指导具备条件的地市级统筹地区开展采购工作。地市级统筹地区应根据所在省(自治区、直辖市)安排，就上级组织集中带量采购范围以外的药品独立或与其他地区组成联盟开展集中带量采购。对尚未纳入政府组织集中带量采购范围的药品，医疗机构可在省级药品集中采购平台上自主或委托开展采购。

④ 突发事件和流行疾病的影响。2002年的"非典"，2017年年底的流感，2020年的"新冠肺炎"疫情，抗病毒药物供不应求，使得众多企业产品断货，库存积压一夜间消耗殆尽。

2. 营销策划

营销策划是产品推向市场前不可缺少的重要环节，周密的策划能够保障产品的市场可及性，扩大品牌影响力，快速提升销量。营销方案是一个产品进入执行层面需要落地的策略和方法，是根据产品特点基于实际做出理性分析后的明确判断，针对不同生命周期阶段的产品，制定不同的营销策略。

（1）导入期产品。一般情况，导入期产品有两种：一种是新标产品，即将开拓市场；另一种是完全的新产品或者剂型，市场中仅有同类而没有同通用名产品销售可参考。这类产品的导入，没有市场基础，需要解决的问题是认知问题，而认知需要反复传播，具体做法一是邀请使用者参加高层次专家学术交流会议、该产品学术推广会等，传播该产品最新临床研究动向，多轮次会后学术拜访；二是采用铺货、试用、合作销售等方式解除对方的尝试风险。

（2）成长期产品。成长期最重要的是对标，因为成长的过程就是竞争过程，在相对稳定的市场容量下，想获得成长就需要挤压竞品的市场份额。因此，要找到对标产品，尽力获取竞品市场容量，明确竞争目标，通过差异化竞争优势扩大产品市场份额。可以首先选择竞品市场薄弱的区域进行布局，取得一定成绩后进行方法复制和改进，逐步提升市场占有率。成长期的产品特点为逐步降低利润而放大销量和份额，以价换量，通过规模优势降低成本，销量增长获得总利润增长。措施主要有药物经济学对照、适应证与副作用对照、利益导向等。

（3）成熟期产品。成熟产品的判定，从市场营销的角度来看就是市场覆盖率和认知度的大小，选择成熟产品需要付出较大的代价，但是也能获得较好的流量。常见的成熟产品表现为原研产品带动力足够的大品种，或者常见的广告产品给予足够的消费认知。大多数情况，选择成熟产品是为了获得相应的市场地位，也就是获得流量支持，从而带动其他品类的销售，或者稳定客户资源和销售团队。

（4）衰退期产品。衰退期产品基本只剩下自然销量，不具备市场竞争优势。实际上衰退期产品很容易出现的一种情况就是供应短缺，需求与供应发生缺口的市场，价格波动是必然的。因此，衰退期产品的保留，一方面可以自然盈利，另一方面，市场需求的变化可能带来更多的盈利机会。市场中存在的“普药新做”案例比比皆是，例如有新的特异性适应证开发，或者有局部短缺可以进行市场控制，从而达成有秩序的利润分配。

3. 销售实施

药品通过进入医院、零售药店实施终端销售。

（1）进入医院。由于药品作为特殊商品，不同于一般消费品，特别是处方药品，它具有在医生指导下完成消费过程的特点，其营销的产生，受着医院医生的直接影响。在整个药品消费中，约70%以上的销量产生在医院，然而药品营销最难的环节是进医院，最重要的环节是临床推广。药品要想能够顺利进入医院，进入临床用药，就要求企业的医药营销人员对医院购进药品的形式、程序有充分的预案和有效的方法。

具体方法有：药事委员会研究讨论；通过集采或国谈；新产品医院推广会；学术会议推广产品；医院代理单位协助；医院临床科室主任推荐；知名的专家、教授推荐；医学会、药学会推荐；以广告宣传的形式使产品进入；试销进入等。

（2）进入零售药店。2019年11月29日，国务院深化医药卫生体制改革领导小组发文明确要以药品集中采购和使用为突破口，进一步深化医药卫生体制改革。药品集采将常态化开展，再加上医院“药占比”的控制，医院药品采购从以前的盈利中心即将变成成本中心。而零售药店遍布大街小巷，使老百姓院外购药十分便利，2020年国家“双通道”药店政策的实施，专业药房弥补了医院药房药品目录的限制，让患者在“双通道”药店购药享受着医院购药同等的医保报销政策。

医药零售是指将商品或服务直接销售给终端消费者，以供个人或家庭的非商业性用途的活动。医药零售商是医药营销渠道中的一类重要成员，是实现医药产品从生产领域向消费领域流通的最终环节之一。

随着医院零差率和医保支付价格的限定，对于传统零售药店的影响日益明显。“零差价”和“医保报销”的优势，分流了药店的一部分客源。但是任何一种业态的存在，必然有其价值，相对于批发业态，医药零售商功能的有效发挥，对提高医药营销渠道的效率和服务水平具有重要意义。根据《全国零售药店分类分级管理指导意见》，零售药店被分为三类：一类药店仅经营乙类非处方药；二类药店可经营非处方药、处方药（限制类药品除外）和中药饮片；三类药店可经营非处方药、处方药和中药饮片。

药品进入零售药店主要有两种形式：一是生产企业将单个药品以代销或经销的方式进入零售企业；二是生产企业通过代理或经销模式将单个或多个药品销售到药品批发企业，再借助药品批发企业配送渠道以现款现货、月结赊货等形式将药品批量配送到零售企业。

4. 销售促进

促销，是指将组织及其产品信息以告知、劝说等方式传递给消费者，说服或吸引消费者购买其产品，从而达到扩大销售量、建立品牌形象的目的。医药营销促销，是指医药企业将有关产品信息通过各种方式传递给医药消费者或用户，使其对本企业的产品产生信赖感，了解企业生产、销售的产品能带来的利益，从而刺激消费者的需求，完成购买行为等一系列营销活动的总称。促销的根本目的是激发消费者对产品的需求。

促销的本质是沟通的过程。沟通是传递、接收信息，实现信息的交流和分享，建立理解的活动，语言、文字、图形、声音都是实现沟通的手段。医药营销活动中的沟通主要是指医药企业采取人员或非人员推销的方式向与企业相关的外部环境进行信息传递，从而达到扩大企业知名度、树立企业形象的目的。

这就要求医药产品营销人员除了推广产品之外，更需要结合企业的整体营销战略向客户传递产品或企业的信息。在与客户面对面的交流过程中，通过眼神、肢体等沟通，能更全面具体地了解客户的需要，客户也能从推销人员的言谈举止中看到企业的品牌形象，建立品牌信赖感，促进销售达成。

第二节　医药营销运行环节及要点分析

一、品种选择的依据及分析

2020年3月5日，《关于深化医疗保障制度改革的意见》正式下发，为药品集中采购发展的方向，进行了多方位的定调、校准。对此，业内人士认为，随着药品集中采购的深入，未来还有更多品种的药物将被纳入采购，或对药企产生更多影响。对于医药企业来说，国家集采不仅仅考验的是一个企业的价格决策能力，更考验的是一个企业的战略决策能力和产品布局能力。

现行医药政策下，医药企业选择优势前沿药品加速研发和生产，迅速占领市场，对于企业未来发展起着决定性作用。

(一)产品资源的分析

1. 药品的有效性是营销基础

所谓有效性,是指医药商品所必须具有的、由相关法律法规所规定的各种有关性能、效用、时效性等的指标。医药商品的有效性是企业销售的根本保障,也是建立和维系销售信誉的重要保证。医药商品的有效性,主要依靠生产厂家和供货单位保证。但在采购过程中,往往会有不合格产品,甚至假冒伪劣产品。即使是合格的药品,其所含的有效成分也会受阳光、空气、温度、湿度的影响,而有程度不等的氧化、分解等化学结构的变化,从而产生有效成分降低,甚至失效和变质的现象。中药材体积大,包装简单,更易产生因贮存期过长而发生的质量变化。销售环节是保证医药商品有效进入消费环节的最后一关。

2. 药品的安全性是营销条件

药品在使用过程中或使用后可能会引起人体的不良反应或严重不良反应,甚至危及生命,进而影响患者身体及家庭,也影响医生的职业生涯。因此,选择产品时,必须时刻关注药品安全性原则,对患者负责,对医疗单位负责,保障人民生命安全。

3. 药品的稳定性是营销环境

医药商品的营销,在特定的地区往往有特定的消费对象,有一定的消费群体,也就是说,有较为稳定的市场。另外,药品本身的质量稳定性也是选择品种时需要考虑的因素。医药商品的营销,必须贯彻稳定性原则,保障市场需求,保障人民群众的用药需求。

4. 药品的经济性决定市场定位、定向

医药商品营销是一种经济活动,因此,讲究经济效益,贯彻经济性原则。这表现在两方面,其一,从宏观方面说,世界各国,特别是发达国家,医药经济都是国民经济的重要支柱,是国家财政收入的一大源泉。这就要求医药商品的营销,在保证质量的前提下,必须取得最好的社会效益,取得资金利润率、销售利润率的最佳水平。其二,从微观方面说,医药商品的经营部门,必须按经济规律办事,加强内部经济核算,降低销售成本,增加销售利润,提高效益水平。另外,在选择药品时,不仅从患者角度,还要从药品的卫生经济学方面考虑,选择性价比高的药品,患者更容易接受。

5. 药品的利润资源决定空间、时间、弹性、营销操作方式

真正有临床价值、有独特治疗优势、能满足临床需要的好产品,无论是已经上市还是在研发阶段,必将成为行业争夺的稀缺资源。从市场营销角度可将药品分为四类:“面包型”产品、“螃蟹型”产品、“牛排型”产品、“点心型”产品。

① “面包型”产品多为普药,流量大、产品知识普及;竞争激烈、差价小、资金占用量大、“不管饱”。如:青霉素。

② “螃蟹型”产品多为专科用药,产品知识不普及,前期市场推广难度大、市场启动费用大、风险大、竞争平缓,启动成功后赢利可观。如:雷卡(左卡尼丁注射液)。

③ “牛排型”产品多为常用品的技术更新品(换代、剂型更新、包装更新等),产品知识普及快,流量大,前期差价大,竞争对手众多,市场启动后面临竞价、竞量的激烈竞争,赢利期短,“切(抢)着吃”。如:阿托伐他汀钙片。

④ “点心型”产品多为小品种,流量小,市场面狭窄,强大的竞争对手无暇顾及,“不停吃”。如:金霉素眼膏。

优质、独特、创新的品种是医药企业最核心的资产。因此，企业为了生存与发展，会不断进行产品体系创新，进一步扩大药品剂型，通过搭配不同的产品组合，从而更好地满足不同患者的需要。

（二）产品分类

药品分类管理是国际通行的管理办法。它是根据药品的安全性、有效性原则，依其品种、规格、适应证、剂量及给药途径等的不同，将药品分为处方药和非处方药并作出相应的管理规定。在我国上市的中西药品数以万计，除了麻醉药品、精神药品、医疗用毒性药品、放射性药品等，其余药品均可在市场购买使用。

实行处方药与非处方药分类管理，其核心目的就是有效地加强对处方药的监督管理，防止消费者因自我行为不当导致滥用药物和危及健康。另一方面，通过规范对非处方药的管理，引导消费者科学、合理地进行自我保健。

正因为上述的药品分类管理通则，在医药营销运行中品种选择需要遵循这一基本规律，同时我们要结合市场营销的观点，分别从产品的渠道可及性、医生对产品的熟识度、临床疗效、患者用药满意度等方面合理分类，一般我们分为以下三类。

1. 进口合资类产品

这类产品一般由生产企业总经销或选择国内药品经营企业总代理。生产企业总经销往往由自己组建营销团队，负责产品的渠道覆盖和学术营销，在自有营销团队不能覆盖的终端或推广不力的县域市场，也有与药品经营企业合作营销的模式，开展面向特定市场的部分产品合约销售；经营企业总代理的模式属于买断销售，由经营企业组建团队负责产品的专业化学术推广和渠道覆盖上量等工作。

2. 国内企业的临床产品

根据产品面向市场的营销模式分为生产企业销售、经营企业经销（代理）销售等。生产企业销售是由厂家自己组建营销团队专销自己产品，很多国内知名大厂都采取自营这种模式；经营企业经销（代理）销售是生产企业借助药品经营企业的资源优势，通过招商，与经营企业合作完成销售目标的常见销售行为。药品经营企业与医疗机构有良好的药品配送关系，可以在药品准入等方面发挥优势，从而互利共赢。

3. 普药及罕见病用药

这类是医疗机构必不可少的常用药品或稀缺产品，一般此类药品生产企业无专业营销团队，通常借助经营企业的配送网络去覆盖更多的医疗终端市场，也有一些普药用量很大，部分经营企业和生产企业合作垄断资源，从而造成医药市场中常见的价格波动、短缺药现象。

（三）产品资源与企业资源的整合

“十四五”期间，由于医药政策环境的变动，医药企业会承受着越来越大的压力。营销策略日趋同质化，曾经畅销一时的产品开始受到挑战，研发能力不足的企业无法支撑新产品的持续供应，后续产品储备不够，新产品上市遥遥无期，国家集采及各省份带量采购大大压缩利润空间，没有优势产品仍是困扰医药企业发展的首要问题。寻找优质资源展开并购，正成为医药企业必然的战略选择，成为企业快速发展的必然通道。以资本换时间，拿产品、抢资源，实现企业的跨越发展和转型升级。

药企并购主要拼抢两类产品：一类是产品竞争力够强的现有品种，可短期内丰富企业产品线；另一类是在研重磅品种，获得支撑未来成长性可期的产品梯队。并购主要分为两类，一是基于现有大产品导向的企业并购，通过并购引入优质的品种，调整和优化产品结构；二是基于未来在研潜力大产品导向的企业并购，以现有产品为导向的并购模式可以使企业迅速获得目标产品，借助优势营销网络，产品快速放量，实现企业规模扩张、市场份额增加等短期目标。

医药产品毕竟是有生命周期的，会慢慢被新上市的产品替代。因此，医药行业特别需要以技术创新为主要驱动力，充足的在研产品储备才能保证企业的持续竞争力。医药企业并购逐步从"现金牛产品导向"向"现金牛产品导向＋潜力在研产品导向"的并购模式转变，通过并购获得新产品的持续研发能力是医药企业并购新的趋势。跨国企业中不乏以并购研发资源，提升研发实力的案例。国内也有很多优秀的生物技术企业，拥有良好的技术平台和研发能力，通过直接收购、股权收购、短期合并等形式，制药企业可以迅速获得研发品种和研发人才的储备，并在某一领域获得新产品持续供应的能力。

二、市场企划与调控

对企业来说，在带量采购下，仿制药价格持续下降和更多种类药品进入集采已是大势所趋。除了顺势而为外，药企更重要的是应势而变、积极创新。对于有研发实力的大型药企来说，可以去走创新药研发的道路；对于一些不具备研发实力的中小型药企来说，则可以通过聚焦临床急需而市场竞争小的品种，技术升级、仿创结合、发掘创新制剂，进一步丰富医药产品体系，在充分了解患者需求情况下，加强对现有产品的研究和尝试，不断丰富产品体系、完善产品规格，增加市场覆盖面和占有率，进而有效地提升企业利润增加点。

首先，需要将目前各区域市场代理协议进行分析，按照协议要求淘汰无法按照约定执行协议的客户。由业务负责人对所有协议客户开展摸底调研，分析市场情况，拟定目标差距，完善调研数据。包括客户覆盖地区、零售价格、最主要三家竞品价格情况、单产品区域市场销售占比、销售终端分布，将协议客户调研纳入区域经理绩效考核。

其次，明确市场覆盖情况，列出空白市场。产品销售的增长：一是靠成熟地区对竞品的挤压获得更多份额；二是靠增加空白地区的覆盖，实现新增长点。因此，在人力具备的条件下，明确出空白市场，以大区经理负责制，集中时间在空白市场撬动。确定市场后，一方面，在协议范围内，通过合作经销商沟通及促成，带动覆盖空白市场；另一方面，要调研市场空白区域竞品销售模式，总结分析，做出应对策略。

第一，价格体系设定。传统招商体系中最大的武器就是价格杠杆，但是在供过于求的市场关系下，价格是最无奈的武器。确定价格时，要综合考虑竞品市场表现，明确产品市场定位。协议客户坚持以量作价，制定明确的分级价格。

第二，商业渠道布局与直供终端。一是依托强势销售队伍或大型连锁为载体，推进产品基础量的保障和强势渠道的优先占领。二是加强自营队伍建设，杜绝过票挂靠等不符合时代发展要求的操作方式，利用区域终端资源优化和完善自营队伍，进行产品的有机组合，实现企业资源合理使用。

第三，加强促销与品牌传播。现代市场环境下，铺货与压货已经不再是焦点，动销（开始销售）才是真正的难点。客户动销需要解决，分析影响动销的要素，逐一列明，分析客户的真实需求。促销靶向性要非常明晰，明确指向竞品，对竞品进行对标比照，提高动销水平。

第四，加强市场督导与反馈。以市场部为核心，由行政、客户、质量、招标、财务等部门人员组成市场督导小组，不定期随机独立走访市场，了解价格执行情况，市场覆盖情况，以及与竞品的差距等，并及时反馈给公司。

第五，打造样板市场。最大限度地激发公司全员的销售心态和战斗欲望，全面服务销售。甚至可以大胆尝试一下，组建样板市场分区协调机制，公司各部门部长以上级领导划分负责区域，重点考核产品环比销售增长率和产品盈利率，并纳入考核项目。

三、药品进入营销终端环节与要点

（一）药品进入医院的环节与要点

医院一直是药品的主要卖场。这条渠道的开拓一般是由医药生产及经营企业的医药营销人员拜访临床科室主任、药剂科主任、业务院长、库房主任等，通过这些环节将药品摆进医院药房；通过专业学术拜访，向医生传递药品信息，在合理用药前提下，医生使用药品服务患者。

医院药品集中招标采购的推行，加剧了制药企业在医院市场上的竞争，招标建立在药品一致性评价基础上，使得药效和质量得到保证，竞争焦点直接集中在价格上，药品的中间价差减少，单个中标药品给企业带来的利益也大大下降。对于不同区域招标价的差异，导致流通性强的药品会造成区域窜货，这要求药企加强对销售网络的维护，以及对办事处和批发公司的管理，采取综合考评的销售体系。

进入医院的营销推广方式，依然是以一对一拜访和举办学术推广会为主，主要给医生传递产品信息与最新的用法用量、产品特色、产品优势。随着我国医药市场不断发展，医药企业在产品竞争不断加剧的情况下，越来越重视产品延伸服务。企业不仅要加强对药品使用效果的推广，还要充分结合药品的商品特性，给患者传递信任，给处方医生带来使用药品的便利性，加强医药产品延伸服务。

1. 营销人员必须掌握的知识与技能

（1）知识。医药营销人员必须掌握产品知识、市场策略、细分市场的状况、竞品情况、医院和科室的决策状况、该产品的外地推广情况，还要做好拜访前的准备工作。

（2）技能。医药营销人员必须具备拜访、回访、协同拜访、突破拒绝、利用“桥梁”、点突破(买点、信息点)、连带营销(扁平连带、纵深连带)等技能。

（3）资料。医药营销人员在实施拜访时需备齐：① 厂家资料：药品生产许可证、工商营业执照；② 产品资料：产品单页、产品有关论文、新药证书、产品专利证书、质量标准、质量检验报告。

2. 药品进入医院的一般程序

医药营销人员需要充分了解医院的架构及人员组成、患者的构成、新药的进药流程、特殊进药程序、新药的药房流程。

（1）医院进药原则。不同医院进药和选药细则不尽相同，但大致原则还是相通的：一是有重大意义的创新药物，医院会优先选用，因为创新的产品意味着与新的治疗方法接轨；二是同类药品一定要保持合理的数量，同类品种中，新品种一定要比老品种有显著的优势，每一个剂型至少要保留一个品种；三是仿制药在质量可靠、价格合理条件下，原开发厂和仿制品各选一种；四是 OTC 药基本满足需要即可，品种不宜过多。很多大医院都不会进淘汰品种或滞销的品种。

(2) 新药进医院程序。在掌握每家医院进药或选药的原则之后,接下来需要详细了解的是进药的程序。以下是医院进药普遍采取的一个程序:

① 临床主任根据临床用药的需求,向药剂科提出用药申请。一般由一个比较重要的、有影响力的临床科室主任提单。

② 医院药剂科对临床科室的用药申请进行复核并向医院提出采购申请。

③ 主管进药的医院相关负责人(一般是副院长)对申请进行审核。

④ 医院药事委员会对欲购药品进行讨论通过。

⑤ 经药事委员会讨论通过之后,药剂科主任下达购买通知,采购会根据药剂科主任的通知将新产品列入采购计划,与相关的医药公司联系采购药品。

⑥ 新药进入医院药库。

⑦ 新药由医院药库发药人员将产品送到药房(门诊部、住院部)。

⑧ 医院临床科室开始临床用药。

(3) 药房流程。采购人员将药品入库之后需要做的工作是:库管将药品信息录入电脑、通知各药房有新药、各药房组长写领药计划、库房把新药配送各药房等系列流程。

这是目前临床用药最常见的进药方式,这个环节中,首先要拜访临床科室主任,让临床科室主任认可该药品的价值功效,然后才有可能向药剂科提出申请;下一步就是拜访药剂科,获得药剂科主任的认可,最后需要获得主管进药的业务院长认可。

3. 药品进入医院的特殊程序

(1) 特需。并非每种药品都遵循相同的进药程序,除了常规的进药程序之外,还有特殊进药程序。

常见的特殊进药方式有:紧急采购调配、临时采购、科研进药等。在特殊进药程序中,医药销售主管需要关注相关事件点,如果符合特殊进药条件且医院非常认可此种药品,那么其进入医院的可能性就比较大;如果有全国非常著名的专家极力推荐某种药品,那么这种药品进入医院的可能性也很大;再就是临床与科研部的专家,可以以科研需要为由申请进药。以下情况如果发生,会促进药品通过特殊程序进入医院。

① 紧急采购调配。根据临床病症的需要,临床科室主任提出申请,由主管院长批准,采购部门直接从医药公司、厂家或者其他合规渠道购买药品用于临床,不需要经过药事委员会讨论。这种情况一般在急救或者手术过程中比较常见。这种时候,急诊科或者 ICU(重症加强护理病房)主任的用药意见比较重要。一般来讲,医院对于急救药品的用药申请通过率较高,急诊科或者 ICU(重症加强护理病房)提出的用药申请满足的可能性较大。

② 临时采购。根据临床用药需求,少量临时采购的部分药品作为临床紧急或临时需要时使用。这种情况一般由在医院有一定影响力的临床科室主任申请,不经过药剂科,直接由主管进药的副院长或者院长同意采购,但是一般量不会很大,而且要临床保证在一定时间内用完。

③ 科研进药。一些有科研能力的医院或者作为国家临床药理基地的医院,根据临床科研需要,向药厂定向采购,用于临床科研试验的采购方式。这种时候主要是以新药为主,或者是老药新用的时候,由参与或者组织科研的临床专家、主任提出申请,经医务部或者科研部批准,医院伦理委员会批准,药剂科定向采购专供该实验或者科研课题使用。

④ 特殊进药。一般是比较难以进药的医院,在由于其对于区域销售有一定影响的情况

下采取的特殊的进药途径，以达到临床用药的目的。这种情况下的进药，对于价格高且不常见的药品比较有效。部分药品以临时进药的方式，多次少量进药，也能满足临床用药需求；还有部分药品可以根据公司或者厂家的需要，做促销性的科学研究，在这种情况下一般是以临床科研经费支持临床用药的。

(2) 带入。专家对某产品已有使用习惯，且对该产品有较高的认可度。在医院需要请专家会(出)诊时，由已使用某产品的专家带入。用带入办法进入医院的产品通常不用太多的前期拜访，可以迅速进入，由专家做产品介绍与宣传，该方法必须与有关专家保持及时的沟通，才能获取有关专家的支持。

总之产品进入医院，成为临床用药，需要一定的程序和方法，需要营销人员充分利用天时、地利、人和的各种优势。

（二）药品进入零售药店的环节与要点

由于连锁药店有着覆盖较广的终端资源，也掌控着数量庞大的客户资源，为了获得更高的利润及制药企业更好的支持，从而降低自己的经营成本，零售企业会直接和制药企业谈判，在带量采购前提下，要求制药企业以最低价格直接向连锁药店指定的地点供货，统一结算。

很多制药企业为了应对这种格局，纷纷成立相应的业务部门，直接和连锁药店对接。连锁药店相对于单体门店，拥有更大的话语权，比如很多连锁药店会收取进店、陈列、位置、店庆、促销等商业费用等，这些费用都是药房利润的来源。

医药零售商提供的是终端服务，客户每次购买数量少、交易次数多、金额小，所以零售商必须控制进货批量，加快销售过程，提高资金周转率。这就形成了医药零售商小批量进货、低库存和重视现场促销的经营特点。常规情况下，开发连锁药店的流程主要包括以下方面：

第一步，调研门店。开发连锁药店前一定先调研主要门店，看同类产品陈列情况、价格水平、销售情况。

第二步，拜访采购。首次拜访先从制药企业优势、毛利率、差异性特点等方面做简单信息沟通，获知采购态度，并且适当了解竞品情况，收集竞品信息。第二次拜访，就要技巧性地沟通产品较竞品的优势，说服连锁药店有计划地进行替换。第三次拜访，带齐资料，做好相关准备工作。主动商谈供应价、零售价、进店费、培训费、活动赞助等。客情比较好的情况下，省去前面环节，直接洽谈扣率和费用。

第三步，跟进铺货率。首批货到位后，即可跟进门店铺货时间进度和铺货率的问题，与采购逐项落实。同时，走访重点门店、拜访店长、沟通产品情况、及时提交采购计划，尤其是要多加关注加盟店的执行情况，了解连锁总部下达的指令是否与沟通结果一致。此外，联系配送人员，跟进配送进度。

第四步，促销活动与产品宣传。销售需要氛围，尤其是新产品进入后，首先要吸引门店的关注和重视，产生记忆和兴趣。因此，铺货同时应该开展促销活动，包括产品培训、宣传组合工具等，带动门店积极性，教给店员用最简单的差异化卖点完成产品推荐。

第五步，拜访门店，寻找目标店员。目标店员就是主动推荐你的产品的人，可以做陌生拜访，按照购药流程进行，探寻是否推荐，寻找原因，及时完善。保持对目标店员的客情维护，而且可以塑造典型案例，发现成功推荐的技巧和方法，用于帮助其他店员完成推荐。

通过前期调研可基本了解药店的经营情况，如期望某产品进入某零售药店，一般需要完成以下流程：

一是洽谈合作意向，签订购销协议。介绍同类药品历史销售情况、竞品销售情况，以及制药企业销售指标；商谈意向品种的价格和利润；介绍销售模式、销售政策，特别是终端投入程度等。二是确定采购某商品，由供货方在采购部领填《首次经营药品审批表》，并交采购部经理、总经理签字后交质管员审核产品资质相关资料。三是质管部凭已签字的《首次经营药品审批表》信息，收集相关企业和品种资料。资料符合规定的建档；资料不符合规定的，质管员提供所需资料清单，补齐后建档。四是要求送货时，提供加盖供货单位质量章的同批次检验报告单。如药店还有其他的流程需求，要结合实际情况再考虑如何满足。

四、推广促进的实施

（一）产品在医院的临床推广活动

1. 对临床医生进行推广介绍

当产品进入医院药房后，需要及时开展对医生、护士、专家、教授的临床推广介绍工作。医药营销人员与某个科室主任、医生、护士长、专家、教授面对面的一对一推广药品时，要事先备好工作证、产品说明书、产品样品盒、产品临床报告、产品宣传册等资料，这样进行交流时才会更方便；营销人员与在同一个办公室里的医生或护士交谈，一对多推广时，必须做到应付自如、遇乱不惊、运筹帷幄，掌握谈话的主动权。

公司对科室进行推广介绍。这种形式的特点是临床推广速度快，与医生、护士建立客户关系也快。方法主要是，在药品刚进医院时，组织门诊、住院部相关科室的医务人员座谈，通过学术推广会议形式来宣传新产品。

公司对医院推广介绍。药品进入医院药房后，应将所有对应科室（门诊、住院部）的医生（主任、教授、专家、主治医生、医师）和护士（护士长）组织起来召开座谈会。这是推广规模较大的一种方式。这种方式能够在短时间内通过医院各环节，形成一种良好的学术推广环境，并迅速在该院树立公司、产品形象，让医院多层次医务人员直接接受公司和产品。

公司对医疗系统推广介绍。这是规模最大、辐射面最广的一种方式，要求在本区域医疗系统全部或部分已进货的情况下举办。方法是选择一个医疗机构认可的合适时间，地点最好在医疗单位密集区，以公函形式约请大型医院的相关科室主任、医生（专家、教授、主治医生）、护士代表等，中、小型医院相关科室主任、护士长、医生、护士等，厂矿职工医院医护人员以及专家专科诊所人员召开座谈会。这种方式能够完善医生推广介绍环节，建立该品种在本区域医疗系统的学术推广环境。

2. 对药房工作人员进行推广介绍

一对一推广介绍。这种座谈会方式主要针对药剂科主任、采购人员、门诊和住院部药房的组长，由医药营销人员面对面交流，建立良好的学术推广环境。

公司对药房推广介绍。这种方式主要由药剂科主任组织门诊、住院部的全体药房人员参加，使药房与公司建立良好的学术推广环境，提高公司和产品形象。会议可选在医院会议室进行，以“药剂人员学习产品医学知识”的形式举办。座谈会可按“公司对科室”的座谈会形式进行，记录所有参会人员的相关信息，便于会后跟进。

3. 对患者进行慢病教育

对住院患者进行慢病教育。药品营销人员在住院部相关科室病房中，以讲述故事的方式向患者传达相关疾病案例和医学知识，以及病患生活护理常识。这种形式要求药品营销人员进入病房与病人交流，注重以情感人，不涉及具体产品。

（二）产品在零售药房的促销活动

1. 产品组合

重点产品都是代表治疗某一类疾病的，那么治疗这类疾病使用某单一重点产品可能效果不如组方好。可以采取的组合方式如下：

① 处方药＋处方药。形成新的治疗理念并对医生进行宣传，这类组方可能需要临床试验验证最佳。这一点对专业性要求较高，需精通医学、药学的专业认识，综合运用相关疾病的治疗理论。

② 处方药＋非处方药。主要目的是强化处方药的作用，形成有效的联合用药治疗机理。可以用于门诊、社区、药店等医疗水平或者专业性较低的终端。比如急性支气管炎，如果主要产品是头孢类，如头孢克肟，那么可以根据患者是否感冒而形成不同的组合方案。

③ 非处方药＋非处方药。主要用于药店和诊所，可以明确地交给店员和医生。比如胃十二指肠溃疡，组合方案是奥美拉唑＋复胃散胶囊＋复合维生素B片。

④ 药品＋保健品。如果药企自身有非常好的保健品，可以通过专业促销，本着中西医并用、医疗与保健并行的原则，组合配方销售。

2. 患者教育

首先，患者教育方式可以是药店内针对某类疾病的产品介绍、社区关爱健康知识宣传，以及向进店患者提供药学咨询或者回访服务等。其次，做患者教育促销最好是系列产品，比如上面组合型产品群，就可以有效实施社区教育营销。患者教育促销相当于把药店做成了行商，由药店人员、社区卫生服务中心人员、专门的医生及药企的人员组成。建议患者教育促销主要针对慢性病相关知识开展，并且分多期进行，最好每月一次，引导患者养成习惯，促进消费者持续购买。

第三节　医药营销运行的主要模式及特点介绍

一、传统医药营销运行模式

（一）代理型厂家总代理、地区代理

在20世纪90年代，代理制风靡全国，因为代理模式对很多没有自己营销队伍而又想尽快拓展市场形成销量的制药企业有着巨大的吸引力。

1. 总代理

总代理可以是全国总代理，也可以是省级总代理。2010年前全国总代理或者省级总代理被很多制药企业采用，因为这种模式更为省心、省钱。一般总代理之后代理商会发展下面的二级代理，甚至三级代理，这样可以把市场做得比较深，同时覆盖面也比较大。有些制药企业是帮助总代理发展下面的代理商的，这时候要签署三方协议。

2. 区域代理

由于总代理经常无法完成制药企业的代理指标，制药企业又无法对总代理进行制裁，后期随着代理模式的发展，很多制药企业不再采取总代理模式，而是采用更为细化的区域代理模式。区域代理模式基本上是以市为单位的，一些制药企业通过精细化招商，选择做得比较好的代理商，与其签署代理协议，让出代理权。细分区域代理让制药企业短期内有几百个代理商，这样即使少数代理商无法完成代理指标，由于大多数是完成甚至超额完成的，制药企业的销售目标也是可以实现的。

（二）买断产品经营权

买断经营权是经销商通过与制药企业协商签订买断经营合同，由经销商用现款现货或期款现货的交易方式向制药企业一次性买断所有产品或一种产品，获得在某地区市场某个时间段的独家经营权的经营行为。买断经营是包括专卖商、批发商在内的商家追求利益最大化的经营模式。其实质是商家通过买断的形式，以较高的商业风险换取某种商品一定时期的独家经销权，独占市场，行使独家定价权，从而获得高额利润的一种营销方式。当然，由于买断经营介于多家经营和垄断经营之间，这种行为也有一定风险性。买断经营是商家避免恶性竞争，拓展利润空间的一个值得尝试的有效手段。

（三）佣金代理模式（代表型厂家产品代理）

佣金代理模式就是在原有的代理商关系基础上，生产企业高开票，底价结算，将高开和底价之间的差额部分一部分用于缴纳税费，一部分返还给代理商，成为代理商的利润和代理运作成本，返还的部分就是所谓的“佣金”。

佣金制代理模式下，一般制药企业会向代理商提前收取市场保证金，以保证代理商能够不违反制药企业的商业合作协议。同时，代理商需要发货时，根据保证金数额，可以压批结算费用，但是如果超过了保证金数额的百分数警戒线，需要代理商支付差额货款。制药企业如果不够强势，或者对市场掌控弱的情况下，不会强制代理商交保证金，而且会允许代理商押批结算货款。佣金制代理模式下，由于制药企业掌握了代理商的利润和运营费用，因此相对而言会有较大的话语权和市场控制权。

（四）委托加工型

药品委托生产，是指药品生产企业在因技术改造暂不具备生产条件和能力，或产能不足暂不能保障市场供应的情况下，将其持有药品批准文号的药品委托其他药品生产企业（以下称受托方）全部生产的行为，不包括部分工序的委托加工行为。国家药品监督管理部门根据监督管理工作需要调整不得委托生产的药品范围。目前，麻醉药品、精神药品、药品类易制毒化学品及其复方制剂、医疗用毒性药品、生物制品、多组分生化药品、中药注射剂和原料药不得委托生产。生产企业根据自身发展情况，可以在符合《药品委托生产监督管理规定》等国家法律法规要求的情况下委托加工原料药、产品，甚至可以进行策划市场销售。委托方与受托方达成合作后签订具体委托协议，明确双方委托生产中的技术要求、质量保证、责任划分等权利义务。受托生产企业负责按协议约定的工艺和质量标准生产，负责产品的生产放行，对持有人负相应的质量责任。

（五）研制销售型

如果把医药行业做一个全局的分析，整条医药产业链可分为研发、生产、流通等多个环节。西药行业的研发端，技术含量高、研发周期长、资金投入大，一般情况下需要耗资数十亿元，研发投入时间长达 10 年以上，虽然承担的潜在风险极高，但是高风险会带来相应的高价值与高回报。因此，很多具备研发、销售实力的制药企业会把精力集中在产品研发、销售方面，缩小生产规模，做精做强。

待研发产品获得专利、临床批件之后，该类企业会选择把西药研发的部分环节以委托外包的形式外包给其他生产企业。这类研发型制药企业与生产企业合作的内容一般包含合同生产研发/合同生产服务（CDMO/CMO）、临床研究及其他 CRO 服务等板块，双方或多方制药企业共同合作，发挥各自优势，获取临床批件、生产批件，直至产品进入市场。

制药企业凭借自身的营运基地和分支机构精心策划，启动产品市场营销，以此快速获取研发产品的高额利润。

（六）自然人代理

自然人代理俗称“个代”，是制药企业把某个区域的全部或者部分产品的销售承包给当地有销售资源的自然人，该自然人全权负责这片区域制药企业的部分或者全部产品的销售。自然人承包市场，需要先缴纳市场保证金，之后签署大包协议，根据大包协议进货、支付货款或者押批结算。在承包区域内，由于产品代理自然人和制药企业是底价结算的，所以市场的拓展、促销等制药企业是不负责的，由产品代理自然人全权负责，而且要完成每季度、每半年、每年的销售指标。

（七）局部代理

局部代理俗称“小批”，一般有以下四种行为。第一种是从“个代”那里获得的二、三级产品销售代理，这里的“小批”是相对于“个代”而言的。第二种是负责承包营销环节上某个或者几个关键点，提供相关服务，促进产品销售上量。第三种是制药企业的销售人员承包制药企业的二、三线品种的销售。第四种是非制药企业的人员，在工作之余小包企业的药品，从事所在区域的销售辅助工作。比如承包新科室开发、商业客户开发、帮助回款、终端铺货等工作。

二、现行医药营销运行模式

随着“两票制”、带量采购常态化、医药代表备案制等政策实施，医药企业的传统医药营销模式已被现行营销模式取代。与传统医药营销模式比较，现行医药营销模式的区别主要体现在以下方面：

（一）代理型模式被淘汰

众所周知，临床药品要实现销售有两种基本手段，且缺一不可，一是要有通畅的商业渠道，二是要进行终端临床的推广。有些企业由于无法像外资企业和部分国内生产企业一样自建营销队伍，自己负责商业渠道，所以将终端临床推广委托代理公司或自然人完成。“两票制”、带量采购政策实施取消层层代理，是代理型模式被淘汰的主要原因。

另外，代理制虽然投入小、见效快，但是却存在很多缺陷。例如，代理商无法完成指标时，制药企业无法真正地制裁代理商，更不容易中途撤换代理商；代理商经常出现窜货乱价行为；代理商由于代理的品种较多，不能把全部精力放到某一家制药企业产品上，导致制药企业的产品难以做成品牌产品或者大规模产品；代理商的渠道资源和终端资源由自己把控，制药企业无法真正做到市场管理。

（二）自然人代理被取消

“两票制”执行，国家对商业贿赂的打击，一致性评价的开展，“一药多名”被《药品说明书和标签管理规定》终结，集采常态化等措施让很多品种处于降价态势。以前高利润可操作空间的自然人代理模式的品种越来越少，一些自然人放弃了代理业务，选择踏实地做制药企业营销人员。自然人代理模式不利于医药营销人员的发展，也不利于制药企业在医院的学术推广活动开展，更不符合药品管理法相关规定。自然人代理的药品销售模式已终结，未来的医药市场模式将是以市场为重，销售和配送为辅。

（三）委托配送型模式产生

2015年，随着新一轮医药卫生体制改革进入“深水区”，为降低流通成本、规范流通市场、提高流通效率、促进药品流通行业健康发展，《国务院办公厅关于完善公立医院药品集中采购工作的指导意见》和《国家卫生计生委关于落实完善公立医院药品集中采购工作指导意见的通知》，明确提出“药品生产企业是保障药品质量和供应的第一责任人。药品可由中标生产企业直接配送或委托有配送能力的药品经营企业配送到指定医院”，并且“鼓励医院与药品生产企业直接结算药品货款，药品生产企业与配送企业结算配送费用”。自此，“一票制”，即委托配送模式正式被提出。现阶段，部分省市、生产企业在区域逐步探索实施“一票制”。

由于某类药品的广覆盖、市场接受程度高，订单需要及时配送，使得药品生产企业同时被赋予配送职能。这一模式将提高药品生产企业的积极性，推动专业医药第三方物流的兴起。由于第三方物流是专业物流服务提供者，能够通过专业化的服务、规模经济性、较低的运输成本以及其他物流增值服务给生产企业带来实在的利益，从而降低药品价格。

（四）CSO（合同销售）模式的产生

CSO是合同销售组织（Contract Sales Organization），发源于国外，目前国内采用CSO做得好的主要是康哲药业和香港亿腾医药。CSO如果在营销领域，可以说是营销外包，就是制药企业不再过多地把精力放在营销上，而是外包给CSO企业，由CSO企业负责制药企业的所有营销工作，制药企业只做好生产即可。

随着我国医药行业“两票制”、营改增、GPO（药品集中采购）、医联体采购、二次议价等政策或者模式的推进，很多制药企业面临巨大的营销转型的压力，同时大多数医药商业企业也面临巨大的转型压力。这种情况下，如果CSO企业能将医药代表隶属关系建立在药品上市许可持有人名下，CSO模式将会应运而生。有的大型医药商业公司不仅能布局相关业务，而且业务范围远不仅于此。这类医药商业公司将不是简单的CSO企业，而是服务医药行业各类企业的第三方医药工商服务支持平台。

CSO企业的运营模式为：利用自身的渠道资源、终端资源、团队资源、市场资源、政府资源等为制药企业的产品迅速打开市场，产生销量。CSO企业还可以为制药企业提供非整体营销外包的工作，比如产品规划、产品策划、产品分析、市场分析、营销模式设置、产品培训、市场培训、营销体系薪酬绩效设计、市场开发、渠道拓展和终端开发维护等关键环节的服务，为制药企业提供专业的咨询服务。该类企业的人才资源来源于国内头部制药企业、医药商业和行业内专家，具备提供相关专业服务的能力。

对上游制药企业，除了承接药品的全国销售工作，还对上游制药企业提供融资、新产品引进、管理咨询、投资并购、人才猎取和专业培训等专业的增值服务。

对下游纯销商业，除了为纯销商业源源不断地提供区域独家经销产品，该平台还会为合作的纯销商业提供融资服务、发展规划等管理咨询服务、终端资源整合服务、专业销售人员整合服务、学术推广服务、医院各种专业服务、培训服务、产品策划服务等专业的增值服务。

CSO企业帮助制药企业销售产品，帮助合作商业获得区域独家产品经营权，最终目标是帮助合作的医药企业发展壮大。为了保证合作制药企业和商业企业的根本利益，该类企业不会接触医药物流和资金流，而是在医药物流和资金流之外提供全方位服务。

三、新政策下医药市场特点

医改新政下，医药市场经营结构发生了很大的变化，制药企业为适应新形势的变化需求，纷纷构建体系化的组织形态。在新时期，制药企业营销体系就是要能够适应各省相关行业的各种政策，在保证安全的前提下最终获得营销业绩。新时期，营销体系的三个前提要素是安全、合规、高效。

一是安全。要保证营销体系不被商业贿赂等问题影响，保证营销组织能够在区域内安全运行，也要保证营销人员的安全。现在国家对医药购销的商业贿赂的打击力度越来越大，一旦被查出商业贿赂事件，就可能拖累整个营销体系在区域内的运作。

二是合规。营销在区域内要尽可能合规，还要避免带金销售行为的发生。很多制药企业因为前期的带金销售，市场功能退化严重，即便是很多医药专业毕业的营销人才也不知道该怎么接着运行。

三是高效。不可否认，随着我国老龄化的进程和慢性病人群的增加，我国医药市场是刚性的。这个刚性导致医药总量在合理用药的情况下，会持续增长。只有保持营销组织高效性，才能在新的市场环境下立于不败之地。

新的营销组织具备以下特点：一是强化医药学术、市场功能。二是强化不同市场的应对策略。三是强化商务功能。四是强化合规性。过去，传统的销售机构一般包括销售部、市场部、招标部、政府事务部、财务部、办公室、仓储部等。近几年，企业管理开始细化，市场部增加了产品部、学术部、信息部、医学部等。

但无论如何细化，关注重点始终在市场和销售两个方面。具体说就是，市场方面重视的是产品和学术，销售方面重视的是客户和缔结。管理方式决定着企业的效率，所以一些企业很重视营销管理方式的转变，通过不断优化管理方法来促进市场的开拓。总体来说，现阶段医药营销运行模式主要有以下五大新转变。

（一）医药营销市场由单核市场向双核市场转变

一直以来，城市公立医院一直是医药企业兵家必争之地。但随着分级诊疗政策国家意愿的强制推行，医疗服务资源下沉，医药市场的格局将会发生重构。如果医药行业还存在蓝海，那一定是在基层医药市场。基层市场必然会迎来全面放开、快速奔跑的时代。

因此，中国医药市场将由目前的“城市医院”单核市场向未来的“城市医院＋基层医院”双核市场转变，基层医院和城市医院的地位同等重要。企业规模要做大，必须要对基层市场有足够的重视，如何布局基层市场成为企业重大的战略课题之一。

（二）企业竞争由竞争关系向竞合关系转变

过去外资药企依靠强大的产品优势和国家政策倾斜，再加上“学术推广＋政府事务＋专家网络”的组合拳，在中国市场可谓是如鱼得水。但2013年“GSK商业贿赂案”被曝光后，外资药企在华的鼎盛时光宣告终结。专利到期、药价谈判、医保支付等一系列紧缩性政策让外资药企销售业绩遭到重创，过去的超国民待遇开始向与本土企业一视同仁的国民化待遇转变。

中国医药市场竞争态势将发生重大转变，本土企业竞争优势逐步显现。在高端市场，本土企业依靠逐步提升的产品质量、相对低的价格优势加速挤占外企原研产品份额。在基层市场，外企产品依旧有较强的产品力，但受制于高成本的自营模式，“本土销售队伍＋外资品牌产品”将成为主流的商业合作模式。未来，本土企业和外资药企的“竞争＋合作”的竞合关系将成为常态化。

（三）大产品成长方式由利益价值向临床价值转变

过去二十年，国内医药企业大产品成长模式基本符合“大治疗领域＋政策保护＋相对独家＋高利润空间”。企业通过改规格、改剂型或者剂量迎合国家招标政策，创造高利润空间，以“利益交换”方式实现产品销量快速生长，出现很多所谓的“安全无效的中国神药”。

立足当前的政策环境，产品的竞争方式已发生实质性改变，过去的大产品成长模式已不再适应新的市场环境，未来大产品成长方式将从“以利益为主”转变为“以临床价值和质量为主”。产品有没有进指南、在不在临床路径、是不是专家共识，已经成为投标入围的基本标准。药品的价值将回归到治病的本源，哪个产品能更好地治愈患者疾病，就能成长为品牌产品、畅销产品。“临床治疗价值、质量过硬”的产品，一定会在未来的决战中胜出。

（四）企业发展模式由重资产发展向轻资产发展转变

“攥在手里的才是自己的。”这是医药企业发展的惯性思维。一方面，受限于过去国家对药品研发和生产的绑定政策；另一方面，企业家对于成为大型制药企业的目的追求，导致单一的研产销垂直一体化的重资产发展思维模式根深蒂固。

上市许可人持有制度的推行，解除了药品研发和生产的捆绑管理，未来企业发展模式将发生重大改变，过去封闭式的发展模式将逐步向平台型合作式轻资产发展模式演变。专业、深度、开放、合作模式将是医药产业新的发展趋势。过去“补齐短板”才能构建企业核心竞争力、做大做强，现在“长板做长”“资源聚焦”成为企业新的战略竞争手段，未来哪个企业的差异化优势越突出，竞争优势就越明显。

（五）企业核心驱动力由双轮驱动模式向四轮驱动模式转变

过去医药企业成功靠的是“研发＋营销”双轮驱动，有好的产品储备和营销模式就能成就好的企业。但新的竞争环境下，研发难度与日俱增，营销模式千篇一律，仅靠研发和营销两条腿走路是跑不赢行业加速期的。医药企业要实现跨越式成长，驱动模式必须改造升级。未来引领医药企业成长突破的将是“研发＋营销＋资本＋机制”的四轮驱动模式，其中资本和机制将是企业发展新的驱动力量。

1. 资本方面

目前国内绝大部分医药企业还停留在实业阶段，不懂资本的企业，就像老黄牛耕地，有劲儿也得慢慢使。埋头做实业是不够的，资本与实业的结合能释放巨大力量推动企业发展，医药企业要学会用资本手段去整合优质资源，包括产品资源、品牌资源、网络资源、人才资源等。

2. 机制方面

医药企业发展目前还受制于关键人才的瓶颈，尤其是领军人才。通过简单的聘用职业经理人或者用传统薪酬的方式吸引人才已经远远达不到预期效果，最终结果往往是财聚人聚、财散人散。企业想要成功引进关键人才，应当首先解决机制问题。用机制吸引关键人才，用机制释放员工动力，用机制驱动企业长足发展。

案例一：辉瑞制药的高质量发展

辉瑞制药是以研发为基础的跨国制药公司，已有150多年历史。辉瑞制药的业务领域有三大块：医药保健、动物保健和消费者保健品。辉瑞制药的创新产品在全球150多个国家和地区销售，辉瑞制药的发展得益于其科学的营销策略，具体包括产品细分策略、定价策略、渠道策略、促销策略、品牌营销策略等。

产品细分策略：辉瑞制药经过几次大的并购之后，产品已经覆盖到非常多的业务领域，大大拓展了其产品线的深度和宽度，其单纯的处方类产品有成人戒烟类用药、精神健康和神经系统疾病治疗用药、泌尿生殖系统疾病治疗用药、内分泌疾病治疗用药、女性健康呵护类用药、胃肠道疾病治疗用药、心血管疾病治疗用药、眼科疾病用药、疫苗、肿瘤用药等。另外还有健康营销类药物和动物保健类药物。辉瑞不仅有强大的产品线，而且在研发上投入的资金非常巨大，辉瑞的研发理念为"以市场为中心，追求实用价值和畅销产品"，辉瑞拥有全球最大的研发部，其拥有超过12000名科学家，2010年全球研发投资达到94亿美元。

定价策略：辉瑞制药根据不同药品的需求弹性，将不同的药品价格定在不同的位置，将市场需求量比较大的药品价格定在高端；而市场需求一般，或者即将淘汰的药品价格定在低端。

渠道策略：辉瑞有着强大的分销网络，辉瑞中国的药品销售渠道核心是医药销售代表。几乎所有的三级医院和二级医院都有辉瑞的销售人员。辉瑞的销售人员不仅仅推销药品，还将药品的相关知识传授给医生。辉瑞渠道策略的核心是医药代表。由于辉瑞的销售队伍成本太高，为了维持收益，辉瑞将其并不是主要产品的肿瘤药物外包给医药销售企业，这也使得辉瑞可集中利用自身渠道销售在中国的畅销药物。

促销策略：促销是指企业通过人员推销和非人员推销的方式与潜在顾客进行必要的信息沟通，进而引发和刺激顾客的购买欲望，使其产生购买行为的活动和过程。辉瑞除了有强大的人员推销外，非人员推销也是其重要的促销手段。辉瑞致力于开展社区卫生和健康教育，举办专业的医学培训活动，宣传疾病预防和控制，这些都对辉瑞的产品和品牌形象提升有非常大的帮助。

品牌营销策略："辉瑞"作为辉瑞制药的企业名称，是一个全球性的企业品牌，但其没有将自己所有的产品都用"辉瑞"这一个品牌名称，而是有各自的产品品牌。当公众看到或者听到"辉瑞"这个名称，就会联想到辉瑞这个企业，想起辉瑞的愿景、价值观和社会责任。而对于产品品牌来讲，当提起某一种药物名称的时候，就会知道一种药物的治疗领域和效果。例如，辉瑞的土霉素这种药物，发明之初，土霉素是作为这种消炎药的品牌名称出现的，因此，现在大多数人一提起土霉素，就知道其作用。现在辉瑞公司实行的多品牌战略，基本上是一种产品一个品牌。

过往五六年间，中国最能赚钱的制药企业辉瑞制药的营收和净利润均保持着20%至40%的稳定增速，行业“一哥”的江湖地位无可撼动。

资料来源：《上海经济》期刊2016年第3期。

案例二：南京医药股份有限公司推动企业转型创新发展

南京医药股份有限公司（以下简称南京医药）成立于1951年，1996年在上海证券交易所上市，为中国医药流通行业首家上市公司，现已发展成为跨地区、网络型的集团化企业。2014年末，南京医药与世界500强企业、全球领先的医药商业企业英国联合博姿公司合作，探索混合所有制改革。现有80家左右分子企业，总资产约220亿元。市场网络覆盖苏、皖、闽、鄂等地及云、川部分地区，苏皖闽三省市场占有率位居前列。

南京医药2019年销售收入近372亿元，2020年销售收入突破398亿元，2021年上半年营业收入约219亿元，行业规模排名前八位。并且先后荣获行业“十二五”管理创新奖、全国药品流通创新示范企业等称号，入选全国供应链创新与应用试点企业。

“十三五”期间，南京医药以《全国药品流通行业发展规划（2016—2020年）》为指引，学习借鉴国外先进医药商业企业的管理理念和经验，共享各方优势资源，优化经营模式、管理方式和技术手段，稳步推进战略合作，提升自身品牌质量和核心竞争力，坚持由传统的医药流通企业向健康服务企业全面转型。

一是深耕细作，持续完善市场网络布局，提升区域市场竞争力。国家分级诊疗制度的有序推进促使医药流通企业加大基层医疗市场开发的资源投入，完善多层次终端体系建设，深入拓展基层医疗市场。南京医药在巩固等级医院业务的同时，持续推进包括基层医疗市场在内的市场网络覆盖项目，提升市场占有率，提升专业细分领域的竞争优势和市场地位。

二是加强合作，持续完善供应链体系建设。南京医药加强与战略供应商互动互访并为其提供优质服务，通过合作项目与上游供应商建立长期稳固合作关系。公司加强新品种、国家集采品种引进工作，提升创新药销售占比。同时，作为应急物资储备单位，南京医药母子公司共9家企业承担了属地省市政府药品储备任务，确保做到“保质、保量、保安全、保急需”。

三是多措并举，加快推进药品零售业务、医疗器械业务和中药药事服务业务发展。南京医药以旗下医药零售业务平台管理的九家区域品牌连锁企业和批发业务平台管理的专业化药房两条主线推进医药零售业务发展。

药品零售业务方面，南京医药自有社会零售药房业务终端分布在苏皖闽等三省八市，主要通过直营店和部分加盟店连锁形式销售处方药、非处方药及医疗器械、相关健康产品等。并且以客户健康需求为导向，强化药学服务水平，切实做好会员管理与服务，探索多模式医药零售业务，打造“南京医药健康管理”零售品牌。

医疗器械业务方面，公司顺应国家医改政策并结合行业发展趋势，发挥具备专业仓储能力、配送能力和信息管理能力的规模化平台型流通企业优势，通过整合市场供应链资源，积极推进医疗器械业务发展并持续推进医用耗材SPD项目。

中药药事服务业务方面，公司不断完善创新中药药事服务体系，建设智能化柔性中药汤剂煎制基地，持续完善中医药文化健康产业中心项目、中药煎制服务中心项目等。

四是深化物流网络建设，提升专业医药物流服务能力。南京医药在江苏南京、淮安、盐城以及福建、湖北区域，相关物流项目建设均有序推进。为提升物流作业效率，公司14家子公司上线运输过程监管系统。2020年公司在中国医药商业协会《涉药物流企业分类分级贯标评估》评定中获得药品经营企业“医药物流规模硬件能力”和“医药物流服务综合能力”双“5A”级称号。

五是科技创新，技术引领，加快企业信息化、数字化建设步伐，在B2B互联网电商项目、电子处方共享平台项目、患者服务平台项目（含DTP云药房业务平台）等方面积极探索实践，推进药品服务及健康管理服务模式持续升级。

“十三五”时期国家相继出台《“健康中国2030”规划纲要》等一系列政策文件。在此背景下，南京医药作为全国领先药品流通企业，提高医药供应链管理水平、探索创新发展思维，着力打造技术赋能的医药智慧供应链，推动企业向网络化、集约化和信息化目标不断迈进。

资料来源：《南京医药：南京医药股份有限公司2021年半年度报告摘要》。

讨论：

1. 辉瑞制药采取“产品细分策略”的目的是什么？

2. 请分析讨论为什么辉瑞渠道策略的核心是医药代表。

3. 案例中“辉瑞公司实行的多品牌战略”，即“基本上是一种产品一个品牌”，结合理论知识，思考为什么辉瑞公司采取这种品牌战略？

4. “十三五”期间，南京医药的高质量发展举措有哪些？

5. 请列举南京医药作为领先药品流通企业的竞争优势。

药品营销策略应用实训

一、项目操作具体步骤

步骤一：选择一家药品生产企业，联系该药品生产企业，了解该企业的产品布局，优势产品。

步骤二：选取若干优势产品，每个小组负责一个产品，分析其市场定位、营销策略，以及目前的销售情况，包括销售网络、年销售额等。

步骤三：每个小组针对产品销售情况，制定促销策略，联系到相关销售专员，与其商量参与到该产品的实际销售工作中，实践促销方案。

步骤四：撰写该产品的促销方案、成果、分析与总结等。

二、项目操作要点和注意事项

(1) 本项目实施的关键是选择比较合适的实训企业，与企业相关人员充分沟通，说明实训目的，可以在企业协助下，找到适合做促销方案的产品。

(2) 建议选择本土企业，选择非国家集采、国家谈判、省带量采购的产品，便于充分发挥产品自身价值要素，切实体验到产品从市场定位到最终销售出去、或者提高销量的过程。

(3) 撰写产品的促销方案、成果、分析与总结时，需要写清楚企业和终端的真实全称，请注意充分了解：

① 通过网络或者企业在职销售专员介绍充分了解市场竞品情况，科学制定产品促销方案。

② 用具体数据来量化促销成果，方案制定及实训过程要灵活应用所学知识，小组充分讨论后方可进行分析与总结。

1. 简述市场细分的概念与起源。

2. “药品集中招标采购”给药品生产企业带来哪些影响?

3. 医药营销企业运行环节的要点有哪些?

4. 营销人员必须掌握的知识与技能有哪些?

5. 医药零售代表的主要工作职责是什么?

6. 简述现代医药营销模式相对于传统医药营销模式有哪些转变。

7. 你怎样理解医药生产企业间的竞合关系?

8. 请根据实际情况总结产品进入医院的程序。

9. 请根据实际情况总结产品进入零售药店的程序。

10. 处方药营销的主要环节有哪些?

11. 阅读《印发关于在公立医疗机构药品采购中推行“两票制”的实施意见(试行)的通知》文件材料,分析传统医药营销模式被淘汰的原因。

第三章　医药市场调研

通过本章学习，了解医药市场调研的概念及调研内容；掌握医药市场调研的方法，调研方案设计的程序及内容框架。了解医药配送的概念；熟悉医药配送企业调研及信息搜集的主要内容。了解医疗机构的分类；熟悉医疗机构调研及信息收集的内容；掌握医疗机构调研的方法，医疗机构调研方案的设计；学会实地进行医疗机构调研。了解零售药店的分类；熟悉零售药店调研及信息收集的内容。

“课程思政”对应的教育元素：医药营销人员的职业道德素养、正确的价值观念、国家关于医药市场相关政策与指导思想。

价值引领目标：医药市场调研要秉持科学态度，如实搜集整理资料，不造假，客观反映市场规律，使学生明确自身优劣势，找准人生定位。

教学方法选择：理论教学内容采取典型案例分析、视频直播、小组讨论等方法，将思政教育元素融入教学中。实践内容教学在教师指导下，通过多媒体课件、教师示范引领、小组研讨、角色扮演等多种教学方法，实现理论与实践相结合，线上与线下相结合，实施一体化教学，促进学生能力培养和素质提升。另外，鼓励学生走出课堂，积极参加社会调查实践，将学到的思政知识运用到实践中，自觉践行与“以顾客为中心”的社会营销价值观相适应的社会主义核心价值观。

宝洁公司市场缺失调研环节的教训

宝洁公司开发市场时对市场调研工作的重视是众所周知的，它的每一个市场营销方案的实施都是以市场调研为依据的，每一个新产品的上市几乎都是对顾客调研的结果。做大量的市场调研工作是宝洁公司没有成本意识吗？还是宝洁公司没有市场经验，缺乏决策力？宝洁公司如此在乎调研，是因为宝洁公司经历过调研环节缺失的惨痛教训，吃过“自以为是”的大亏；是因为调研大大提高了品牌成功的安全系数。“安卡普林”是一种不伤害胃的止痛剂，运用了定时释放的新技术，可以在药剂溶化前通过胃部。这种止痛剂对频繁的药品使用者是一个良好的产品，但该药品必须每4小时服用1次。事实上，大部分患者只在胃疼痛时才服用止痛剂，并且希望立即见效。宝洁公司陶醉于“安卡普林”产品免于胃部伤害的独到之处，而忽视了顾客实际生活中的用药习惯和对产品疗效的时间期望，跳过了正常的市场测试，直接进行了全国销售。一厢情愿的市场开发策略，使宝洁公司的“安卡普林”产品在市场上的销售惨败。之后，宝洁公司非常注重上市前的测试，如果一个产品无法在匿名测试中获胜，就不允许上市。

资料来源：赵伯庄，张梦霞．市场调研[M]．北京：北京邮电大学出版社，2007．

第一节　医药市场调研概述

只要有商品经济存在，就有市场调研活动存在。对医药企业来说，无论是产品定位、新产品开发、产品定价、渠道策略，还是市场沟通与推广，一切都必须以市场调研为基础。医药企业进行营销运作时，经常面临众多的决策问题，例如开发的新产品是否推向市场？产品的特点是什么？为哪些顾客服务？在什么地区销售？价格如何制定？如何促销？所需的广告费用是多少？选择什么样的媒体做广告？通过医院还是药店分销，对分销商有什么促销活动？如何与对手竞争等等。市场调研的作用就是为回答这些问题提供依据。实践证明，在市场竞争白热化的今天，为了降低决策的风险，及时把握市场状况和顾客需求特点，医药企业和医疗机构必须借助市场调研来获得市场信息，从而适时调整营销策略，以减少不必要的投入和开支。

一、医药市场调研的概念

医药市场调研是根据市场预测、决策等的需要，运用科学的方法，有目的、有计划、系统地搜集、记录、整理、分析有关医药市场信息的过程。医药市场调研实质上就是取得和整理、分析医药市场信息，从而为决策提供依据。掌握及时、准确、可靠的医药市场信息是医药企业经营管理机构的一项重要任务。

二、医药市场调研的内容

市场调研的内容非常广泛，针对不同的调研目标和任务，将会形成不同的调研主题，从而调研内容也会不同。概括起来医药市场调研的内容主要包括以下几个方面。

（一）市场需求调研

市场需求调研是医药营销调研中最基本、最重要的内容。市场需求调研的目的在于了解和掌握医药市场产品和服务的需求状况及其变化趋势。市场需求调研主要包括市场需求总量、需求构成及其变化趋势、客户企业医药商品与服务的需求量、本企业医药产品的市场覆盖率与市场占有率等。

（二）消费者调研

医生的用药行为和患者的购买行为都会影响药品（或其他医药产品）的销售。广义上讲，医生和患者都是医药产品的顾客，只是在购买决策中扮演的角色不同。

1．对医生调研的主要内容

医生在医药组织市场购买行为中起着非常重要的作用，也是患者购买行为中的实际决策者。因此，医生的行为在很大程度上能影响到某一具体医药商品的销售量。对医生的调研内容包括：医生的处方心理；医生的处方习惯；医生关于产品疗效、剂型、安全性的倾向；医生开处方的推动力和反推动力；医生对该类药品的认可程度；医生对本企业产品的认可程度；医生对于本产品和竞争产品的满意点和不满意点；医生处方的品牌偏好性；消费者对医生处方的影响；医生对新药的了解渠道等。

2. 对消费者调研的主要内容

对消费者调研的内容主要包括：消费者对该类药物的认知及认可程度；消费者关于疗效、剂型、安全性、使用方法等的需求；消费者对于本产品和竞争产品的满意点和不满意点；可承受的价格；消费者对本品牌的认知程度；消费者对品牌的偏好性；消费者对药品的了解渠道等。

（三）竞争者调研

对竞争者调研的目的是了解和掌握竞争者的具体情况和竞争威胁，以便采取相应的策略和措施，使本企业在竞争中处于主动地位。调研的主要内容包括：

1. 竞争者的一般情况

主要了解竞争者是谁、竞争者的类型、经营规模、产品定位、企业发展方向或趋势等。

2. 竞争者的产品

了解竞争者的产品组合、产品价格、产品品牌、分销渠道、促销手段、市场占有率等；分析竞争者的产品与本企业产品比较中有何劣势和优势，给本企业带来了何种冲击等。

3. 竞争者的产品创新状况

了解竞争者有无开发新产品、在新产品研发中的投入状况、对现有产业的发展战略与定位、未来发展新领域与新方向在哪里等。

4. 竞争者的营销策略

了解竞争者的产品定价及促销策略、营销方式、途径，营销手段、价格状况，促销方式等。

（四）市场营销组合调研

1. 产品调研

产品调研是对特定产品市场供求关系深层次的调查研究。主要内容包括产品组合调研、产品生命周期调研、产品包装调研、产品品牌调研、新产品开发调研等。

2. 价格调研

尽管医药产品的需求价格弹性比较小，但是由于收入水平和支付能力的差异，人们对医疗服务需求的层次和质量有所不同。所以，对不同需求的患者来说，医药产品的价格仍是影响他们购买决策的主要因素之一。

价格调研的主要内容：① 产品定价目标和方法；② 影响产品定价的因素；③ 产品价格变化时，市场地位有无变化，市场占有率和销售量（额）的变化情况；④ 新产品（主要是新药）的上市价格；⑤ 替代品的价格；⑥ 主要竞争对手产品的价格与价格策略；⑦ 产品价格变化时消费者的反应等。

3. 分销渠道调研

分销渠道调研指对企业现有产品的分销渠道状况，中间商在分销渠道中的作用以及各自的实力，用户对中间商尤其是代理商、零售商的印象等内容的调研。主要包括：

（1）分销渠道选择调研。主要调研分销渠道是否符合市场因素的要求。市场因素主要包括市场容量、单次购买量、市场范围、顾客集中度、市场规模和发展趋势、竞争者的分销渠道等。

（2）中间商调研。主要调研：① 中间商所在区域的市场潜力、市场需求量和顾客集中度；② 中间商的经营能力，如销售能力、市场渗透能力、销售网络分布、服务能力、运输仓储能力等；③ 相较竞争对手的市场渗透水平和产品市场占有率；④ 消费者对中间商的满意度。

4. 促销调研

促销调研的目的是为医药企业制定促销策略，为能够有效地开展促销活动提供市场信息。促销的本质是一种信息传递的过程。无论采用何种促销手段和方式，企业促销的目的就是通过一定的促销信息向目标顾客证明和说服目标顾客接受本企业的产品和服务，并能够刺激目标顾客尽快购买企业的产品或服务。促销调研主要包括促销信息调研、促销组合调研和促销效果调研。

（1）促销信息调研。对促销信息的调研包括四个方面：一是说什么（信息内容），二是如何有逻辑性地说明（信息结构），三是以何种形式说明（信息格式），四是由谁来说明（信息来源）。

① 信息内容。信息传达者必须清楚地知道，为了得到期望的反应，需要向目标顾客说些什么。它用来系统地阐述某种利益或功能，或者目标顾客对某种产品感兴趣的原因。信息传达者需设计一种适度且不走极端的信息。

② 信息结构。信息结构是对某一特定内容里的信息进行统筹、规划、设计、安排等一系列有机处理的想法。信息结构的任务是在信息与用户认知之间搭建一座通畅的桥梁。

③ 信息格式。信息传达者创造的一种为信息服务的强有力的形式。

④ 信息来源。由吸引人的来源传出的信息一般来说更易引起注意与回应，但高度可信的信息源输出的信息更有效果。构成信息源可靠性的因素通常有三个，即专业性、可信度、喜爱度。

（2）促销组合调研。主要包括广告调研、人员推销调研、营业推广调研和公共关系调研。促销组合调研中的广告调研最为重要，包括广告诉求调研、广告目标调研、广告信息调研、广告媒体调研和广告效果调研等。

（3）促销效果调研。主要目的在于检验企业所发出的促销信息是否起到促销作用。主要调研促销对象对促销信息的识别和认知情况等。

三、医药市场调研的方法

在医药市场调查中，由于市场调查目的与要求不同，所涉及的市场范围、信息、时间等也就不同，从而形成多种类型的市场调查。

（一）根据市场调查目的不同划分

1. 探索性调查

探索性调查是指医药企业对需要调查的问题尚不清楚，无法确定应调查哪些具体内容时所采取的方法，一般发生在整个调查的开始阶段。在这一阶段，企业只是收集一些相关的资料，但不清楚造成问题的原因是什么，需要探索性地获取相关资料。例如，医药商品销量减小的原因可能是受经济衰退的影响，可能是由于广告费用支出不足、销售代理效率低下，也可能是消费者的消费习惯发生了改变。要明确问题的原因，可以采用探索性调查的方式，从中间商或者用户那里收集资料找出最有可能的原因。问题要如何解决，则应根据需要再作进一步调研。这种调查一般不必制定严密的调查方案，往往采取简便的方法以尽快得出调查的初步结论即可。

2. 描述性调查

描述性调查是为进一步研究问题症结所在，通过调查如实地记录并描述所收集资料，以说明“什么”“何时”“如何”等问题。例如，在销售研究中，收集不同时期销售量、广告支出、广告效果的事实资料，经统计说明广告支出什么时候增加几个百分点、销售量又发生了多少个百分点的变化等；又如收集某种产品的市场潜量、顾客态度和偏好等方面的数据资料。描述性调查是比较深入、具体地反映调查对象全貌的一种调查活动。进行这类调查必须占有大量的信息情报，调查前需要有详细的计划和提纲，以保证资料的准确性。描述性调查一般要实地进行调查。

3. 因果性调查

因果性调查是收集研究对象事物发展过程中的变化与影响因素的广泛性资料，分清原因与结果，并明确什么是决定性的变量。例如，医药销售研究中，收集不同时期说明销售水平的销售量(额)、市场占有率、利润等变量资料，收集不同时期影响销售水平的产品价格与广告支出、竞争者的广告支出与产品价格、消费者的收入与偏好等自变量资料，在这些资料基础上决定这些自变量对某一因变量(如销售量)的关系，其中何者为决定性自变量。因果性调查是在描述性调查的基础上进一步分析问题发生的因果关系，并弄清楚原因和结果之间的数量关系，所用分析方法多为数理统计的定量分析方法。

(二) 根据被调查对象的范围大小划分

1. 普查

这是一种全面调查，是以整个医药市场为调查对象，对医药市场上医药产品的总体状况以及某些产品的生产供应、销售、储存、运输及消费与服务情况在一定时点上进行的专门的全方位调查。如：中药材资源普查；企业为了解新药投放市场的效果而进行的普查；库存医药的普查等。

医药市场普查通常采用两种方式：一种是组织专门的普查机构和人员，对调查对象直接调查；另一种是在具有比较完整的统计资料的情况下，利用有关单位内部收集的统计资料进行全面汇总分析。

普查的优点是所获得的资料完整、全面，能够全方位认识医药行业或者某个具体领域的基本情况。但普查所耗费的人力、财力和时间较多，特别是资源普查方式，不是所有的医药企业都有能力开展，因此，一般不常使用，除非被研究总体中单位较少，项目比较简单。

2. 重点调查

重点调查是指在调查对象总体中，选择一部分重点因素或者重点的有代表性的调查对象进行的调查。所谓重点因素是指某些或某个对经营活动有较大影响的因素，尽管这些因素在总体中只是一部分，但它们在整个经营活动中起着较大的作用。例如，疫情调查就是一种重点调查。为了有效地控制某种疫情，应对影响疫情的有关因素进行分析，同时对控制疫情的有关药物也要进行调查，以指导该类医药在一定时间内的生产和销售，从而达到适量生产又能控制疫情的双重效果。

重点调查的特点是以较少费用开支和时间，比全面调查更加及时地掌握基本情况，以利于调查人员抓住主要矛盾，采取措施。重点调查主要在紧急情况下使用。

3. 典型调查

典型调查是一种专门调查和一种非全面调查。医药市场的典型调查是对医药市场的某些典型现象、典型内容、典型单位进行的调查。它是在对调查总体进行初步分析的基础上，从中有意识地选取具有代表性的典型进行深入调查，收集有关资料，由此了解现象总体的一般市场状况。

典型调查适用于调查总体庞大、复杂，调查人员对情况比较熟悉，能够准确地选择有代表性的典型作为调查对象，而不需要抽样调查的市场调查。典型调查在医药市场调查中经常采用。

4. 抽样调查

抽样调查是根据随机原则，从调查对象总体中按一定规则抽取部分样本进行的调查。在医药市场抽样调查中，样本可以是某个品种的一部分，也可以是某些品种的一个或多个。例如某企业从外地购进某种药品，需要进行质量和等级检查，这时可采用随机取样的方法，从中抽取一部分进行检查，计算出等级品率以及抽样误差，从而推算出这种药品的质量和等级情况，并用概率表示推算的可靠程度。这种方法既能排除人们的主观选择，又简便易行，是广泛使用的调查方法。

四、医药市场调研方案设计

医药营销调研方案是指导医药营销调研活动的大纲，是调研计划和工作过程的概括性说明。医药营销调研方案设计流程见图 3-1。

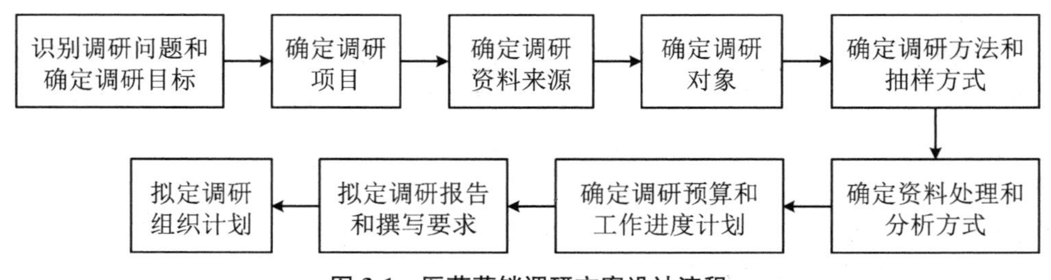

图 3-1　医药营销调研方案设计流程

（一）识别调研问题，确定调研目标

确定调研目标是医药营销调研方案设计要解决的首要问题，也就是解决调研什么的问题。根据企业遇到的医药市场营销问题，在对其面临的内外环境进行科学、全面、系统分析的基础上，将抽象的市场营销问题转化为具体的营销调研问题，确定具体的调研目标。只有明确了调研目标，才能确定调研的内容、范围、对象和方法。识别调研问题，确定调研目标是医药营销调研方案设计的第一步，也是最关键的一步。

（二）确定调研项目

在调研目标确定之后，就要将总体调研目标分解转化为具体的调研任务，明确具体的调研项目,并根据这些调研项目设计调查问卷和调研表。调研项目是获取市场信息资料的类别名称。调研项目可分为品质型调研项目和数量型调研项目。品质型调研项目是说明事物的特征,不能用数量表示,只能用文字描述,如性别、民族和文化程度等;数量型调研项目表明事物的数量特征,可以用数量来表示,如年龄、收入水平和支付能力等。

在确定调研项目时,必须注意以下几个方面的问题:

(1) 所确定的调研项目是为实现调研目标服务的,它所获得的调研资料是调研目标所需要的。同时,通过调研项目欲搜集的资料是能够获得的。

(2) 调研项目的表达必须清楚、明确,以免被调查者产生歧义,必要时可以附加调研项目的解释性说明。

(3) 调研目标所确定的各项调研项目之间通常存在着内在的逻辑关系或相互的因果关系。因此,调研问卷中的调研项目的排序和组合也应遵循相应的逻辑关系或因果关系。

(三) 确定调研资料来源

按来源渠道划分,医药营销调研资料包括第一手资料和第二手资料。第一手资料,即通过运用访问法、观察法或市场实验法等调研方法获得的实地调研资料;第二手资料,即过去为某种目的而收集的已经公开发表的或企业内部保存的医药市场相关信息资料。

在医药营销调研方案的设计过程中,将各项调研项目的资料来源具体化,具体说明调研项目资料的可能来源,如:哪些项目资料需要先收集第二手资料,再收集第一手资料;哪些项目仅需要收集第二手资料就可以满足调研目的要求;资料在时间顺序上的收集要求等。

(四) 确定调研对象

在调研项目和调研资料确定之后,就要解决向谁调研或由谁来提供资料的问题,即确定具体的调研对象。既要确定哪些个人、组织或机构作为调研对象,还要确定调研对象的规模(样本量)。

(五) 确定调研方法和抽样方式

在医药营销调研方案中,要根据所确定的资料来源和调研对象以及调研组织实施者的具体情况,确定具体调研方式和方法。对于第二手资料的收集要明确资料的收集渠道(是从企业内部获取还是从企业外部获取),以及具体的收集方法。对于第一手资料的收集,要确定是采用定量调研方法还是定性调研方法,或者二者相结合使用。定量调研方法中是采用询问法,还是观察法,或是采用市场实验法,以及各种方法中具体方法的选择问题;定性调研方法中是采用小组座谈会法还是个别深度访谈法等。

确定抽样方法是医药营销调研方案中必须解决的问题。选择何种抽样方法和方式,要根据调研对象的总体特征和调研组织者对调研目标的具体要求而确定。抽样方法可分为随机抽样(概率抽样)和非随机抽样(非概率抽样)。比较常用的随机抽样方式有简单随机抽样、等距抽样、分层抽样和整群抽样等。

(六) 确定资料处理和分析方法

市场信息资料的处理是指将所收集到的各类医药市场信息资料,按照一定的程序和方法,进行分类、计算、分析和选择,使之成为满足调研目的的医药市场信息资料的一系列活动和过程。这一过程的主要目的是对原始的医药市场信息资料去粗取精、去伪存真、由此及彼、由表及里，提高资料的准确性、针对性和适用性。通过实地调查方法搜集的原始资料大多是零散的、不系统的，只能反映事物的表象，无法深入研究事物的本质和规律性。这就要求对大量原始资料进行加工汇总，使之系统化、条理化。资料处理工作一般由计算机进行，这在设计中应予以考虑，包括采用何种操作程序以保证必要的运算速度、计算精度及特殊目的。当前越来越多的现代统计分析方法可供在分析时选择。如回归分析、因子分析、聚类分析等。但是，需要注意各种统计分析技术都有其自身的特点和适用范围，需要根据调研目标和要求，选择最佳的统计分析方法，并在方案中加以详细说明。

（七）确定调研预算和工作计划

医药营销调研预算是医药营销调研方案设计的一项重要工作，调研预算要以调研目标和调研内容为依据，编制出各项费用标准，预算编制强调经济性、科学性、效率性和全面性，调研成本预算既不能过低，也不能过高。从调研进程上说，科学的调研预算有利于保证调研工作的按时顺利完成；从调研质量上说，科学的调研预算有利于保证调研结果的质量。预算项目主要包括以下内容：

(1) 调查费。主要包括调研方案设计费、抽样设计费、问卷费（包括问卷设计、印刷、装订、邮寄等费用）、人员培训费、资料费（包括书籍文献费、复印费等）、差旅费（含市内交通费）、劳务费、礼品费等。

(2) 资料处理分析费用。主要包括数据录入费、统计处理与分析费、报告撰写费等。

(3) 其他费用。如技术设备费、鉴定费、通讯费等。

调研工作进度计划是指调研项目完成的工作期限和各个阶段具体工作的时间进度安排，包括调研方案设计、文案调研、实地调研、资料统计与分析、调研报告的撰写等各项工作环节完成的时间安排。调研工作进度计划通常以调研工作进度日程表的形式反映在调研方案中。

（八）拟定调研报告的撰写要求

调研报告是医药营销调研工作的最终成果，更是医药企业制定营销决策的依据。从某种意义上说，高质量的调研工作成果是通过高质量的医药营销调研报告体现的。在调研方案中除规定调研报告的基本结构和基本内容外，还应明确调研报告撰写的具体要求，诸如：语言组织上力求精练、有说服力，专业词汇上通俗化，以便非专业人员阅读；调研报告既要强调信息量，不能遗漏重要的市场资料信息，又要确保报告层次清晰、主次分明；调研报告要有明确的结论以及依此而提出的营销建议等。此外，在调研方案中，还要明确调研报告的呈送方式、份数以及报告中图表使用量等。

（九）拟定调研组织保障

调研组织计划是指为保证调研工作的顺利实施，对调研工作所需的人力和物力的组织和安排。主要工作包括确定调研工作的组织领导体系和组织规模，选择调研人员并进行分工和培训以及配置所需的调研设备，如交通工具等。

知识拓展

医药营销调研方案基本结构

1. 医药营销调研方案的标题	5. 调研途径与方法
2. 方案内容概要	陈述调研对象的确定过程与方法
简述调研主题	详细说明调研方法
简述调研目标	6. 调研项目和调查表
简要说明调研途径与方法	7. 调研预算和时间进程
简要描述拟解决的医药营销问题	调研预算说明
3. 前言	调研时间安排陈述
描述医药营销调研问题的提出背景	8. 调研人员的组织与配备
说明调研的意义与作用	人员的选择与培训
4. 调研问题及调研目的	人员的组织与配备
详细陈述医药营销调研主题	9. 附录
详细陈述调研所要达到的基本目标	以往调研成果
详细陈述市场调研的基本内容	现有第二手资料

五、医药市场信息搜集

医药市场信息收集有两个途径:第一是收集统计信息,属于"二手资料",指医药市场调查人员通过专业机构、图书馆、网络等进行阅读、检索、剪辑、购买、复制等,搜集医药企业内外部的历史和现实二手资料的一种调查方法,称为案头调查法。第二是通过调查人员上门获取"第一手资料"。它包括在什么地点,找什么人,用什么方法进行调查,称为实地调查法。

(一) 案头调查

案头调查是市场调研术语,是对已经存在并为某种目的而收集起来的信息进行的调研活动,也就是对二手资料进行搜集、筛选,并据以判断他们的问题是否已局部或全部地解决。案头调研是相对于实地调研而言的。通常是市场调研的第一步,为开始进一步调研先行收集已经存在的市场数据。

成功地进行案头调研的关键是发现并确定二手资料的来源。二手资料的来源主要可以分成两大类:内部来源和外部来源。

1. 内部来源

来源于内部的资料指的是出自我们所要调查的企业或公司内部的资料。内部来源包括:

(1) 会计账目和销售记录。每个企业都保存关于自己的财务状况和销售信息的会计账目。会计账目记录医药企业或公司用来计划市场营销活动预算的有用信息。除了会计账目外,市场营销调研人员也可从企业的销售记录、顾客名单、销售人员报告、代理商和经销商的信函、消费者的意见以及信访中找到有用的信息。

(2) 其他各类记录。其他各类记录包括以前的市场营销调研报告、企业自己做的专门审计报告和以前为了管理问题所购买的调研报告等信息资料。随着企业经营的业务范围越来越多样化,每一次调研都有可能与企业其他的调研问题相关联。因此,以前的调研项目对于相近、相似的目标市场调研来说是很有用的信息来源。许多现代化医药企业都建立了以电子计算机为基础的营销信息系统和计算机数据库,其中储存了大量有关市场营销的数据资料。这种信息系统的服务对象之一就是营销调研人员,因而是调研人员的重要二手资料来源。

2. 外部来源

来源于外部的资料指的是来自被调查的企业或公司以外的信息资料。这类信息包括国际市场状况资料、国内市场的状况资料、行业发展状况资料、相关企业状况资料、进出口状况资料等。一般来说,第二手资料主要来自以下几种外部信息源。

(1) 政府机构。本国政府在外国的官方办事机构(如商务处),通过这些机构,可以系统地搜集到各国的市场信息。我国的国际贸易促进委员会及各地分会也掌握着大量的国外销售和投资方面的信息。

(2) 行业协会。许多国家都有行业协会,许多行业协会都如期搜集、整理甚至出版一些有关本行业的产销信息。行业协会经常发表和保存详细的有关行业销售情况、经营特点、增长模式及其类似的信息资料。此外,他们也开展自己行业中各种有关因素的专门调研,如医药行业中的医药协会。

(3) 专门调研机构。这里的调研机构主要指各国的咨询公司、市场调研公司。这些专门从事调研和咨询的机构经验丰富,搜集的资料很有价值,但一般收费较高。

(4) 其他大众传播媒介。电视、广播、报纸、广告、期刊、书籍、论文和专利文献等类似的传播媒介,不仅含有技术情报,也含有丰富的经济信息,对预测市场、开发新产品、进行海外投资具有重要的参考价值。

(5) 官方和民间信息机构。许多国家政府经常在本国商务代表的协助下提供贸易信息服务以答复某些特定的资料查询。另外各国的一些大公司为了延伸自己的业务范围,把自己从事投资贸易等活动所获得的信息以各种方式提供给其他企业,如日本三井物产公司的“三井环球通讯网”、日本贸易振兴会的“海外市场调查会”等。

我国的官方和民间信息机构主要有:国家经济信息中心、国际经济信息中心、中国银行信息中心、新华社信息部、国家统计局、中国贸促会经济信息部、各有关咨询公司、广告公司等。

(二) 实地调查

实地调查法指由企业安排调研人员或委托专门的调研机构通过发放问卷、面谈、电话调查等方式收集、整理并分析第一手资料的过程。实地调查的方法主要包括询问法、观察法、试验法等。

1. 询问法

询问法是指选择一部分代表人物作为样本,通过访问或填写询问表征询意见。按照与被调查者接触方式不同,询问式调查有以下五种具体方法。

(1) 当面询问。当面询问是指调查者面对面地向被调查者询问调研有关问题,并当场记录。调查者可根据事先拟定的询问表(问卷)或调查提纲提问,也可采用自由交谈式进行提问调查。这种方法的优点是直接与被调查者见面,能当面听取意见并观察反应,可以通过相互启发从而较深入地了解情况，可以对问卷中不太清楚的问题给予解释；调查者可根据被调查者的态度灵活掌握，或进行详细调查，或进行一般性调查，或停止调查；收集到资料的真实性较大，回收率高。缺点是调查成本较高，尤其是组织小组访问时，调查结果易受调查人员技术影响。

（2）电话询问。电话询问是指医药调查人员根据抽样设计要求，通过电话访问调查对象的方法。这种方法的优点是资料收集快，成本低；可以询问面谈感到不自然或不便的问题；可按拟定的统一问卷询问，便于资料统一处理。缺点是调查对象只限愿意接听电话的用户，调查总体不够完整、深入；不能询问较为复杂的问题，不易深入交谈和取得被调查者的全面支持。

（3）信函询问。信函询问是指调查者将设计好的调查表直接邮寄给被调查者，请对方填好寄回的调查方式。这种方法的优点是：调查区域广泛，凡邮政机构能到达地区均可列入调查范围；被调查者有充分的时间考虑；调查成本较低；调查资料较真实。缺点是询问表的回收率较低，回收时间较长；填答问卷的质量难以控制，被调查者可能误解询问表中某些事项的含义而填写不正确。一般限于调查比较简单的问题，不易探测到顾客购买医药商品的动机。

（4）留置问卷。留置问卷是介于邮寄调查和面谈之间的一种方法，它综合了邮寄调查匿名而保密性强和面谈调查回收率高的优点。具体做法是，由调查员按面谈的方式找到被调查者，说明调查目的和填写要求后，将问卷留置于被调查处，约定几天后再次登门取回填好的问卷。

（5）网络调查。网络调查有电子邮件调查和互联网调查两种。该调查方法有如下特点：① 调查对象广泛性和不确定性；② 调查回答率难以控制；③ 整个调查较难控制；④ 成本较低，传播迅速。

五种询问调查法优缺点比较如表3-1所示。

表3-1　五种询问调查法优缺点比较

项目	形式				
	当面询问	电话询问	信函询问	留置问卷	网络调查
调查范围	较窄	较窄	广	较广	广
调查对象	可控制和选择	可控制和选择	难以控制和选择	较难控制和选择	较难控制和选择
影响回答的因素	能了解、控制和判断	无法了解、控制和判断	较难了解、控制和判断	基本能了解、控制和判断	较难了解、控制和判断
回收率	高	较低	低	较高	较低
问卷质量	高	较高	较低	较高	较低
回答速度	可慢可快	最快	慢	较慢	较快
投入人力	较多	较少	少	较少	少
平均费用	高	低	较低	一般	低
时间	长	较短	较长	较长	较低

2. 观察法

观察法是指通过调查人员直接观察有关的对象和事物获取所需信息的方法。可以是调查人员直接到调查现场进行观察，也可以是安装照相机、摄像机、录音机等进行录制和拍摄。观察性调查的具体方式有以下三种。

(1) 直接观察。直接观察是指调查人员对所发生的事件或人的行为的直接观察和记录。例如：药店的经营者可以通过实地观察来记录顾客流量，统计客流规律和药店购买人次，重新设计药店的陈列和布局。

(2) 间接观察。间接观察是指调查人员通过观察某实物留下的实际痕迹来了解所要调查的情况。例如：查尔斯·巴林先生在20世纪初对芝加哥街区垃圾的调查便是间接观察的一个实例，被后来人称之为"垃圾学"。所谓的垃圾学就是指市场调查人员通过对家庭垃圾的观察与记录，收集家庭消费资料的调查方法。这一方法也可运用到医药市场，比如可以利用药店回收的家庭过期药品，收集家庭过期药品的种类、品种、数量等调查家庭医药产品的消费情况。

(3) 行为记录。随着科学技术的发展，各种先进的设备已经开始运用到医药市场调查中来。调查人员可以在调查现场安装一些仪器设备，对被调查者的行为和态度进行观察、记录和统计。如通过摄像机观察顾客购买产品的过程、选购产品的情况等，借以了解消费者对医药商品品牌的爱好与反应。这样，能从侧面了解顾客的一些心理状态、购买心理，对了解消费者的需求有一定的价值。

3. 试验法

试验法是指从影响调查问题的许多因素中选出一两个因素，将它们置于一定条件下进行小规模试验，并对试验结果进行分析的一种方法。此种方法应用很广，尤其是因果性调查常采用此种调查方法。例如，要了解某一品种的医药改变包装、价格、广告等会对医药销售量产生什么影响，可以先在小规模的市场范围内进行试验，观察消费者的反应和市场变化的结果，然后考虑是否推广。试验法有以下两种具体方法。

(1) 实验室试验。如在实验室观察人们对不同广告的兴趣程度。

(2) 销售区域试验。如在某一销售区域试验调整某一营销策略会带来什么结果。

试验法的优点是方法科学，可获得较正确的原始资料。缺点是不易选准社会经济因素相类似的试验市场，且干扰因素多，试验时间较长，成本较高。

营销视野

HTK借助市场调研成为农村市场的成功者

年销售额数十亿元的HTK集团公司，总销售额中有70%的份额在农村市场，他们用数年的营销实践证明：只有深入农村进行广泛的调研，才能制定适应农村特点的营销策略，并坚持实施，适时调整，做好农村市场，方能赢得丰厚利润。

1. 以市场调研资料为依据，研究市场，推出农村消费者渴求的产品。HTK集团在推出生血剂产品前，进行了认真细致的市场调研，大量资料表明：生血剂是农村消费者渴求的产品。其一，农村贫血群体大。我国妇女贫血比例达到47%，其中孕妇高达55%以上，青少年儿童贫血比例高达64%。在各群体中，农村的贫血率明显高于城市贫血率。高比例的农村贫血人数客观上决定了生血剂在农村有着潜在的大市场。其二，因传统的习惯及现实的心理，农村消费者对血极为看重。市场调研中询问消费者怎样看待血的作用时，许许多多的农村消费者都用“最”字的评价来说出血的作用：“血是人体中最为宝真的东西”，“血是最好的”，“人体中最不能缺的是血”。一些农村的老人认为：“血为人体之本，贫血将成为百病之源”。其三，可见的失血，直接刺激着农村消费者对补血剂的需求。许多可见的失血，如手术流血、受外伤流血、妇女经期流血等，更直观、明显地刺激着农村消费者对补血剂的需求。通过问卷调研及个案深度访谈表明：九成以上的农村消费者认为生病动手术或人体受外伤造成较多的流血后，需要补血；还有较高比例的农村消费者认为妇女经期流血后，需要服用补血的保健品。其四，HTK补血见效快。农村消费者的消费心理及动机比城市消费者更求实，他们对产品的功效要求更具体。能够快速见效的产品更容易被消费者接受，而由此占领及站稳农村市场。HTK生血剂具有快速的特点，一般来讲，贫血者一个月服用一个疗程，很快即可将血量提升3～4克。调研中发现一些人服用后快速见效的事例，影响了身边许多消费者购买。可见，只有快速见效的产品，才能迅速占有农村市场。

2. 以市场调研资料为依据，合理定价，确定农村消费者认可的价位。农村消费者与城市消费者比较，求廉的心理更重。其经济条件也决定了只有较低价位的产品才能受到普遍的欢迎。市场上同类型产品50～100元以上一盒的不在少数。经过对农村市场的调研得出结论：30元左右一盒是可以得到农村消费者认可的价格。产品上市后的调研表明，较高比例的消费者认可和接受这一价位，认为30元左右一盒生血剂，价格不算高。市场调研还显示：在农村经济条件好的消费者，较多地将生血剂作为保健品购买，用于日常保健；经济条件一般的消费者，部分人作为保健品购买，部分人作为药品购买；经济条件较差的消费者较多地是作为药品购买，用于治疗贫血或失血后补身体。将生血剂价位设计面向农村各种经济条件人群，尤其在经济条件较差的人群中找到大批的忠诚消费者，这充分说明厂家确定的价位是合理的，为开拓农村市场所制定的价格策略是对的。

3. 以市场调研资料为依据，进行营销策划，推出农村消费者喜爱的宣传广告。基于文化背景、生活环境的特点，在广告宣传上，内容和方式也应适应农村消费者。HTK公司在这方面做得很成功。第一，为产品起个容易被农村消费者接受的好名字。HTK生血剂的主要成分是卟啉铁，若按主要成分定名，显然卟啉铁这个名字太专业，不易懂，不易记。从营销角度看，要使名字既成为产品的代号，又为产品的品牌建立和提升创造条件。面向农村消费者的产品，其名称应该是在反映产品的特点的同时要易懂、易记、易于传播和含义吉利。以“HTK”作为生血剂的命名，不仅含义吉利，寓意补血增寿这一特点，还寓意产品和企业追求的定位。“HTK”三字在民间早有相当高的知名度，在农村哪怕是文盲也知道扑克牌中的那个红桃“K”。用它为生血剂命名，提高了生血剂的知名度和传播性，在农村消费者心目中有着特殊的亲切感。一个好名字，实际是最好的宣传广告，命名HTK是营销宣传中最亮的一点。第二，策划适应于农村消费者的广告语。“呼儿嘿哟，中国出了HTK。”这句开拓农村市场之初号角式的广告语易记，有一种似曾相识的熟悉感，而“呼儿嘿哟”这样一种陕北农村的音调，有利于打动农村消费者。这句广告语也给人一种探求欲望，到底HKT是什么？这种悬念式的广告，促使者消费者去询问，去寻找。此后，HTK又推出“HTK补血快，疗效客观可测”这一功效性的广告词，直说功效，语气肯定，消除消费者心中疑问，直接告诉消费者疗效的真实性、可靠性，似乎是一种无疑的承诺。对于农村消费者而言,这一承诺至关重要。"千句的吹嘘,不如一句为保证",这句承诺,是给农村消费者一个"定心丸"。第三,制作农村消费者喜欢的电视专题片。在早期开拓农村市场时,借用"王婆"这一历史人物的形象,制作了"王婆"电视专题片,这个专题片有着明显的农村特色。农村消费者中,"王婆"的声名家喻户晓,借用"王婆"形象,可以达到很快提高产品知名度的效果;而广告画面的夸张诙谐,也为农村消费者喜闻乐见。广告词"过去卖瓜,自卖自夸,现在卖它,不用我夸"这一句"新王婆词",纠正了流传的贬义,褒扬"王婆"推荐的新产品。让农村消费者在乐呵呵地观看王婆专题片的同时,自然地接受生血剂这一新产品。第四,利用农村的特点制作培标。在农村制作培标,宣传效果好。农民们接受的信息量相对较少,将宣传产品的广告语以标语的形式刷在农户外墙上,使他们时时处处可见,这样持久地、反复地将产品功效的信息向农村消费者传递,他们无论是主动还是被动,都要接受宣传的信息。一旦某个时候出现了贫血的症状或失血,就会首先想到,甚至促使一些消费者日常使用。好产品是不怕试用的,只要得到试用,就很有可能吸引一个忠诚的消费者。

4. 以市场调研资料为依据,组建适合农村特点的营销队伍和渠道。由于农村市场的特点,其营销的队伍和渠道明显与城市营销不同。拓展农村市场时,认真地研究与建立营销渠道相关的农村市场特点:农村市场地域辽阔,人口众多,但居住相对分散;农村市场经销商多,经销终端多,但规模相对较小;农村市场消费者渴求信息,较容易相信,但对大媒体的接受程度低。根据这些特点,HTK 开拓农村市场,组建了深入到县、乡、村的营销队伍。其主要工作,一是深入渗透,向农村消费者诚实地宣传介绍产品。不论是地域辽阔,还是人居分散,只要有县城、有乡镇、有村庄,HTK 的产品功效和品牌形象,就要通过深入县、乡、村的营销队伍,宣传到那里。通过他们宣传产品的功效,介绍产品的形象,不断地刺激农村消费者的需求。二是组织经销商,联络经销终端。经销商和经销终端是货物、钱款流通的渠道,货物的合理顺流可以调动经销商和经销终端的积极性,款的按时回流是货物顺流的保证。使遍布全国农村的经销商和经销商终端做到货的合理顺流和款的按时回流,是深入县乡村的营销队伍的重要工作。三是跟踪消费者,坚持售后服务。只有真诚地服务消费者,才能让消费者感觉到自己是"上帝"。消费者接受了服务,会更忠诚地相信产品。抬举"上帝",就是在抬举产品。服务消费者,不能靠典型服务,而应面对绝大部分消费者提供服务;不能靠阶段性服务,而应该坚持长期的售后服务,把消费者当亲戚,真正做到有多少忠诚的消费者,HTK 就有多少亲戚。

资料来源:侯胜田. 医药营销案例点评[M]. 北京:中国医药科技出版社,2007.

第二节 医药配送企业调研

医药商品流通是连接医药生产和消费终端的服务体系,是医药商业的重要内容,在医药体系中起到了纽带的作用。医药配送企业是医药流通的主体,承担着医药供应链条上不同环节之间相互配送的任务,支持医药流通体系及医药商业的发展。医药营销的有效开展必须要全面了解医药流通企业状况,寻求最佳的配送方式。因此,医药配送企业调研是医药市场调查的重要内容之一。

一、医药配送企业的概念

医药配送企业指的是专门从事医药商品流通活动的独立的经济法人实体，它将医药生产企业生产出来的医药商品，包括药品、保健品、医疗器械、化学试剂、玻璃仪器等，通过购进、销售、调拨、储运等经营活动，供应给相关经营企业、医疗机构或者消费者个人，完成医药商品从生产领域向消费领域的转移。医药配送企业是医药商业体系的重要主体，其配送效率与配送质量影响到医药商品价格以及消费者对医药商品的满意度，进而影响到医药商品的市场拓展和市场占有率。因此，合理选择医药配送企业是医药营销必须认真考虑的问题。

二、医药配送企业调研任务

对医药配送企业的调查工作非常重要。建立医药配送企业详实的基础档案资料，可以为医药企业流通渠道与配送途径构建的科学决策提供有效指导，是确保营销成功的基础。对医药配送企业开展调研，目的在于理清渠道状况，提高医药企业流通渠道管理工作水平。当一个医药企业需要进入一个区域市场，就需要对配送企业展开调研。对医药配送企业进行详细调查，要把握以下内容：

（1）该区域主要的药品配送企业都有哪些、数量有多少、有哪些类型？

（2）能够全面覆盖整个区域的药品配送企业有哪些？

（3）该区域各个药品配送企业的经营能力如何，配送能力状况、配送价格及成本、竞争状况等。

（4）了解主要商业公司的运作特点，如：哪些是综合性的医药配送企业，哪些是以医院为主要客户的医药配送企业，哪些是以乡镇卫生院为主要客户的医药配送企业，哪些是以城市市场为主运作的药品配送企业，等等。

（5）调查企业的配送特点、配送时间、配送人员等。

三、医药配送企业的信息搜集

收集信息是对配送企业进行调研的基本途径。收集医药配送企业信息应坚持全面原则，尽可能多途径收集调研区域内所有医药配送企业的全部信息。

（一）配送企业信息搜集的途径

搜集医药配送企业信息的途径和方法是多样的，主要途径有以下几种：

1. 天眼查寻

天眼查寻是一款“都能用的商业安全工具”，根据用户的不同需求，实现了企业背景、企业发展、司法风险、经营风险、经营状况、知识产权方面等多种数据维度的检索。

2. 国家企业信用信息公示系统查询

通过国家企业信用信息公示系统，输入企业名称、社会统一信用代码或者注册号，就可以了解到被调查企业的基本状况、经营异常状况以及是否有违法失信行为等信息。

3. 工业和信息化部 ICP/IP 地址/域名信息备案管理系统查询

通过工业和信息化部网站备案系统，可以查询到医药物流企业网址及地址等信息。

4. 其他网络搜索平台查询

通过百度、谷歌等网站平台，可以搜索到大部分的医疗流通企业地址，通过访问企业的网站，可以较为全面了解医药流通企业状况及经营信息。

5. 电话及黄页查询

这种查询方法较为传统，在网络时代下，现在使用相对较少。

（二）医药配送企业信息搜集的主要内容

对具体的每个医药配送企业而言，调研时搜集的内容包括：

1. 基础信息

（1）公司资金、信誉情况。这是保证供应双方互惠互利、长久合作的基础，需要多渠道、多途径考察企业的资金是否充足，能否按时支付货款，是否注重企业长远发展，是否具备良好的经营信誉及履行合同的能力。

（2）经营规模。医药配送企业销售规模的大小会影响到双方合作模式、产品供应价格谈判、销售服务项目等方面，因此需要通过查询获取企业年销售规模数据。根据《药品经营质量管理规范》及其实施细则规定，药品批发企业分为：小型企业，年销售5000万元以下；中型企业，年销售5000万元至2亿元；大型企业，年销售2亿元以上；特大型企业，年销售10亿元以上。

（3）人员配备、设施设备情况。医药配送企业的人员配备及设施设备情况会对合作企业的渠道结构和模式的选择产生重要影响。人员配备情况主要了解医药配送企业从业总人数、仓库工作人员数量、执业药师或有职称的药师数量等关键信息。设施设备情况主要了解总仓储面积、仓储主要设备及技术、配送车辆的数目及类型等。

2. 供应信息

供应信息是指药品配送企业供应商-药品生产企业的基本情况，反映药品配送企业的实力，是药品配送企业能否进入招标企业名录的关键指标之一，主要了解选择该药品配送企业作为自己的配送服务机构的药品生产企业的名称及数量。

3. 竞品信息

在上述信息获取的基础上。进一步调查在该医药配送企业经营同类业务的企业名称、经营实力、价格状况、优惠折扣等，以及相关企业的营销策略、激励政策、市场占有份额、特色优势等信息。

4. 配送模式

药品配送模式是医药企业对配送所采取的基本战略和方法。主要有几种配送模式：

（1）自营配送。自营配送模式是指医药企业为了保证销售的需要，独自出资建立自主的物流配送系统对企业生产或销售的医药商品进行配送活动。这种模式有利于企业供应、生产和销售的一体化作业。该模式系统化程度相对较高，既可满足企业产品的配送需要，又可满足企业对外进行市场拓展的需求。其不足之处表现在企业为建立配送体系的投资规模将会大大增加，在企业配送规模较小时，配送的成本和费用也相对较高。

一般而言，采取自营性配送模式的企业大多是规模较大的集团公司，具有代表性的是连锁企业的配送，基本通过组建自建的配送系统来完成企业的配送业务，包括对内部各场店的配送及对企业外部客户的配送。

(2) 共同配送。共同配送模式是医药物流配送企业之间为了提高配送效率以及实现配送合理化所建立的一种功能互补的配送联合体。共同配送的优势在于有利于实现配送资源的有效配置,弥补配送企业功能的不足,促使企业配送能力的提高和配送规模的扩大,更好地满足客户需要,提高配送效率,降低配送成本。

在实际运行过程中,共同配送的种类很多,大体可归纳为:紧密型、半紧密型和松散型、资源型和管理型、功能型、集货型和集送型等。

(3) 互用配送。互用配送模式是几个医药物流企业为了各自利弊,以合同的方式达成某协议,互用对方配送系统进行的配送模式。其优点在于企业不需要投入较大的资金和人力,就可以扩大自身的配送范围,但需要企业有较高的管理水平以及与之相关的组织协调能力。

(4) 第三方配送。第三方就是指为交易双方提供部分或全部配送业务的一方。第三方医药物流配送模式就是指交易双方把自己需要完成的配送业务委托给第三方医药物流企业来完成的一种配送运作模式。随着医药物流产业的不断发展以及第三方配送体系的不断完善,第三方医药物流配送模式应成为医药企业和电子商务网站进行医药商品配送的首选模式和方向。

5. 结算信息

主要了解医药配送企业回款情况,具体包括平均回款周期、最长回款期、未结算的药品名称、数量、价款及机构名称,医疗机构超过 60 天未结算的药品名称、数量、价款及医疗机构名称等。

第三节　医疗机构调研

医疗机构是医药企业的重要顾客,也是医药企业销售的重要市场。医药商品很大部分是通过医疗机构销售到消费者手中的。因此,医疗机构调研是医药市场营销调研的重要对象。

一、医疗机构分类

根据不同的划分标准,可以将医院划分为不同类型。

(一) 根据医院的服务内容

可以将医院分为综合医院、专科医院和康复医院等。其中,专科医院又可以划分为:肿瘤医院、心血管病医院、肾病医院、肝病医院、传染病医院、精神病医院、结核病医院、职业病医院、口腔医院、眼科医院、骨科医院等。

(二) 根据医院的规模

可以将医院分为大型综合医院或医学中心、中型医院、小型医院等。我国按照区域规划与评审的要求将医院划分为一级医院、二级医院、三级医院三个等级,同时根据医院的建设和发展情况又将三级医院分为特、甲、乙、丙四个等次,二级和一级医院各分为甲、乙、丙三个等次，共三级十等。原卫生部《医疗机构基本标准(试行)》规定：凡以医院命名的医疗机构病床总数应在20张以上；一级医院病床总数为20张以上，100张以下；二级医院病床总数为100张以上，500张以下；三级医院病床总数为500张以上。

（三）根据服务对象

可以将医院分为：妇产科医院、儿童医院、老年医院、男科医院、女子医院等。

（四）根据医院的经济性质和经营性质

按医院的经济性质可以将医院划分为股份制医院、股份合作制医院和独资医院；按医院的经营主体不同可以将医院划分为：公立医院、公有民营或国有民营医院以及民有民营医院；按医院的经营目的可以将医院划分为营利性医院、非营利性医院；按医院的隶属关系可以将医院划分为国有医院、企业医院、军队医院等。

（五）根据医院的主要诊断、治疗方法

可以将医院分为西医医院、中医医院、中西结合医院、蒙医医院、藏医医院等。

（六）根据医院所属行政区域

可以将医院分为省医院、市医院、县(区)医院、(社区)街道医院、乡镇医院等。

（七）根据医院是否承担教学科研任务

可以将医院分为教学医院、科研医院、临床医院等。

二、医疗机构调研方法

（一）文献研究法

文献研究法是指调查者通过对已有文献资料的查询和深入研究，寻找事实和一般规律，然后根据这些信息去描述、分析和解释现象的过程。从而揭示医疗机构当前的状况，并依照这种一般规律对未来进行预测。

（二）调查研究法

调查研究法是科学研究中一个常用的方法，在描述性、解释性和探索性的研究中都可以运用调查研究的方法。调查研究是收集第一手资料用以描述一个难以直接观察的群体的最佳方法。通过抽样调查、实地调研、深度访谈等形式，对调查对象的问卷调查、访查、访谈获得资讯，并对此进行研究。当然，也可以利用权威部门调查和统计数据进行分析。这种方法的优点是可以获得最新的资料和信息。

（三）比较研究法

在进行医疗机构行业分析的时候，比较研究法是一种较为常用的分析方法。比较研究又可以分为横向比较和纵向比较两种方法。横向比较一般是取某一时点的状态或者某一固定时段(比如1年)的指标，在这个横截面上对研究对象及其比较对象进行比较研究。比如将行业的增长情况与国民经济的增长进行比较，从中发现行业增长速度快于还是慢于国民经济的增长；或者将不同的行业进行比较，研究本行业的成长性；或者将不同国家或者地区的同一行业进行比较，研究行业的发展潜力和发展方向，等等。纵向比较主要是利用行业的历史数据，如销售收入、利润、企业规模等，分析过去的增长情况，并据此预测行业的未来发

展趋势。

三、医疗机构调研内容

（一）医院概况

详尽的医院概况资料包括：

（1）地址，包括分院、联合病房地址。

（2）年业务收入。

（3）重点学科、科室及其学科带头人。

（4）年购药金额。

（5）床位数及床位使用率。

（6）年门诊人次及目标科室门诊人次。

（7）年出院病人人次。

（8）医护人员数量以及专业、学历、职称结构状况。

（9）医院决策层人员名单。

（10）药剂科接待日。

（11）日均手术量。

（12）交通线路，公交、地铁等。

（二）科室设置及医疗活动状况

仅仅了解调查医院的等级等基本信息是不够的，还需要了解你的产品适应证科室的具体参数。

（1）医疗特色。了解目标医院的医疗特色，优势医疗领域或者特色领域，可以帮助企业准确定位并设定合理的销售指标。

（2）主任、护士长及医生名单。

（3）人事关系。必须深入了解科室的人际关系。

（4）主任对本产品或者同类产品的态度。

（5）门诊量及病人构成状况。

（6）床位数及床位使用率。

（7）专家门诊及门诊量。

（8）优势病种及诊疗人数，常规用药量及药品销售收入，药品配置类型等。

（三）专家

获得副主任医师或副教授以上职称的医生可以认为是专家。主要了解以下相关的专家资料：

（1）专家的门诊时间。

（2）院外活动及科研状况。

（3）个人资料。

（四）药事委员会

（1）医院药事委员会设置状况、组织体系等；

（2）药事委员构成状况，委员名单及相关信息；

(3) 委员会的核心成员是谁(一般药事委员会核心成员1～3人是固定的)。

(4) 药事委员会关于药品采购的决策方式等。

(五) 竞争对手

竞争产品的销售数据可以通过药剂科主任、采购、库管、药房组长、信息科、商业公司等渠道获得。对竞争对手调查的具体工作还有:

(1) 竞争对手的企业资料。

(2) 竞争对手的支持者。

(3) 竞争对手在医院的活动状况及药品在医院销售状况。

(4) 竞争对手的宣传资料与营销策略。

(六) 医生认知信息

包括医生对疾病的治疗方案、用药偏好、常用处方情况、使用同类产品情况,以及对使用本类产品的态度。

(七) 医保信息

医保的调查内容包括:相关药品是否纳入医保报销以及报销比例;医院医保病人数和比例、医保费用超支情况以及医保患者的层次等。

(八) 患者

患者调查包括患者来源及构成、人口学特征、地理特征、社会学特征、经济状况、医疗保健消费心态等。

四、医疗机构调研方案

医疗机构调研方案一般由确定调研问题与目标、制定调研计划、收集信息、分析信息、提出调研结论五个步骤组成。

(一) 确定调查问题与目标

医疗机构的调查涉及的内容非常广泛,需要调研的问题也很多,但不可能通过一次市场调研解决决策中所面临的所有问题。因此,在每次的调研时,应从实际出发进行全面分析,找出需要解决的最关键、最迫切的问题,并作为调研的专题,明确本次调研需要实现什么目标。确定调研专题时,界定既不能太宽泛,也不能太狭窄。专题太宽,就会使调研人员无所适从,迷失方向,反而不能发现真正重要的信息;而专题太窄,则不能通过调研活动充分反映出市场营销的实际情况,达不到调研的目的。

在界定了调研问题之后,调研人员就应确定具体的调研目标医院。调研目标医院非常重要,它决定了调研的项目与内容。在选择目标时还需要考虑费用能否得到支持。

(二) 制订调研计划

调研专题与目标医院确定之后,市场调研人员就应拟定一份调研计划。调研计划是调研工作的总纲,一个有效的调研计划应包括以下几个方面的内容:信息资料来源、调研方法与工具、调研方式、调研对象的选择、费用预算、人员安排与培训以及调研进度等。

(三) 收集信息

调研计划在得到批准后,调研人员就应该执行与实施。在此阶段,调研人员的接触面广、工作量也大，可能出现的问题也较多。调研的组织者必须集中精力做好组织协调和指导性工作，力求以最少的人力、最短的时间、最好的质量完成收集资料阶段的工作。医院调研资料是分析研究医药商品如何在医疗机构中销售的重要依据，必须做到全面系统、真实准确，否则就会失去意义。

（四）分析信息

分析信息的主要目的是获得信息渠道的可靠性，分析内容的准确性，分析信息之间的相互关系和变化规律。信息分析的一般过程包括整理审核、分类编码和统计制表。对资料进行统计分析，就是运用统计学的原理和方法，研究调查问题的总体特征和数量关系。通过统计分析能够揭示出调查问题的发展规模、水平、速度、总体结构和发展趋势等。

（五）提出调研结论

调研报告是对调研结果做出的准确解释和结论，也是调研成果的反映。撰写调研报告的基本原则应是简明扼要，真实客观，结论明确。调研报告的一般结构为：

（1）引言。在引言中对调研项目和意义做简要说明。

（2）正文。正文即报告的主体，包括概括性说明调查的问题以及调查方法、步骤、样本选择、调查结果及其对医药企业经营活动影响的分析、提出结论和建议等。

（3）附件。提供包括所有与研究结果有关但不宜放在正文中的资料，如附录、问卷、抽样的详细说明等。

五、医生处方行为信息收集

无论是在药品开发阶段，还是在新产品投入市场后，在每一年的年末或者在一个销售旺季开始或者结束时，都应及时深入了解医生对某种疾病的处方行为和处方内容，关注其中发生的变化。这对于发现市场机会、进行产品定位、总结产品营销活动产生的效果，检测产品、品牌的市场表现，尽早发现产品在营销过程中存在的问题，改进推广策略、调整营销计划等，为营销中的一系列决策提供相关信息和可靠依据，都非常有价值。另外，医生在消费者对OTC药品的选择上起着引导、推荐和评价的作用。在中国药师制度不健全的情况下，医生在很多时候替代了药师的作用。因此，医生处方行为研究不仅给处方药的市场推广带来积极作用，也对OTC药品的推广起到一定的作用。

医生用药行为信息主要包括处方依据、影响医生处方行为的因素和医生处方态度三个方面：

（一）医生处方依据

处方是医生为某一病人的需要而开具的调配、发出及使用药品的书面规定。从合理用药的角度来说，医生开处方的时候一般主要考虑以下两个关键的问题：

（1）消费者的疾病。对消费者的疾病进行确诊是医生开处方的首要条件，只有所患疾病得到了最终的确认才能开出具有针对性的处方，即所谓的“对症下药”。

（2）药品的特性。当医生了解了消费者的疾病之后的下一步就是根据所患疾病的病症选择合适治疗方法和手段，当然包括使用一定的药品。所患的疾病绝大多数是可以确诊的，是什么病就是什么病，不存在多种结果的可能。但是，可以选择的药品一般来说并不是只有一种。医生应该遴选疗效良好、安全性高、价格合理的药品，即性价比高的处方药品。

（二）影响医生处方行为的因素

了解医生对某种疾病进行处方的影响因素，对某种药品处方与非处方的影响因素，通过将二者结合起来，找到促使医生用药习惯的条件，从而能够调整该产品的营销策略。

1. 疾病的诊断和治疗因素

疾病的诊断和治疗因素是医生处方行为中重要的因素。这方面的研究要选择专业的研究队伍，制定科学的研究计划，由专业的人员对医生进行调研。如果了解了某种疾病治疗过程中医生所关注的治疗信息，将有助于企业对产品做出正确的定位，找到市场宣传的切入点，无疑会增加产品获得成功的机会。

2. 药品因素

药品因素是影响医生处方的重要因素，医生处方药的前提是该药品的疗效如何，是否能显示出医生本人的治疗水平。因此，医生处方中的药品因素包括药品的疗效因素、药品的品牌因素和药品的营销因素。

3. 医疗保险因素

医疗保险因素是医生进行处方时需要经常考虑的因素。当就诊者参加了国家医疗保险或商业保险时，一般希望医生为其开具的处方药物能够报销。随着参加保险人数的逐年增多，药品是否进入《基本医疗保险药品目录》将变得越来越重要，但对不同的疾病，其影响程度是不相同的；对不同级别的医院，影响程度亦有差异。

4. 医院营销状况

医院营销状况会不同程度地影响医生的工作行为。医院营销状况主要包括：医院领导与员工的营销观念、医院营销组织机构与营销制度、医院营销工作具体开展情况、消费者满意度。

5. 消费者意愿和承担能力

不同消费来源的患者对医药产品费用的态度存在差异。目前，较多的疾病可以通过不止一种药品进行治疗，医生有了更大的选择范围。这些药品的根本药理是一致的，但疗效上的细微差别，包装和生产厂家的不同，导致这些药品定价存在差异。因此，医生愿意根据消费者的自主意愿和价格承担能力，开出处方。

（三）医生的处方态度

由于中国目前对处方药的使用有一定的限制，《药品管理法》严格规定处方药药品必须凭医生处方购买、零售和使用，这就决定了处方药品的销售不是以消费者为中心，而是以医生为中心。处方药品的所有营销手段都是针对医生或医疗机构的，消费者的意见较少被采纳。所以，消费者在没有医生处方的情况下，很难获得处方药，该用什么药、用多少药都很大程度受限于医生的处方，处方影响着销售。

1. 医生与同行关于处方的态度

每位医生在多年的从医生涯里都积累了不少的临床经验，都认为自己的处方是理想的。因此在其内心，对每一种疾病都有一两种首选药，都有合理的备用处方，一般情况下也不太轻易变更处方。当用新药后医生认为疗效好，安全性和方便性均符合临床治疗疾病的要求，新药品的总体印象让医生满意，医生才会愿意继续使用。因此，对于自己沿用的处方习惯，医生往往不愿意与同行讨论处方差异问题。

2. 医生对消费者提出的要求是否采取合作的态度

随着消费者保健意识的增强和医药知识的增加，在就诊时，有的消费者会给医生提出与自己病情有关的要求或要求进行某些有关的检查，当面对消费者提出的种种合理或不合理的要求时，医生对消费者的态度表现出以下几种情形：一是与消费者合作，不论消费者的要求是否恰当，一律同意并满足；二是拒绝消费者要求，表现出其权威的独断性，由于信息的不对等，消费者本身就存在服从心理，导致消费者没有发言权的现象比较普遍；三是与消费者协调沟通，申明理由，部分地满足消费者。

3. 医生接待不同类型消费者的态度

来医院就诊的人群，存在着知识层次、参保种类、数量、经济收入的现实差别，以此，就诊心理和消费行为存在差异。医生往往会根据接诊者的差别，在诸如处方药品数量，处方药品的来源、品牌及价格选择等具体的处方行为上表现出差异性，而且接诊态度也显示出差别，比如会根据就诊者的不同决定是否对不同处方药的效果进行比对说明。

知识拓展

医生处方行为信息搜集的定量方法——医生处方抄录

通过抄录医生处方，可以对医生访谈（包括小组座谈会）研究得出的结论进行验证和补充，并能够得出某种药物的市场份额和市场容量的统计数据，结合第二手资料的研究，充分了解和分析竞争态势。具体抄录指标包括：

(1) 每百张处方中使用该药物的处方数（处方百分率）。
(2) 每百次药物使用中该药物的使用次数（该药物使用率）。
(3) 每例次处方药物的平均品种数（平均张处方用药数量）。
(4) 本单位供应该药物占该类药物品种的百分率（医院品种占有率）。
(5) 本单位该类药物占医保报销品种的百分率。
(6) 每百张药物处方中该药物使用次数（药物使用频率）。
(7) 每百次药物使用中非药物的使用次数。

第四节　零售药店调研

零售药店是指将购进的药品直接销售给消费者的药品经营单位。零售药店是药品销售渠道的末端，是药品到达消费者完成交易的最终端口，是药品与消费者面对面的展示和交易的场所。通过这一端口和场所，厂家、商家将药品卖给消费者，完成最终的交易，进入实质性消费。

一、零售药店的分类

（一）传统分类方法

传统的零售药店按照一般商业销售门店的分类管理办法，依据销量、规模、客流量、位置和性质等因素可划分为A、B、C三类。

1. A 类——医保药店

面积大(大于 100 平方米),在班店员多于 6 人,经营品种多且齐全;位于商业集中区、主干道两旁;客流量大;销量在当地平均销量以上;一般为大型个体药店、连锁药店的 A 类门店。

2. B 类——医保药店

营业面积介于 A 类和 C 类之间,在班店员多于 3 人,经营品种较齐全;位于较大的居民区内,客流量大;销量高于当地平均水平;一般为大中型药店超市,连锁药店重点门店;日流水额 6000 元以上。

3. C 类——非医保药店

营业面积一般不足 20 平方米,多数只有 1～2 个店员,经营品种少;主要位于生活小区、市郊、工厂区;销量在当地平均水平以下;一般为小型私人药店、个体诊所。

原则上,A 类零售药店应不少于当地零售药店总量的 20%,B 类零售药店不少于当地零售药店总量的 50%。

(二) 规范分类方法

商务部 2012 年第 58 号公告发布了《药品批发企业物流服务能力评估指标》《零售药店经营服务规范》《药品流通企业诚信经营准则》《药品流通行业职业经理人标准》《药品流通企业通用岗位设置规范》等五项药品流通行业标准,于 2012 年 12 月 1 日起实施。其中,《零售药店经营服务规范》中明确规定了零售药店的分级标准。依据分级条件和标准,采用百分制由低到高,将零售药店分为 A、AA、AAA 三个级别。

1. A 级零售药店

A 级零售药店服务环境及设施初步达标,具备基本的药品供应保障能力,拥有基础的信息化设备,人员资质及药学服务水平合格,近 1 年内未发生严重失信行为,具备正常营业时间不间断服务能力,提供科普宣传和基本便民服务。

2. AA 级零售药店

AA 级零售药店服务环境及设施良好,具备较强的药品供应保障能力,拥有药品可追溯及信息化管理系统,人员资质及药学服务水平良好,近 2 年内未发生严重失信行为,具备 24 小时服务能力,经常提供科普宣传和日常便民服务。

3. AAA 级零售药店

AAA 级零售药店服务环境及设施良好,具备很强的药品供应保障能力,拥有成熟的药品可追溯及信息化管理系统,人员资质及药学服务水平优秀,近 3 年内未发生严重失信行为,持续提供科普宣传、24 小时供药和咨询便民服务。

二、零售药店的调研内容

(一) 基本情况

调查内容主要包括:药店名称、经营性质(国有或民营,连锁门店或个体单店,如果是连锁门店,是加盟店还是直营店)、店面所处的地理位置、营业面积、外部形象、基本摆设、产品陈列形式、营业时间、药店的基本制度等。

（二）人员情况

调查内容主要包括：经理及主要负责人的姓名、管理权限；店内人员结构：包括管理层级结构、年龄结构、学历结构、专业结构、分组结构等。

（三）业务情况

调查内容主要包括：药店经营范围、产品种类、每类所占的比例；产品的规格、包装、价格；产品销售情况及顾客反应等。

（四）竞品情况

调查内容主要包括：竞争产品的基本信息（通用名、商品名、价格、规格、生产企业等）、进货渠道、销售情况、促销策略、顾客选择等。

（五）顾客情况

调查内容主要包括：顾客流量、消费人群结构特点（年龄结构、职业结构等）、购买行为特点等。

（六）促销情况

调查内容主要包括：药店橱窗及店内广告数；是否在报纸、电台、电视台打广告；纸质广告的品种和数量；店内是否张贴促销品种明细；销售促进策略及顾客反映等。

三、零售药店的信息搜集

（一）基本信息

1. 药店性质

单体药店：是指经营者只拥有1家门店，药品的购销权属于经营者一人所有。

连锁药店：是指在一个连锁总部统一管辖下，将有着共同的经营理念、经济利益、服务管理规范的众多药店，以统一进货或授权特许等方式连接起来，实现统一标准化经营，共享规模效益的一种组织形式。

2. 药店经营状况

包括：药店的日销售额、月销售额；药店的品种数量、品类结构；药店的客流量；药店的利润率；药店的口碑。

3. 药店人员情况

包括：药店人员岗位的分布情况，即店长、营业员、药师、收银员等；药店人员的药学服务水平；药店人员的排班信息；药店人员的性格特点。

（二）市场的需求信息

1. 需求信息

主要参考产品销售份额的两个方面：一是指某产品在药店所有经营品种中所占的销售比例；二是指某产品在药店经营的同类品种中所占的销售比例。

2. 消费者购买行为信息

需要根据5W1H内容对消费者购买行为进行分析。

3. 竞争产品基本信息

竞争产品的基本信息包括:品名;竞争产品的供货渠道;竞争产品的销售策略;竞争产品的市场占有率。

(三) 零售药店的购买行为信息

1. 采购类型

直接采购:是指采购人员根据过去和供应商打交道的经验,从合格供应商名单中选择供货企业,并直接重新订购过去采购过的产品。

新购:指零售药店首次采购的药品,即首次经营品种的采购。

2. 采购流程

单体药店:药店营业员→柜台组长→药店经理。

零售连锁药店:药店营业员→门店店长→门店分管经理→采购部→药店经理。

3. 采购决策参与者角色类型

零售药店的采购决策不是由某一个人做出的,而是涉及多个部门。因此,采购过程会受到各个相关部门乃至各个岗位人员的影响,而且每个岗位人员的影响力又因工作内容的不同存在着差异,分别扮演着使用者、影响者、采购者、控制者和决策者五种决策参与角色类型。如图 3-2 所示。

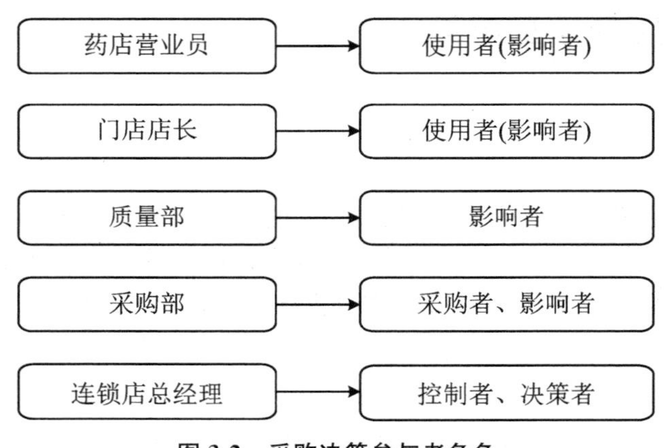

图 3-2　采购决策参与者角色

(四) 影响零售药店营销的因素

影响零售药店营销的因素如表 3-2 所示。主要有环境因素、组织因素、管理因素与顾客因素。环境因素主要包括地方经济发展水平、相关政策法规、区域人口状况(包括健康状况),区域内医疗机构数量、零售药店数量及规模等。组织因素主要有组织发展战略、经营主要医药商品种类及数量、组织结构及人员状况、资金多少及经营能力等。管理因素包括管理制度、权力结构、管理手段创新性激励性,相关政策及制度的科学性与合理性等。顾客因素主要包括顾客的人口学特征、顾客数量与规模,顾客对医药商品的偏好等。

表 3-2 影响零售药店营销的因素

影响因素	具体内容
环境因素	1. 需求水平;2. 经济状况;3. 服务人群;4. 政治法律;5. 市场竞争;6. 医疗机构;7. 区域内零售药店数量及规模等
组织因素	1. 目标与战略;2. 组织结构;3. 经营范围;4. 资金及经营能力
管理因素	1. 权力结构;2. 管理手段;3. 政策制度
顾客因素	1. 年龄;2. 收入;3. 教育程度;4. 性格;5. 志趣

案例分析

××草的营销策划

A 药业公司出品的清热类中成药——××草在 2001 年 5 月上市了。××草是属于药准字号清热类中成药,是采用天然野生植物为原料制成的浓缩颗粒剂,主要功效是清热疏风、解毒利咽、止咳祛痰。临床上主要用于咽喉肿痛、肺热咳嗽和上呼吸道感染。南方的五月,清热类中成药已经成为药店畅销的品种,广州市 80%的药店里都可以看到包装精美的××草零售产品。

负责这一品牌上市的广告和营销策划的是一家知名的国际 4A 广告公司。然而,在产品上市几个月后,××草在广东地区的销售额只实现了区区一百多万元。

广告诉求缺乏个性、定价策略与广告策略相矛盾、促销手段的生搬硬套等是导致该产品出师不利的直接原因。

该品在功能的诉求上定位为:预防感冒、咽喉肿痛、发热咳嗽、慢性咽炎、扁桃体炎、上呼吸道感染。整个定位过于宽泛,而且与同类产品功效雷同,结果导致消费者记不住××草的任何功能,产品广告诉求变得毫无个性,从头到尾难以找到一个能影响消费者购买的亮点。

××草的市场定价走的是高价路线,但广告公司为其制定的广告策略却是低价位诉求,二者互相矛盾。广告中强调产品的原料是南方山野里一种野生的菊科植物,是一种传统的民间常用草药,这样的诉求无异于向消费者暗示该产品是一种很普通的东西。成本低,那么售价就不会很高。而在市面上,与售价 3 元的牛黄解毒片相比,该产品的价格在清热解毒类中成药中是偏高的。如此高的价格不是暴利吗?这种定价策略与广告策略的矛盾,极易令消费者对产品产生排斥的心理。

在促销策划上,采用“今年流行摇着喝”为主题的系列促销活动。A 药业公司与另一纯净水厂合作,由两家分别向消费者免费派发产品,然后让消费者将××草的浓缩颗粒倒入纯净水中摇匀,使之变成凉茶再喝。在这一促销活动中,举办者无视消费者购买习惯,生搬硬套,脱离了市场的自身规律和消费需求趋势,因此使消费者认为:××草只不过是如凉茶一般的普通清热饮料而已,这无疑给该产品以致命的一击,增加了市场的排斥力度。

讨论:1. A 公司××草产品营销策划失败的原因是什么?

2. A 公司××草产品营销策划的失败带给我们哪些启示?

资料来源:甘湘宁. 医药市场营销实务[M]. 北京:中国医药科技出版社,2017.

药品市场调查

一、实训目标

1. 学会药品市场调查的方法。
2. 掌握药品市场调查的步骤和内容。

二、实训内容

1. 药品配送机构调查。
2. 医疗机构调查。
3. 药品零售机构调查。

三、实训要求

1. 分组选择实训内容之一完成调查。
2. 确定调查对象和调查内容。
3. 制订调查计划。
4. 进行实地调查活动,做好记录。
5. 对资料进行整理分析。

四、实训作业

1. 提交完整的调查报告。
2. 交流调查报告并交叉评分。

复习思考题

1. 什么是医药市场调研？医药市场调研的主要内容是什么？
2. 医药市场调研的主要方法有哪些？调研方案的设计程序是什么？
3. 对医药配送机构的调研需要收集哪些信息？
4. 对医疗机构的调研要收集哪些关键信息？
5. 零售药店包括哪些类型？
6. 对零售药店调研的内容有哪些？

第四章 药品流通市场分析与营销技巧

通过本章学习，主要掌握药品流通、药品流通企业的概念，以及药品流通的模式；熟悉药品流通企业业务、药品招商技巧、药店铺货技巧；了解药品流通市场特点。

通过本章学习，使同学们了解药品流通全过程，如生产企业的销售与供应，经营企业的采购、销售与供应，社会零售药店的采购与发售，医疗机构的采购与配发，以及仓储和运输等。因药品也是商品，故与其他商品一样也要通过商业流通环节，要经过仓储和运输。在流通领域的各环节，药品流通相关从业人员都必须坚持全心全意为人民服务的宗旨，确保药品安全、有效、经济的原则，维护人民健康，保障防病治病的需要，认真负责，尽心尽职，树立良好的道德形象。

带量采购、两票制冲击，医药流通企业寻出路

2018年，医药行业全面推行“两票制”，医药商业流通行业受到的影响逐渐显现。“两票制”指在药品流通过程中，药品从生产企业到流通企业开一次发票，流通企业到医疗机构开一次发票。这项始于2016年4月的医药行业的变革，意在压缩药品流通层级，减少药品层层加价情况，从而挤掉药价虚高成分。“两票制”的推行，促使当前整个药品流通格局发生重大调整，小的经销商、二级或二级以上代理商被“血洗”淘汰出局。医药商业流通企业的调拨业务由此受到冲击。为应对行业的这种变局，医药流通企业的销售对象，纷纷加码转向面对医院。“两票制”推行前，医药商业流通企业的盈利模式，主要来源于购销差价。药品流通层级压缩了，医药流通企业的销售毛利率降低，且医药流通企业的结算对象，从原来相对弱势的中小经销商变为强势的医院。

对整个医药商业流通企业来说，目前靠药品流通差价已难以提升竞争优势。除了“两票制”外，行业的另外一个不利因素是带量采购政策的推行。对于医药商业流通企业来说，此时此刻更大的命题还是如何寻求新出路。

面对困局，一些企业已未雨绸缪。以上海医药为例，2018年公司完成了中国医药商业史上最大规模的并购案，将康德乐中国“揽入”怀中，借助这次并购，让上海医药晋升成为全中国最大的进口代理商和分销商。也有企业完善自身的物流体系建设，打造自身的核心优势，如广州医药旗下的广药生物医药城白云基地物流项目现已动工。华润医药也在年报中表示，随着“两票制”全面执行落地，分级诊疗、医药分开等政策推进落实，公司也将优化物流布局，加速发展第三方物流业务，继续推广医院物流智能一体化、DTP、电商业务等创新业务模式，巩固医药分销解决方案提供者的市场领先地位，积极推动中国医药流通行业的集中度提升。

资料来源：https://baijiahao.baidu.com/s?id=1630388880963681058&wfr=spider&for=pc.

第一节　药品流通市场

一、药品流通的概念

（一）药品流通的定义

药品流通是指药品从生产企业到药品批发企业，再到药品零售企业或医疗机构，最终到达药品消费者手中的全过程，该过程历经药品的储存、运输、销售等环节，包括了药品物流、药品资金流、药品所有权流和药品信息流。药品实体在空间上的物理性位移成为产品物流；以药品所有权转让为前提，通过买卖、交换活动而发生的产品价值形式变化，即产品所有权的转换叫作药品所有权流或商流；药品从生产领域向消费领域转移的过程中还伴随着交换媒介的转移，称为药品资金流；伴随药品买卖活动的全过程还产生了信息交换，称为信息流。这四条流在生产领域和消费领域之间的流动共同构成了药品的流通，并连接了药品的供应链（图 4-1）。

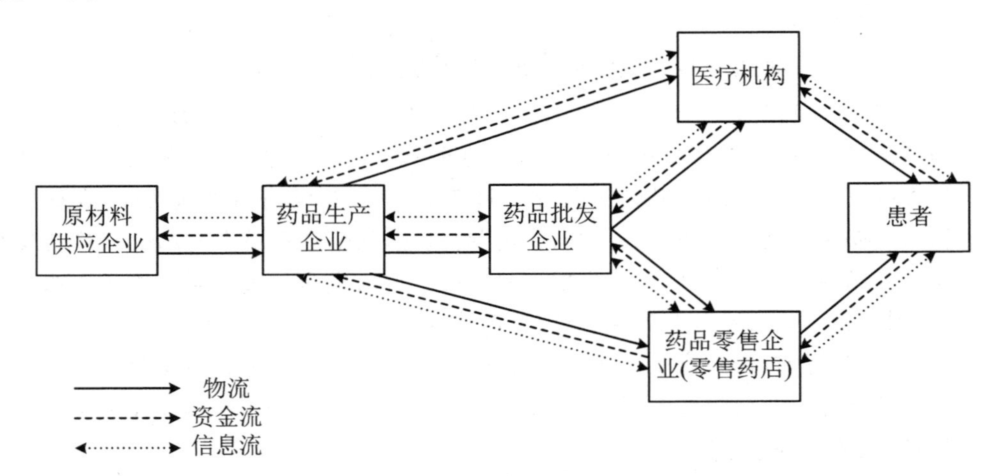

图 4-1　药品流通环节图

（二）医药供应链主要节点的相互关系

药品供应链具有一般供应链相同的规律，都是通过对信息流、物流、资金流的控制与管理实现价值增值。信息流、物流、资金流在药品供应链中的流动既可以是单向的，也可以是双向的。因此,药品供应链中各链节是互相依存、密不可分的。

药品生产企业生产的产品为满足消费者的需求提供了物质保证,也为药品的流通与交换提供了物质基础;药品批发企业是连接药品生产企业和药品销售终端(医院和药品零售企业)的桥梁;医疗机构和药品零售企业向消费者提供的药学服务和医药产品,是实现药品价值增值的关键终端。

(三)药品流通企业

药品流通企业指从事商品流通业务的经济实体,是药品流通的专营和兼营企业,且处于药品流通领域,从上游医药生产企业采购药品,然后再分销给下游的医药批发企业、医疗机构、零售药店等药品经营企业。根据经营方式的不同,药品流通企业可分为药品批发企业和药品零售企业。

1. 药品批发企业

药品批发企业指用自己的资金从生产企业购买医药商品,并将这些商品销售给零售企业及其他批发商的药品企业。药品批发商经营的特点是成批购进和成批出售,它们并不直接服务于最终消费者。药品批发商是药品销售渠道中不可缺少的机构,在沟通药品生产与销售的过程中,发挥了重要作用。无论是处方药还是非处方药,都可能经由批发商转售给医院或社会药房。零售药店与医疗机构药房数量庞大、规模小、经营品种多,并广布于城乡各处;而药品生产企业相对数目较少,比较集中,且每家企业生产的药品品种较少甚至仅数种;药品的最终消费者更是分散,且对治疗药品及时供给的需求强烈。药品市场供销之间的空间、时间、品种、数量、拥有权等方面的空隙,须由药品批发商涉足其内,促使药品流动、所有权和管理权转移、信息和资金流动,使药品市场具体化,完成药品营销功能,实现药品为人们健康服务的目的。药品批发使药品和服务增值,是通过批发商不断改进经营管理,维持药品质量,提高服务水平和工作效率来实现的,且现代计算机技术的应用会使增值更明显。但是随着"两票制"及"带量采购"制度的先后实施,药品批发企业的职能也在慢慢地发生变化,主营业务由经营逐渐转向提供药品运输、配送等第三方医药物流服务。

2. 药品零售企业

药品零售企业是指从药品生产企业或药品批发经营企业购进药品,直接销售给最终消费者用以防治疾病的机构。药品零售企业是药品进入消费环节后除医院外的另一渠道,也是药品服务体系中的重要经营主体,其上游是药品批发企业或药品生产企业,下游是药品供应链终端个体消费者。药品零售企业在供应链中的主要作用与医疗机构有些相似,所不同的是它主要为患者提供 OTC 产品与相关药学服务,而处方药品的销售要凭借医生的处方才能提供外配服务。

二、药品流通市场的特点

(一)流通过程中药品质量保证难度大

1. 药品集散流程复杂

药品经营企业经营的药品品种多、规格多、数量大、流动性大,并需根据用户的需要,将来自各地药品生产企业的药品组合又重新分送到其他批发、零售企业和医疗机构,在药品的购进、销售这个集散过程中,药品的差错和污染等情况随时有可能发生。

2. 影响药品质量的因素多

药品在运输过程中会遇到恶劣气候和其他一些物理因素带来的不利影响，会引起药品质量的变化。

3. 药品运输过程中质量管理难度大

药品在流通过程中均以运输包装的面目出现，在储运过程中药品质量情况的识别，大多数只能依靠包装外观、包装标志、文字所提示的品名、规格、有效期、序号、储存条件等作为管理的依据。

4. 药品储存要求高

药品从生产出来到使用之前，大部分时间是在仓库里存放，仓库的条件对药品质量会产生不可忽视的影响。

由于有这些影响药品质量的因素存在，在药品整个流通环节必须有一套严格的管理程序来管理，防止流通过程中可能出现的一些不利因素，以保证药品的安全性、有效性和稳定性不受影响。

（二）药品消费方式具有特殊性

药品流通的特殊性还表现在消费方式不同于其他消费品。

1. 患者使用药品的间接性

与普通商品的选择和使用不同，患者对于药品选用的依从性高。处方药的消费者主要凭医师处方销售、购买并遵从医嘱使用。非处方药的消费者的消费选择也可能会受药师及相关营销人员的影响，并且使用前也必须仔细阅读药品使用说明书并按说明书或在药师指导下使用。

2. 一定时空范围内的应急性

药品是用于防病治病的，而疾病往往具有突发性特征，必须让“药等病”而不能“病等药”，特别是一旦有灾情或疫情，药品的消费需求会激增，因而必须有必要的储备以保证急需供应。

3. 疾病对药品的特异选择性

药品的主要用途是防病治病，疾病对药品的特异性选择决定了其功能的专属性，这种特殊的选择作用无法替代，因而要求流通市场中药品品种齐全、产销齐全，防止生产经营的盲目性。

（三）药品营销具备特殊性

1. 营销的责任重大

药品直接关系人的生命安全，药品的营销肩负着防病救命的重任，因此我国制定了相当严格的产业政策、行业规范和专门法律法规来引导药品的生产和经营行为。例如现行新修订的《中华人民共和国药品管理法》详细规定了药品生产、经营、使用的法律程序以及违反规定应负的法律责任。

2. 市场随机因素较多

影响医药市场需求的因素很多，如政策性对药品市场的影响，医师的用药观念对药品市场的影响，药品价格、广告宣传及药品市场的潜在顾客的影响，此外，季节性需求、气候异常引起的流行性疫情，突发的灾害和事故等都会对药品市场产生影响。这些情况一旦发生对药品的需求量会增大，需求的预测也较为困难，给药品营销工作带来很大难度。

3. 药品营销过程专业化程度高

药品作为特殊商品在经营活动的过程中为了保证药品质量，必须配备专业化设施设备与专业人才以保证药品质量：一是必须配备与经营药品相适应的检测设备和仪器，才能保证药品质量；二是必须按药品的理化性能具备相应的储存条件和运输条件，才能保证药品的安全有效；三是必须配备具有一定专业基础知识和业务素质较高的营销人员，才能保证营销服务工作优质高效，满足消费者需求。

三、药品流通模式

（一）直营模式

直营模式下，药品生产企业一般会建立自己的营销团队，搭建销售网络，实现厂商一体化。一些药品生产企业通过收购整合现有的代理商，另一些则是组建自有商务团队，包括从零组建和收编现有经销商的人员。这种模式下，药品生产企业既可以自己进行营销推广活动，也可以同时考虑使用外部供应商。直营药品流通模式中，药品直接由生产企业流向医疗机构、零售药店等零售终端，而资金流则是由下游零售终端流向上游企业端，如图4-2中①所示。

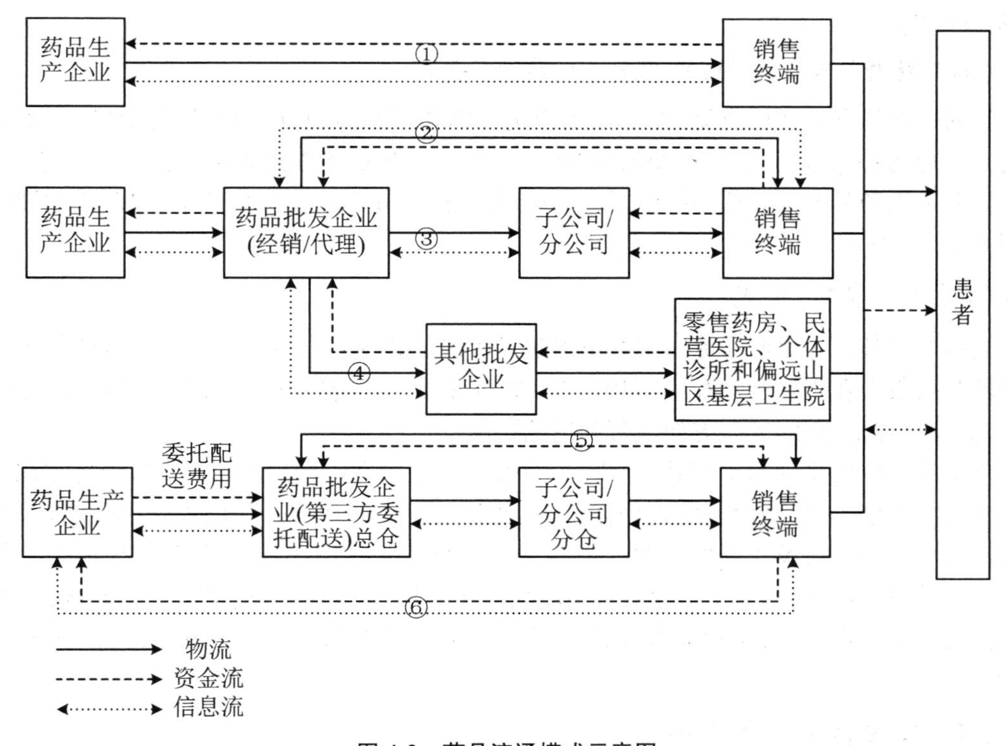

图4-2　药品流通模式示意图

（二）"两票制"流通模式

2017年1月11日，国务院医改办等八部委共同发布了《关于在公立医疗机构药品采购中推行“两票制”的实施意见(试行)》(以下称《实施意见》)的通知。“两票制”是指药品从医药企业交易到医药配送商开一次发票,医药配送商交易到医院再开一次发票。以“两票”替代常见的六票、七票,减少流通环节,并且每个品种的一级经销商不得超过2个。

传统的医药流通体制下,药品流通通常有2~3个环节,小部分买断经营的品种流通环节最长可达8个。“两票制”下,药品由生产企业流向公立医疗机构的流通中介为单一药品批发企业,如图4-2中②所示,或由药品批发企业到全资(控股)子(分)公司可视为一票,如图4-2中③所示。

根据药品批发企业与生产企业合作方式的不同,药品批发企业又可分为药品经销商和代理商。经销是指药品生产企业或者供货商与药品批发企业通过合同或契约的形式约定,在规定的期限和地域内购销指定的商品的一种组织形式,其中受委托方被称为经销商。经销模式下,药品生产企业通过招商选择经销商,经销商以买卖的关系与药品生产企业合作,即以资金从上游购货,通过产品的转售获取产品经销差价。药品代理的实质是一种委托代理,即药品生产厂商和代理商是委托代理的关系,由药品生产企业与药品批发企业通过合同或契约的形式,委托药品批发企业在一定区域内实行垄断或独家经营,销售药品或完成其他经营行为的一种组织形式。与经销商完全不同,通常情况下,代理商不通过买卖的关系获得产品的所有权,而是替其服务的产品或药品生产企业进行产品的促销和销售,获取上游企业的佣金或代理费用。随着“两票制”及“一票制”的普及,药品流通层级被压缩,层层加价的情况减少,挤掉了药价虚高成分,促使小的经销商、二级或二级以上代理商被淘汰,传统经销模式也或将淘汰。

(三)特殊“三票制”模式及非“两票制”模式

针对一些情况,《实施意见》作了特别规定。例如,为保障基层药品的有效供应,规定药品流通企业为特别偏远、交通不便的乡(镇)、村医疗卫生机构配送药品,允许在“两票制”基础上再开一次药品购销发票;除此之外,药店、私立医院和个体诊所目前不受“两票制”限制,如图4-2中④所示。

(四)“一票制”模式

药品“一票制”是指药品流通次数不得超过1次,医院和药企直接结算货款,药品生产企业和药品批发企业直接结算配送费用。“一票制”模式可大幅降低药品流通费用,净化流通环境,提高行业信息透明度,方便监管和追溯药品。

带量采购的实施加速了药品“一票制”的落地。传统药品批发企业的药品销售和推广的优势将被大大削弱,传统贸易模式将被重组,药品批发企业从分销商向委托配送商转型,由传统的从事药品销售及市场推广的分销商转变为服务商,如提供配送服务价值链上的技术服务、产品服务等。药品配送企业具备药品配送相应资质和完备的药品流通追溯体系,有能力覆盖协议供应地区,及时响应医疗机构采购订单并配送到位,同时加强偏远地区配送保障,如图4-2中⑤⑥所示。

(五)主要药品销售终端

1. 医疗机构药房

医疗机构在药品的下游是药品终端消费者或患者,患者所消费的绝大部分药品是在医生的指导下从医院购买的,因此医疗机构药房是我国药品最主要的流通渠道和交易场所之一。医疗机构在医疗实践中了解、发现和创造患者的需求，对其加以归纳整理，并代表患者及时把需求信息反馈给上游供应商并且让终端顾客能够方便、顺利、快捷地获取治疗所需要的药品；同时，通过准确诊断病人的病情，对症下药、有效治疗，来保证消费者享受安全、有效的药品消费，从而实现药品的价值。

2. 药品零售企业

根据《药品管理法实施条例》第八十三条，药品零售企业，是指将购进的药品直接销售给消费者的药品经营企业。

第二节　药品流通企业的主要业务

一、药品批发企业

药品批发企业，是指将购进的药品包括原料药销售给药品生产企业、药品经营企业、医疗机构的药品经营企业。根据现阶段药品流通相关规定，当前药品批发企业的业务可分为纯销业务与物流业务。

（一）纯销业务

作为药品经营企业的重要组成部分，药品纯销是药品批发企业的传统业务。药品批发企业纯销业务可分为：

（1）药品批发企业通过本企业拥有的营销渠道将经销药品销售到零售终端，主要流通渠道为药品由生产企业经单一批发企业流向公立医院。

（2）药品批发企业借助控股公司子公司（集团分公司）营销渠道将代理药品销售到终端客户。

（3）药品批发企业借助其他企业营销渠道将总经销药品销售到零售药房、民营医院、个体诊所和偏远山区基层卫生院。

（二）物流业务

1. 第三方物流业务

第三方医药物流业务是药品经营企业接受药品生产、经营、使用单位的委托，采用现代化物流手段，为其提供符合 GSP 要求的药品验收、存储、养护、配送管理服务的活动。

第三方医药物流是医药物流社会化分工的必然结果，通过业务流和商流的有效分离，信息流引领物流和资金流，实现医药流通供应链的优化；通过提供专业化的医药物流服务，实现作业自动化、流程信息化、配送及时化、行业集中化。我国 13000 多家医药流通企业通过减少低水平重复投入，平均利润至少增长 1 倍，物流效率大幅提高。

增设第三方物流业务，委托方和受托方需具备相关条件，完成相关手续。具体如下：

（1）具备药品现代物流条件并符合《药品经营质量管理规范》（以下简称“GSP”）的药品批发企业开展药品第三方物流业务。专营药品第三方冷链物流业务的企业可接受冷藏冷冻药品的委托储存、配送，其冷链储运条件应严格按照 GSP 相关要求。

（2）药品上市许可持有人（含境外药品上市许可持有人的境内授权代理人）、药品生产企业、药品批发企业(以下统称“委托方”)将药品储存配送业务委托给省内药品第三方物流企业(以下统称“受托方”)。

(3) 药品零售连锁总部将药品储存配送业务委托给各省内药品第三方物流企业。

(4) 开展药品第三方物流的企业,应符合《××省药品现代物流标准设置指导意见》要求(见本章末尾的附件1),向各省药品监督管理局(以下简称“各省局”)提交自查报告及相关资料(见附件2),经审核及现场检查后符合要求的,在各省局网站公示,接受社会监督。企业对所提交资料的合法性、真实性、有效性负责。

(5) 委托方对受托方储存配送能力和质量保障能力审计符合要求的,双方应签订药品委托储存配送协议,内容至少包括储存配送药品的范围和期限、记录和数据管理、票据管理、质量管理、责任约定、重大问题报告、年度质量审计等。委托方应将审计报告以及协议等相关材料(见附件3)报送各省局,经审核后符合要求的,在各省局网站公示。

(6) 受托方应配置电子数据交换信息平台,具备对委托方药品收货、验收、入库、储存、养护、出库、运输、退回等指令的处理功能以及全程查询、追溯功能,实现物流作业数据与委托储存配送信息实时交换传递,确保药品可追溯。

(7) 受托方接受委托储存运输活动应与其经营规模相适应,不得对受委托的药品物流服务业务进行二次委托,不得代替委托方直接开具发票至下游客户,但可开具标注委托方企业名称的随货清单。

(8) 集团型内部药品经营企业可全项委托(即不保留原注册仓库),应申请《药品经营许可证》仓库地址变更为受托方仓库地址,如终止委托储存、配送,委托方应向各省局报备后,方可按原标准建设并办理仓库变更手续。

(9) 新开办的药品批发企业自取得《药品经营许可证》之日起五年内不得委托药品第三方物流企业储存配送药品。

(10) 开展委托储存配送的药品,应在双方企业《药品经营许可证》核准的经营范围内(特殊药品不得委托储存配送)。

2. 多仓协同业务

多仓协同就是通过不同仓库之间的信息共享,以库存合理转移、订单快速响应、仓储配送协同等方式降低成本和提升服务质量。目前陕西、浙江、辽宁等省市药品监督管理局已正式下发《关于加强药品批发企业开展多仓协同及异地设置仓库监督管理的通知(征求意见稿)》,多地企业也设立试点实行多仓协同业务。

医药流通企业物流中心主要承担药品、医疗器械等产品的存储、配送、召回等功能,是实现药品从生产、流通到消费的重要环节。随着市场竞争的日渐加剧,医药企业对提升效率、降低成本、增强服务的能力要求越来越高。为完善药品流通企业跨区域配送相关业务,规范和指导药品流通企业的药品现代物流企业开展多仓协同储存配送药品活动,各省药品监督管理局根据《药品管理法》《药品经营质量管理规范》等有关规定,在征求当地医药行业意见基础上,制定关于药品经营企业增设多仓协同业务的管理规定。

知识拓展

《经营企业增设多仓协同业务的管理规定》

企业增设多仓协同业务需要完善下列手续：

(1) 具备药品现代物流条件并符合GSP的药品批发企业(以下统称“总仓”)，整合其全资(控股)子(分)公司(以下统称“分仓”)的仓储资源和运输资源，可开展多仓协同储存配送药品活动。

(2) 总仓接受其他企业委托的药品，不得由分仓开展配送活动；分仓不得使用总仓、其他分仓仓库开展多仓协同储存配送活动。

(3) 总仓能够通过计算机管理系统对多仓协同药品进行统一管理，与分仓计算机管理系统实现有效对接、数据共享及实时传输，满足药品追溯的要求，并定期对分仓进行内审和风险评估，确保多仓协同药品质量安全。

(4) 总仓及各分仓应在仓库管理系统(WMS)协同控制和管理下，实现药品入库货位自动分配、存储电子货位管理、出库条码扫描或无线射频识别复核等功能。

(5) 总仓不得利用分仓仓库开展药品第三方物流业务，不得超出分仓《药品经营许可证》经营范围开展多仓协同储存配送活动，不得对疫苗及特殊药品开展多仓协同储存配送活动。

(6) 分仓购进总部开展多仓协同业务委托储存在本仓库且已验收入库的药品，可免去收货验收流程，直接在计算机系统做货主转移处理，但必须索取购销票据，保证票、账、货、款一致。

(7) 总仓委托分仓配送的，应与各分仓签订药品委托配送协议，协议内容至少包括配送药品的范围和期限、记录和数据管理、票据管理、质量管理、责任约定、重大问题报告、年度质量审计等。

(8) 因违法违规行为被吊销《药品经营许可证》的，或存在重大风险隐患影响药品质量的，总仓及分仓应当终止“多仓协同”业务。

(9) 拟开展多仓协同业务的总仓应向各省局提交相关资料(见附件4)，经审核及现场检查后符合要求的，在各省局网站公示相关信息，接受社会监督。企业对所提交资料的合法性、真实性、有效性负责。

(10) 开展多仓协同业务，总仓《药品经营许可证》应增加新仓库相关地址，按《药品经营许可证》变更仓库地址事项办理。符合规定的，在其《药品经营许可证》增加“仓库：××市××区××路××号”。终止多仓协同业务，由总仓将相关情况向各省局报备后，按《药品经营许可证》变更仓库地址事项(减少仓库相关地址)办理。

二、药品零售企业

药品零售企业，是指将购进的药品直接销售给消费者的药品经营企业，上游连接医药制造商或批发商，下游为消费者提供药品、医疗器械、保健品等医药健康产品。药品零售企业是药品消费第二大终端，其增速逐渐快于医院端销售增速。

作为与终端消费者直接接触的销售终端，药品零售企业销售品种具有严格要求。根据《关于做好处方药与非处方药分类管理实施工作的通知》相关规定，从2006年1月1日起，全国范围内的药品零售企业不得经营以下种类药品：

(1) 麻醉药品。

(2) 放射性药品。

(3) 一类精神药品。

(4) 终止妊娠药品。

(5) 蛋白同化制剂。

(6) 肽类激素(胰岛素除外)。

(7) 药品类易制毒化学品。

(8) 疫苗。

(9) 我国法律法规规定的其他药品零售企业不得经营的药品。

与此同时，药品零售企业必须凭处方销售的处方药种类为11类：

(1) 注射剂。

(2) 医疗用毒性药品。

(3) 二类精神药品。

(4) 上述九类不得经营以外的其他按兴奋剂管理的药品。

(5) 精神障碍治疗药(抗精神病、抗焦虑、抗躁狂、抗抑郁药)。

(6) 抗病毒药(逆转录酶抑制剂和蛋白酶抑制剂)。

(7) 肿瘤治疗药。

(8) 含麻醉药品的复方口服溶液和曲马多制剂。

(9) 未列入非处方药目录的抗生素。

(10) 未列入非处方药目录的激素。

(11) 国家药品监督管理局公布的其他必须凭处方销售的药品。

其他处方药暂实行药品零售企业凭处方销售或登记销售制度，即有处方凭处方销售，确无处方经药师审核登记后按规定销售。

第三节　药品招商技巧

一、药品招商定义

药品招商是指药品生产企业充分利用社会资源开拓药品市场，并向市场提供药品和服务等，把处于经营链不同环节企业各自主经营的生产商、批发商、零售商，通过构建一种稳定的谋求多赢互利的伙伴关系，得以实现优势互补、风险共担、利益共享的战略联盟，最终占领和把控终端资源，创造更大利益的活动过程。我们通常也将这种药品流通伙伴联盟关系的构建简单称为招商，其药品招商的工作主要包括通路规划、建设、运行及通路管理等系统工作。

二、药品招商的方式与方法

(一) 展会招商

展会招商是通过各种方式，将那些对拟办展览会所展示的产品有需求和感兴趣的采购商和其他观众引进展览会，邀请他们来参观的活动。传统的药品交易会有四个关键要素：

1. 会前宣传

会前宣传渠道众多，主要集中在收录各届展会医药保健品招商产品信息量多的专业医药保健品招商网站、展会会刊、展前快讯或在专业媒体上临时性投放一些广告，如《医药经济报》《中国医药报》等。会前宣传能够使药品经销商在展会开始前就充分了解招商内容，以便会中直奔主题，促进现场高交易额的达成。

2. 较好的展位

观众是展会成功举办不可或缺的重要因素，拥有一定数量和质量的观众是一个展会成功的重要标志之一。因此，好的位置，就是好的广告平台，显眼的位置和角落的位置差价巨大。

3. 富有创意的展位装修

通过参加医药行业展览会来进行医药招商，已成为众多中小医药企业的共识，一是因为医药展览会上聚集众多医药行业人士(包括医药经销商)，招商的针对性强；二是因为展会招商要比其他的医药招商手段成本更低，且进行展会招商的同时也可展示企业品牌形象。但由于受资金的限制，许多中小医药企业参展的过程非常简单，仅仅是在展会上买一个标准展位，在展位边发放一下资料，搜集一些医药经销商名片。这样的参展方式，在竞争对手林立的医药展会上通常难以获得较好的结果，缺乏策略、计划和周密的准备也是大多数中小医药企业参展的通病。因此，设计有特色的展位才是吸引参展观众"驻足"的主要因素，展位设计的好，视觉冲击力强或者有特色，很容易吸引附近的观众到企业的展位前。

4. 做好展示与信息收集

参展所需的资料要提前准备好，而且要准备充分。在展会上搜集信息极为重要，要尽可能的留下医药代理商的名片或联系方式，在来参加展会前，就要进行展位的推广宣传，提前告知潜在客户展位号。发放纪念品，也可给代理商留下充分的印象。与此同时，展会后的跟进也是至关重要的。展会时间有限，因而会后必须要进行分析，对有意向的代理商要主动出击。中小企业资金虽然有限，但如果利用得当，在医药展会上一样可以达到四两拨千斤的效果。

(二) 网络招商

网络医药招商的低成本和高效率，是制药企业开展网络招商的理由。开展网络招商需要做好网络宣传工作，而网络宣传与招商平台密切相关。随着医药行业竞争的加剧，医药招商工作难度也越来越大，如何选择医药招商网站也成了网络招商的头等大事。随着互联网大环境的发展，医药行业上网的人群在不断壮大，专业的医药招商网站也随之越大越强，必将成为医药招商渠道的中坚力量。在网上构筑诚信品牌是制药企业网上招商的基本条件，通过网络平台，企业与代理商真心交流、实在服务，建立共有的网页或网站也可以保证持续不断的访问量、顾客群，让代理商对企业建立信任，增强招商签约率。

(三) 短信群发招商

在医药行业，行业网站在积累一定资源后，会推出类似的招商短信。由于其精准度和相关性较强，这种专业领域的"精准"发送更能突出对企业和目标人群的服务性，较能被信息接收者认可。作为在医药领域有多年积淀的各家行业网站常常通过参加各种行业会议、展会、线上会员注册等途径，积累了几万条甚至几十万条经销商信息。医药网站短信招商是一种全新直投式形式，能够直达目标对象手机上，信息“一对一”传递，阅读率100%，并且可随时反复阅读。同时，发短信时间也非常灵活，可根据产品特点选择广告投放具体时间，短信接收者也是最具消费力的群体。因此，利用医药短信招商将是未来极为重要的一种招商形式。

（四）DM杂志招商

在一些国家，直邮信函(DM)就像“长翅膀的销售人员”飞向成千上万的家庭，DM广告一直被一些大品牌企业作为大众媒体的必不可少的有益补充，而一些中小企业，特别是做高端产品的中小公司多将其作为重点媒体工具。DM杂志直投在医药行业已有一定历史。其优点主要在于DM杂志发行是免费赠送的，不必花费大力气思考如何吸引顾客眼球购买；DM杂志投放目标具有较强的针对性，为企业节省了资金；DM杂志读者对象明确而且集中稳定，DM杂志形式和内容统一，阅读率高，读者就是商品信息的接受者。

（五）电话招商

电话招商是一种成本低廉的招商方式，也已经成为一些企业的选择，特别是用作筛选招商对象或进行面对面招商前的准备工作。电话招商可以在一定程度上与潜在经销商进行各方面情况的信息共享，为签订经销代理合同奠定基础。电话招商程序如下：

1. 电话了解情况

新客户的发展，必然已经过多次电话沟通，电话沟通中，应该初步了解经销商以下方面情况：

经销商基本信息，如姓名、地址、手机、传真、办公电话、邮编等；经销商性质，如股份公司还是国营单位；经销商主要纯销渠道，以临床为主、OTC为主还是批发为主，并确定其主要销售方式；经销商纯销人员人数；经销商以纯销为主还是分销为主；经销商营销区域；经销商现行操作的主要品种、操作情况、操作方式等；经销商对公司哪个目标产品有兴趣；市场反馈、经销商的以往销售经验等。

2. 电话沟通

在了解经销商基本情况后，应在电话沟通中向经销商传递以下八大基本信息：

公司基本介绍，注册资金、规模、集团情况、公司现状；目标产品情况，包括零售价格、产品卖点、产品功能、产品优势、产品功效等；公司在目标区域的销售思路，临床为主还是OTC为主；公司在目标区域的销售目标、任务、考核等；公司目标产品代理扣率；保证金政策；公司的市场保护政策；公司其他产品的基本情况介绍。

3. 客户拜访

由于现在施行的是电话远程招商。因此，拜访客户一般都是出差去集中拜访，每去一个地方，都要做出详细的拜访名单。拜访名单包括客户姓名、地址、电话、产品以及销售代表对该客户的评估情况。出发前，先电话或短信通知该区域客户销售代表到达时间，希望对方届时安排时间会面；到达后，先拜访或电话咨询已经认识的业内人士、老客户等熟悉的人员，侧面了解本次欲拜访的目标客户群公司及个人的资金、操作能力、操作方式、信誉等各方面情况，以做到知己知彼。此过程必须要做，切不可省略。

三、药品经销商和代理商

（一）选择经销商

如果将医药招商的过程比喻为一个木桶，那么对经销商的选择、培训、布局、跟进、考核、调整就是构成木桶的木板，任何一块木板的短缺都会影响整个招商工作的效果。招商的木桶能装多少水，不仅仅取决于其中的短板，更取决于各个板块之间衔接得是否紧密。

1. “适合”的经销商选择

“适合”有三层含义：一是招商企业与经销商的经营理念相一致；二是招商企业的产品特点与经销商的经营思路相吻合；三是经销商并不是越大越好。这三点如果把握不好，往往使招商企业陷入误区。常言道，道不同，不相为谋。医药招商中，医药企业与合作伙伴的“道”不同，意味着经营理念的不一致，意味着价值观的差异，在复杂的招商过程中就总有磕磕绊绊，多数会以分手而告终。选择“道”相同的经销商可以考虑以下因素：经销商的发展历史；经销商的公司结构；经销商的人员状况；经销商的公司治理情况；经销商老板的工作作风等。招商企业的产品决定了经销商选择的类型，如果是独家产品，就应该选择有学术推广能力的经销商。如果企业有能力承担临床的推广任务，就必须选择医院终端网络覆盖好的经销商；如果是普药或新普药，就必须选择有良好分销渠道的经销商。普药和新普药适合的终端不同，选择的经销商也不一样。区域内规模最大、经营最好、推广能力最强的经销商并不是应该首选，首选的应该是对招商企业产品高度重视，投入的精力和资金所占比例较大，能够热情地接受医药招商企业指导的经销商。

2. “实际”的经销商培训

对经销商的培训不能流于形式，必须以“实际”为根本，做好培训的规划，运用多种培训形式，才可以达到培训的目的。多数招商企业的做法是：在选择经销商后，由市场部人员或者销售人员就公司的产品对经销商的推广人员进行产品讲解。而很多经销商的业务人员对此的热情并不高，或听不明白，但招商企业却认为已经进行了产品培训，经销商就应该了解产品的特点并把卖点传递给客户。因此，培训对于医药招商企业来说也是一种销售，只是其销售的东西不是公司的产品，而是企业的理念、思路和政策。医药企业在进行经销商的培训时，要认真分析经销商的需求和特点。通常情况下，经销企业时间紧、工作忙、学习少，对需求的判断与把握能力相对较弱，信息相对闭塞，行业动态、知识、管理经验相对较少，因此他们对信息渴求，希望通过培训解决实际问题，把生意做大。因此，对经销商的培训应该力求内容通俗易懂，以实战为主，每次培训至少能解决经销商 1－2 个问题。

3. “实用”的经销商布局

在进行经销商的布局和渠道设计时，医药招商企业一般都会比较注重渠道的形式，譬如渠道的长度、宽度和广度的设计，二级分销体系、三级分销体系的严格划分等。在经销商布局中一定要遵循“实用”原则。在经销商布局中，招商企业总是希望经销商直销和分销能力都要强。但在实际操作中，要寻找到这样的经销商非常不易，因此需要招商企业选择其优势能力。另外，渠道重心下移是招商企业在经销商布局中较为实用的方法。

（二）选择代理商

1. 选择代理商的原则

招商企业与代理商的关系不是一般销售的买卖关系，而是合作关系。要想有良好的合作，双方就必须要“匹配”，否则，双方合作的天平就会倾斜，合作关系就不能长久维系，这对药品生产企业和代理商双方来说都是时间、精力、财力上的损失。每年一次的招标采购对以处方药产品为主的制药企业来说，能否中标将影响企业在该地区一年甚至两年的经营，时间成本巨大，因此，代理商在以下几个方面与生产企业的匹配程度就至关重要。

（1）代理商的发展理念与生产企业的发展理念相匹配。现在市场上有很多招商的医药企业，这些企业心态各异，有的企业有品牌、有生产基地、有好的品种，希望自身企业能够得到长远发展，这样的企业往往希望代理商具备长远发展的眼光，有长远的打算，因而那些只顾眼前利益、没有长远打算的代理商就与之不“匹配”了。观察代理商的理念可从代理商发展历史、公司结构、人员状况、管理现状等几个方面着手。

（2）代理商的经营思路与生产企业的产品特点相匹配。招商企业不同的产品决定了选择代理商的类型，如果是独家产品，需要学术推广，企业就必须选择有学术推广能力的代理商；如果企业有专门的学术推广人员，那么就必须选择医院终端覆盖好的代理商；如果是普药或新普药就必须选择有良好分销渠道的代理商。

（3）代理商对产品的态度和期望应相匹配。每个代理商，特别是有实力的代理商，一般都不会只代理一个企业的产品。代理产品是不是其主推的产品，招商企业是否可以长期合作，产品在当地是否有市场，市场潜力有多大、能否操作起来等等都会决定代理商会投入多大的精力、财力。

（4）销售能力“匹配”。不同的企业、不同的产品、不同的销售策略决定了对代理商销售能力的不同要求。有的需要全省总代理制，有的需要地级代理制。不同的要求决定了企业需要具有不同销售能力的代理商。

（5）资源“匹配”。药品销售比较特殊，涉及招标、物价备案、医保等事宜，需要与一些政府部门如卫健委、招标办、物价局、医保中心等建立良好的政企关系。而招商企业在短期内很难迅速建立这样的关系，需要代理商在当地有一定的相关资源。

2. 选择代理商的要素

作为采用代理制的医药企业的销售业务人员一定要有这样的观念：选择一个好的代理商等于市场开拓成功了一半。因此，选择代理商是市场开发的首要环节。代理商的选择从以下六个方面考量：

（1）资金实力。开发临床市场或 OTC 市场需要大量的资金流，且有些地区商业回款会压上三个月甚至更长时间，需要大量资金周转。

（2）销售队伍。选择的代理商应具备专业的销售队伍。需要进行学术推广的产品，如果代理商没有做学术推广的力量，就会影响厂家产品的推广进度。

（3）销售网络。代理商的销售网络主要包括终端资源情况和市场现状。临床代理商看医院资源，OTC 代理商看药店资源，物流代理商看商业资源。另外代理商现有代理品种、销量现状、市场推广活动等市场现有情况也应纳入考虑范围。

（4）政企关系。代理商如果没有良好的政企关系，在招标、钩标、处理特殊情况时，就很难给厂家以帮助和配合。

(5) 代理商的自我管理能力。应对代理商的内部运营、人员管理、市场管理情况进行考察。

(6) 对产品的信心以及合作意愿。最后,代理商对代理产品的信心很重要,如果信心不高,代理商在获得代理权后,可能在进行产品营销时缩减相关预算,特别是产品推广遇到困难时,可能进一步消减代理商对代理产品的信心,进而代理产品可能逐步被代理商所淘汰。对于生产企业而言,这样的招商无疑是失败的。

生产企业在与候选的代理商做合作沟通时,应先向代理商客观地分析合作过程和市场经营过程中可能出现的困难和问题点。同时,应向经销商明确合作中所必须承担的责任和义务。沟通完成后可根据候选代理商的反应,选择最积极主动、热切渴望合作、对代理产品最有信心的代理商。

四、招商流程

医药招商工作具体流程的作用就是为了实现低成本扩张,建立健全代理商网络,以实现资金与人力的最大化。一般来说,医药招商工作流程大致可分为以下几步:

(一) 了解招商产品、目标客户及渠道

招商首要流程需要充分了解招商产品的性质、特点,并根据产品特点选择合适的目标客户及渠道。例如招商产品是OTC药品,那么招商渠道既可以是线下(如展会)也可以是线上(如医药专业网站)等,招商也可以只针对医院的或者大型代理商。

(二) 拓展客户资源获取渠道

招商前还应积极拓展各类客户资源获取渠道,增加候选客户数量以便更精准地进行客户细分与目标客户选择。

(1) 网络平台。网络上免费的招商平台有很多,比如在环球医药网发布招商信息,等待代理商主动联系。

(2) 电话招商。电话招商的大多数资源可通过医药网络平台获取代理商信息,并从中筛选符合要求的精准代理商信息,从而通过电话去联系以促成。

(3) 现有合作客户的介绍。合作客户基本都会有自己的医药朋友圈,通过良好的维系交流,可以通过一系列的优惠手段或奖励机制使现有客户介绍新客户。

(4) 当地医药圈。可以通过QQ群、微信平台以及大型医药网络平台的代理商群加入获得。

(5) 拜访医院药剂科、药房、医生等。安排合理的时间到各大医院拜访药剂科、药房相关人员或拜访重点医生,与他们建立良好关系,请他们提供在该医院所有做临床新药的人员名单,建立客户档案;联系这类人员需要具备良好语言表达能力和社交能力。

(6) 展会获取。前已详细介绍,此处不再赘述。

(7) 报纸或招商杂志。这类报纸杂志需要选择覆盖面广、业内人士经常看的,刊登招商广告,对这类媒体的选择需要注意调查其受众人群、发行量等。

(三) 协议签订

在第一步和第二步完成后进入到流程中的第三环,即协议签订。首先需要招商经理根据区域、协议量、保证金、渠道等内容定制协议,协议签订完后再进行下一步。

（四）资料交接

代理商需要提供直接发生业务关系的公司资料。

（1）法人代表授权采购委托书（注明采购品种并且辨明有效期限）加盖法人印章和公司公章，身份证、上岗证等相关证明；

（2）法人授权提货或自提委托书；

（3）企业法人营业执照正、副本复印件；

（4）药品经营许可证副本复印件；

（5）组织机构代码证；

（6）税务登记证；

（7）开户许可证复印件和相关开票信息；

（8）原印章印模备案。

第四节　药品的终端市场流向

据不完全统计，药品流入终端市场，其中医疗终端市场销售份额约占70%，零售终端市场销售份额约占30%。

一、医疗终端流向

约占70%的药品销售流向医疗终端，其中以公立医院为主。药品销售到公立医院主要经过以下环节：

（一）药事委员会研究

医院的药事委员会是医院为完善进药制度而成立的决策小组，一般由各科室负责人组成。药品进入医院之前经药事委员会批准，是最普遍的进入医院路径。

（二）通过集采或国谈

国家或省市集采、联盟集采是当前及以后药品招标的主要形式，一般由各级医疗机构上报使用量以后，集采组织机构实施带量采购。对于已报量中标集采产品，医院必须完成约定的采购量；对于未报量中标产品，医疗机构鼓励使用带量集采中标产品；要求各级医疗机构优先采购使用国家谈判药品，严禁二次议价，从一定程度上降低了医院的准入门槛。

（三）新产品医院推广会

一是针对整个区域内所有医院的推广会的组织，一般由企业先安排药品营销人员到所要开发市场的区域，对当地的药学会、医学会、卫健委等部门进行联络，尽量邀请到这些社团、机关的相关人员，以这些部门的学术研讨名义举办“××新产品临床交流会”形式的推广会。邀请当地比较有名的专家教授、相应临床科室的主任在会上交流。时间、地点确定好后，将该区域内大中小型医院的院长、药剂科主任、采购、财务科长和相对应科室的主任、副主任以及有关专家邀请到会，进行产品学术交流，以达到产品信息推广到医院的目的。

二是针对某家具体医院的产品学术推广会，主要是企业通过对医院相关人员和部门沟通申请后，和医院联合召开产品学术推广会，向药剂科人员、临床科室人员、药事委员会成员推广介绍产品，使他们认识产品，为药品进医院奠定基础。

（四）学术会议推广产品

一般每个地方的药学会、医学会、卫健委等部门，每年均要组织多次学术会议、培训之类的活动，企业可通过这些机关部门事先了解到组织相应活动的时间、地点、内容，主动拜访，协商合作事宜，成为协办单位。企业在会上可请一位或几位专家教授对产品进行学术推广，让部分医院了解产品信息。

（五）经销（代理）单位协助

生产企业和医院的业务往来，往往没有医药经销（代理）单位与医院的时间久远。医药经销（代理）单位由于是某些医院的长期供货单位，业务多，环节畅通，通过他们拜访医院，往往少走很多弯路，产品能比较顺利进入医院。

（六）医院临床科室主任推荐

在做医院市场开发工作时，若感到各环节比较困难，可先通过专业学术拜访临床科室主任，由他们认可并接受企业产品后再主动向其他部门推荐。

（七）知名的专家、教授推荐

在医院拜访的过程中，也可先沟通支持型专家、教授，让他们接受产品、接受营销人员、接受企业，进而向其他部门推荐。

（八）医学会、药学会推荐

每个地方的医学会、药学会均与当地的医院有着广泛的联系，可先进行拜访，然后由他们将企业的产品推荐给医院。

（九）试销进入

先将产品放到医院下属药店或专家专科门诊部试销，从而逐步渗透，最终得以进入。

二、零售药店终端流向

约占30%的药品销售流向零售药店，零售药店终端市场有零售连锁、单体药店，新产品通常以铺货的方式占领零售销售市场。

（一）铺货的定义

铺货又称铺市，是在有限的时间内根据公司要求，将医药产品销入药店，摆上货架的商业行为。由于药店的主营产品为非处方药品（OTC），因此进行铺货工作的人员多称为OTC代表。做好OTC市场的终端铺货是目前市场发展的必然要求，在这种情况下，药品生产企业及经营企业应当相互配合，共同做好终端铺货工作。

（二）铺货的必要性

铺货有利于医药产品快速上市，有利于建立稳定的销售网点，也有利于促成"一点带动一线，一线带动一面"的联动局面。新产品上市时，无论如何做广告宣传造势都必须保证一点，就是客户看到广告后可以顺利地买到新产品，否则所有的市场营销活动都会变成打水漂。所谓的铺货，就是让各个销售渠道或者销售终端都有货卖，至于是代理、赊销还是进销的具体方式，则根据各个公司的销售政策而定。

（三）药店铺货的方式

（1）拜访直铺：OTC代表对药店进行直接拜访，或跟随连锁公司总部人员前往拜访，向店长说明销售政策，将上市产品铺进零售点。

（2）订货会：通过邀请药店经理、采购人员集中开会来达到使其认识产品、了解政策、接受铺货的目的。

（四）铺货的作用

（1）抢滩登陆作用，通过陈列使消费者看得见产品，这是实现销售的前提。

（2）铺货是开展广告运动的前提。

（3）铺货可以掌握零售网络。

（4）铺货使零售场所将有限的资金与货柜空间用于购买和摆放本公司的产品，同时也会降低对手的进货。

（5）铺货可以以统一价格将药品销售给限定的区域，由于OTC代表的监督与管理，对控价起到了辅助作用。

（五）铺货的步骤

1. 进行市场调研

建立翔实的药店档案资料是开展药店营销的基础。

调研内容应包括：

（1）药店的详细地址、邮编、电话号码。

（2）药店的性质：国有、集体、个体、股份合作制，还是其他形式。

（3）药店的主要负责人、主要目标营业员、坐堂医生的姓名、联络方法等。

（4）药店的进货渠道、付款方式以及资信情况。

（5）药店的经营规模，店堂营业面积、经营品种；是否连锁经营，生意状况如何，以及与本企业有关联的同类品种的各种情况。

（6）观察店堂内能否开展促销活动，哪一种促销活动形式最为适宜。

（7）了解店堂内有何终端促销用品，何种终端促销用品效果最好，药店对终端促销用品有何建议。

对以上七个方面的调查数据详细分析：整理、归档，并对药店进行级别评定，可分为A、B、C三个等级，A级为当地有名的大药店和连锁药店；B级为规模相对较小，但生意较好的药店，及人口流动大的区域的中等药店；C级为那些生活区和郊区便民小药店、小诊所等。

2. 建立机构，划分区域并制订方案

（1）建立一套与药店零售相对应的机构；进行细致的分工和职能划分，有效地实施营销全方位、全过程的科学管理。

（2）根据调查的市场数据，对市场进行科学的区域划分，定员、定岗、定职责。

（3）制定一套详细的铺货方案，包括详细的人员管理办法及较系统的数据库表格等。

3. 提高铺货率途径

（1）根据调查资料制定合理的铺货线路，有利于节约时间，提高铺货效率。

（2）A、B、C三类药店可同时铺货，但对于A、B类店，应争取较高比率的铺货。

（3）正确使用铺货形式，包括商业推广会形式、自然流通形式、人员拜访形式等，这些形

式可单独使用，也可以综合使用。

(4) 铺货数量第一次不宜过大，待了解店铺月销售量情况后，再制定详细的铺货量；对于现金交易，可以适当加大铺货量，亦不能过大。

(5) 铺货地理位置选择，可以先从医疗机构附近、人流量大区域店铺开始，尤其对于在医疗机构销售较好的药品，会起到医院带动药店零售的效果。

(6) 铺货时可多品种一起推广，只要客户愿意接受，但一定要控制数量。可以介绍医院和其他药店的销售情况，以增强药店经营者的信心。

(7) 完成一次铺货后一定要按药店、品名、日期等信息详细地填写铺货记录，注明药店当日值班人员，并请负责人或者值班人员签收。

(8) OTC代表应明白，铺货不是目的，销售才是关键，在铺货中不要急躁。同时，对待药店所有人员始终要充满友善、热情、微笑，要树立为客户考虑的理念。

4. 加强药店的宣传布置，创造更多的销售机会

(1) 铺货和拜访时，应加强产品的理货工作。产品本身就是最好的广告，因此要争取最佳的陈列位置。在具体操作中，铺货产品尽量与同类产品集中摆放，扩大产品的陈列面，且使产品处于最佳视觉位置，或者使用公司统一的陈列架陈列。知名品牌的药品品种较多时，可设立专柜销售。

(2) 根据不同类型的药店制定不同的宣传布置方案，但必须遵循以下原则：① 广告宣传用品要争取使进店消费者第一眼看到；② 广告宣传用品的粘贴、摆放要规范，要产生美感；③ 宣传布置要独特，有个性，宁缺毋滥；④ 要与商店协商好，争取支持；⑤ 注意不要违反当地环保法规。

5. 加强信息反馈工作，为营销决策服务

(1) 注意收集各类信息，如人员变更、店址变更、进货渠道的变更，以及经营状况、竞争对手相关情况、自己产品销售情况及其他相关情况。

(2) 坚持有目的、有准备地收集信息，并进行分析总结归纳。

(3) 加强信息的双向交流，并保持畅通。保证铺货终端的信息及时传至企业，企业的政策、方案及时传回铺货终端。

(六) 提高铺货率的方法

1. 做好拜访，加强人际关系

拜访的对象主要是经理、柜长、营业员、店主、坐堂医生等。拜访慰问的好处众多，如能顺利地实现铺货和回款；有利于争取好的陈列位置和宣传位置；营业员和柜长会成为企业的业余推广人员，促进产品的销售；可以有效防止产品断货和脱销情况发生；便于及时掌握市场动态，尤其是竞争对手的情况，做到知己知彼，时刻掌握主动权。

在拜访中始终要保持自信、友善、热情的精神面貌，且应主动帮助药店解决问题，如换货及其他有关问题等。要合理制定拜访线路和拜访频率，注意维持老客户，开拓新客户，只有这样，才能保证销售业绩稳步增长。

2. 合理使用各种促销手段，提高产品知名度

(1) 电视专题片。主要在人流量大的A、B类药店中开展，可利用星期六、星期日进行，也可以在电视中播放。电视专题片要制作精美，具有科学性，切忌浮夸。

(2) 报纸广告与宣传册。由于目前报纸广告过多过滥，在操作中应慎重使用。而印刷

一些具有科学性、可读性、针对性的宣传小册子，如食品行业中《亨氏婴儿喂养指南》等，则更容易获得消费者的好感。

（3）广播媒体。当前广播媒体的受众人群特点鲜明，因此，根据产品特点选择广播时间，可进一步降低成本。

（4）车体（车贴）广告。可通过买断主要线路的公交车进行宣传。

（5）义诊与展示活动。可利用节假日在人流量大的临街、广场或大医院、大药店附近进行义诊与展示活动。具体操作如下：① 邀请相关医生，最好为当地名医；② 争取工商、城管、环卫等相关职能部门配合；③ 邀请当地新闻机构参与；④ 印刷相关资料进行宣传，告诉消费者药品功能、特点及购买渠道等；⑤ 当场进行义诊，赠送纪念品。

（6）路牌、灯箱广告。路牌请专业广告公司制作，主要地点在医院人流量大的地方。灯箱可由公司统一制作，挂于药店或医院附近。

3. 加强跟踪，树立铺货到底观念

跟踪、跟踪、再跟踪。尤其是在产品进入门店的一个月内，一遍又一遍跟踪所有的门店和所有以上列出的可能导致铺货不到位的环节。尤其是逐一拿着产品样品说服店长尽快做进货计划。积极与店长及相关人员沟通，制定促销政策时应配合店铺宣传策略，提高门店进货信心。随时随地检查铺货是否到位，是否断货，以及铺货没有到位的原因。建立关于铺货的定期检查和监察制度，保证对铺货工作的重视度。

4. 分清门店性质，调研门店竞争状况

对于连锁药店，可以通过在总公司举办订货会或培训，把产品铺下去。有针对性地说服不同类型的门店，制定针对不同经营性质门店的独特卖点（Unique Selling point，USP），即药店必须进货经销的独特理由。

商务部出台“十四五”时期促进药品流通行业高质量发展的指导意见

2021 年 10 月 28 日，商务部公布《关于“十四五”时期促进药品流通行业高质量发展的指导意见》（以下简称《意见》）。《意见》提出了总体目标，到 2025 年，培育形成 1—3 家超五千亿元、5—10 家超千亿元的大型数字化、综合性药品流通企业，5—10 家超五百亿元的专业化、多元化药品零售连锁企业，100 家左右智能化、特色化、平台化的药品供应链服务企业；药品批发百强企业年销售额占药品批发市场总额 98%以上；药品零售百强企业年销售额占药品零售市场总额 65%以上；药品零售连锁率接近 70%。

《意见》明确了完善城乡药品流通功能、着力提升药品流通能级、稳步发展数字化药品流通等 6 项重点任务，提出加强组织领导、加大政策指导、发挥协会作用 3 项保障措施。

在完善城乡药品流通功能方面，《意见》提出要优化行业布局，加快建立布局合理、技术先进、便捷高效、绿色环保、安全有序的现代医药物流服务体系；加快农村药品流通网络建设，逐步完善县乡村三级药品配送体系；提高城市药品流通服务能力，支持大中型药品批发企业结合城市医疗资源调整和分级诊疗体系建设，鼓励零售企业特色化发展。

在着力提升药品流通能级方面，《意见》提出要发展现代医药物流，推进区域一体化物流的协调发展，鼓励第三方医药物流发展，推动建设一批标准化、集约化、规模化和产品信息可追溯的现代中药材物流基地;发展现代绿色智慧供应链,构建技术领先、便捷高效、安全有序的现代智慧药品供应链服务体系。

在稳步发展数字化药品流通方面,《意见》提出要推进“互联网+药品流通”,加快5G网络、大数据等技术应用,优化药品流通传统模式,推动行业进行数字化改造与升级;发展新业态新模式,支持药品流通企业与电子商务平台融合发展,发展智慧供应链、智慧物流、智慧药房等新形态,推广“网订店取”“网订店送”等零售新模式,引导线上线下规范发展。

此外,《意见》还在持续优化流通行业结构方面,提出培育壮大流通主体;在促进对外交流合作方面,提出积极开展国际交流与合作、大力发展中医药对外贸易;在夯实行业发展基础方面,提出推进流通标准化建设、强化经营管理能力、加强人才队伍建设、健全统计服务体系。

资料来源: http://finance.sina.com.cn/jjxw/2021-10-29/doc-iktzqtyu4299939.shtml.

讨论:

1. “十四五”期间药品流通将在哪些方面进行发展?
2. “互联网+药品流通”时代,互联网技术可从哪些方面与药品流通相结合?

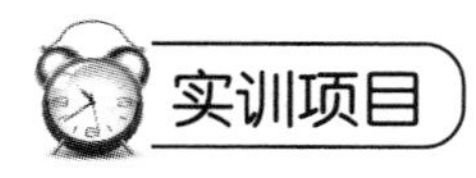

OTC代表药店拜访

实训内容:X产品刚刚进入安徽省的各家OTC药店。假如你是该公司的一名销售代表,和其他几名销售代表一同被分派到了合肥市,协助该市分销商做渠道终端的促销工作,负责Y药店,你决定从拜访药店开始做起。

背景资料:Y药店位于合肥市市中心,客流量大,员工10人,年龄在21～27岁。药店每天早晨7:40开早例会,8:00开始营业。该店经理是位中年女士,姓刘,37岁,精明强干,要求严格。

一、实训任务:

制定一份药店拜访计划表格。

二、实训要求:

1. 明确拜访店铺名称、区域、拜访目的。
2. 明确拜访时间。
3. 客户、竞争对手的基本资料。
4. 观察店铺情况。
5. 本次拟解决的问题,如何解决?
6. 拜访过程设计。
7. 小结或者备注。

1. 药品流通的定义是什么?
2. 药品流通模式有哪些?
3. 在药品流通招商中,生产企业应注意哪些问题?
4. 药品流通企业具备哪些功能?
5. 在药店铺货时,OTC代表应做好哪些准备工作?

附件1：

××省药品现代物流标准设置指导意见

一、为促进××省药品现代物流发展，提升药品经营企业规模化、集约化、规范化、数字化水平，推动高效专业的药品现代物流体系形成，确保药品供应保障和流通环节药品质量，根据《中华人民共和国药品管理法》、《中华人民共和国疫苗管理法》、《药品经营质量管理规范》(以下简称GSP)，修订《××省药品现代物流标准设置指导意见》。

二、××省新开办的药品批发企业、开展药品第三方物流以及多仓协同业务等药品流通质量管理活动的药品批发企业，应当符合本意见要求。

三、企业应设置专门负责药品物流管理的机构及必要的物流管理和计算机管理人员。计算机和物流管理专业人员各2名以上。计算机管理人员应具备计算机专业大学本科(含)以上学历或计算机专业中级以上技术职称，物流管理人员应具备物流相关专业大学专科(含)以上学历或物流管理专业中级以上技术职称。以上人员应具有两年以上相关工作经验。

四、企业仓储应当能满足物流规模和作业流程的需要，按照需要设置符合药品质量管理和物流操作的功能区域。具体要求如下：

(一) 企业要有与药品物流规模相适应的储存条件，新开办及开展多仓协同业务的药品批发企业，仓库储存区整体建筑面积不少于10000平方米或容积不少于50000立方米；开展药品第三方物流业务的药品批发企业，仓储面积不少于15000平方米或容积不少于75000立方米。其中整件储存区应当设有自动化仓库，容积不得少于25000立方米。专营生物制品的，其仓库储存区整体建筑面积不少于3000平方米或容积不少于10000立方米。

(二) 库中常温库以外的温控库面积应当达到50%以上。开展冷链药品物流业务的，独立冷库数量不少于2个、总容积不少于1000立方米。储存冷冻药品或储存温度有特殊要求的，还需配备与经营品种和规模相适应的仓库和相应设施设备。具有疫苗配送业务的企业应当符合《疫苗管理法》的相关要求。

(三) 配备符合GSP要求的、与药品现代物流服务范围及规模相适应的托盘货位和自动化存储作业设备(系统)。自动化存储作业面积(容积)或工作量应占总建筑面积(容积)或工作量的50%以上。

(四) 具有能覆盖储存、拣选、集货配送、作业控制等功能区域，与分拣量相匹配的药品自动输送设备，配备与业务模式和业务规模相适应的零货及整箱拣选、自动输送、在线扫描复核、自动分拣等设施设备，出库零拣复核滑道、出库分拣机滑道，实现作业自动化。

(五) 拣选作业区内开展拆零拣选作业的，应当选用识别管理设备实现药品入库验收、上架、分拣、养护、出库复核、药品运输、配送等作业管理。配备与药品现代物流规模相适应的识别码编制、打印扫描设备、无线射频终端、“可识别”标签辅助拣货系统等设备。设置零货储存区的，应当配置与物流规模相适应的货架、货位，货位间必须有效隔离。

(六) 供电用双电路或配备相匹配的备用发电机组。备用发电机组功率应当至少能保障药品仓储作业区域的照明、冷库设备、温湿度监控设备、计算机服务器数据中心及控制室(区)正常运行，并能自动实现供电切换。

五、企业应当建立具备仓储管理、运输管理、温湿度监测等功能的信息管理系统以及信息追溯系统，通过信息化手段实现数据共享、信息互通。具体要求如下：

(一) 仓储管理系统应当与业务管理信息系统的数据进行实时对接，能够真实、完整、准确地记录和有效监控物流作业及质量管理的全过程，并具备药品物流业务订单处理、数据分析以及全程查询、追溯功能。

（二）运输管理系统应当具备对运输药品的品种、数量、批号、工具、人员、发货时间、到货时间、签收，以及冷链药品温度等进行全程跟踪、记录、调度的功能。

（三）温湿度监测系统应当对药品所有仓库温度、湿度，以及冷藏车温度实时监测及记录。

（四）信息追溯系统应当保证经营过程中数据的真实、准确、完整、可追溯，按要求实现对药品最小包装单位可追溯、可核查。

六、运输车辆及设备。

（一）自有密闭式运输车辆不少于10辆并具有统一的车辆外观标识。具有生物制品、疫苗配送业务的药品批发企业还应配备冷藏车不少于2辆，并配备有一定数量的车载冷藏或冷冻设备。

（二）运输麻醉药品、精神药品、药品类易制毒化学品等特殊管理药品的车辆应配置卫星定位系统，实现对车辆运输过程的监控。

（三）冷藏车应配备温度自动监测和控制系统，保证药品在运输途中符合规定的温度控制要求。

七、应具有与药品现代物流相适应的计算机网络设施设备。

（一）应拥有自有服务器，并拥有独立存放服务器的机房，人员有独立办公场所。

（二）应建有独立的计算机系统中央控制室，能实现对仓库温湿度监控、冷库及其他仓储作业区视频监控、冷藏车温度监控、设备控制以及异常状况报警功能。

（三）计算机管理系统有固定接入互联网的方式和可靠的信息安全平台；企业网络出口带宽应与业务规模相适应。

（四）计算机信息系统应具备系统持续性运行能力和数据完整性能力，可以有效规避因单一服务器系统异常导致的服务中止和数据不完整性，实现持续提供服务。

（五）数据按日备份，采用安全、可靠的方式（异地服务器或云储存等）存储和追溯管理。数据记录应当至少保存5年。

八、企业应制定与药品现代物流操作相适应的质量管理体系文件。其内容至少包括：

（一）药品现代物流装备管理与使用规定以及配送管理制度。

（二）保存不少于5年的药品质量管理记录。包括：药品收货和验收、药品退回、仓库温湿度、药品养护检查、药品出库复核、药品送货、销售退回药品验收、不合格药品控制和销毁、存在质量安全隐患药品的处理等记录。

（三）计算机管理信息系统（ERP）系统与仓储管理信息系统（WMS）管理与使用规定。

（四）车载温度自动监测与控制系统和设备管理与使用规定。

（五）突发事件应急处理规定。

（六）与《药品经营质量管理规范》要求相适应的其他管理规定。

本意见自印发之日起试行，试行期为2年。国家药品监督管理局如在改革完善药品流通监管方面出台新的政策规定，从其规定。本意见内容与省局已有相关文件不一致的，按本意见执行。

附件2：

开展药品第三方物流业务需提交的相关资料

1. 开展药品第三方物流业务的相关企业资质复印件及报备申请（报备申请中应涵盖开展药品第三方物流业务可行性材料）；

2. 关键岗位人员设置情况（包括药品质量管理、验收、养护，物流管理，计算机管理等人员的职称/学历及简历）；

3. 仓储运输设施设备配置情况(包括仓库平面图、仓库产权证明或租赁合同、仓储设施设备、运输及信息化管理系统等);

4. 企业对提交的全部资料真实性的自我保证声明。

附件3:

开展委托储存配送药品需提交的相关资料

1. 委托、被委托双方药品生产经营资质证明文件(药品生产、经营许可证、营业执照、与储存配送品种相一致的GMP、GSP证书);

2. 委托双方签订的有效药品委托储存配送协议,内容至少包括委托储存配送药品的范围和期限、记录和数据管理、票据管理、质量管理、责任约定、重大问题报告、年度质量审计等;

3. 委托方对受托方的审计报告(明确受托方在执行GSP管理和质量保障能力、安全运输能力、风险管理能力、履行协议等情况进行全面质量定期审计的具体措施和评估结论);

4. 配置的电子数据交换信息平台功能说明材料;

5. 委托药品储存配送所使用的出库(配送)单式样(注明委托单位名称);

6. 企业对提交的全部资料真实性的自我保证声明。

附件4:

开展药品多仓协同业务需提交的相关资料

1. 开展多仓协同储存配送药品的相关企业资质复印件及报备申请(报备申请中应涵盖多仓协同运行可行性材料);

2. 总仓及各分仓关键岗位人员设置情况(包括药品质量管理、验收、养护,物流管理,计算机管理等人员的职称/学历及简历);

3. 总仓及各分仓主要仓储运输设施设备配置情况(包括相关企业仓库平面图、仓库产权证明或租赁合同、仓储设施设备、运输及信息化管理系统等);

4. 开展多仓协同储存配送药品相关企业签订的有效药品委托储存配送协议,内容至少包括多仓储存配送药品的范围和期限、记录和数据管理、票据管理、质量管理、责任约定、重大问题报告、年度质量审计等;

5. 总仓对分仓的审计报告(明确分仓在执行GSP管理和质量保障能力、安全运输能力、风险管理能力、履行协议等情况进行全面质量定期审计的具体措施和评估结论);

6. 企业对提交的全部资料真实性的自我保证声明。

第五章　零售药店终端市场分析与营销技巧

学习要点

通过本章学习，掌握零售药店的定义和分类；掌握零售药店营销技巧；熟悉药店客户关系管理相关知识；了解零售药店人员组织结构。

课程思政

通过本章学习，使同学们建立药品零售是实现药品为消费者服务的中心环节，药品经营者在市场交易中应遵循自愿、平等、公平、诚实信用的原则。并由此了解到零售药店工作人员应做到：

(1) 诚实守信，确保在销售药品时，不夸大药效，不虚高定价，不做虚假广告，实事求是地介绍药品的不良反应。

(2) 依法促销，诚信推广药品，促销应符合国家的政策、法律和道德规范。所有药品的促销口号必须真实合法、准确可信。促销宣传资料应有科学依据，经得起检验，没有误导或不实语言，也不会导致药品的不正确使用。为医师药师提供科学资料，不能以物质利益促销。药品广告中不得含有不科学的表示功效的断言或者保证用词，不得含有其他不恰当的语言、名义和形象。

引导案例

集采改变医药销售格局，流通企业重视零售，药店加快开店

2020年，九州通医药集团股份有限公司（以下简称“九州通”）成立了“万店联盟”事业部，计划打造一个中小型连锁药店和单体药店的联盟，在全国范围内以3公里为区域进行布局，力争在3年内新增3万家药店。九州通兜兜转转，从零售渠道起步转攻大医院，现在又杀回了零售市场。同年，老百姓大药房董事长谢子龙向外界宣布：今年前3个月新增门店793家，未来2年老百姓大药房仍将保持快速开店的节奏。一心堂、大参林、益丰等众多医药零售巨头都在加紧扩充门店数量，以争夺院外市场。随着“双通道”政策的推行，覆盖更广阔的网点成为线下药店的最大优势。谢子龙认为，药品集采对于零售行业更多的是利好，“未进入集采的药企会更倾向于选择与药店展开合作，这会给零售药店带来更多的毛利率”。

2021年4月23日，国家医保局价格招采司召开医药配送企业座谈会。医保局副局长陈金甫在会上强调，要发挥配送企业在医药供应保障中的综合功能，优化资源组合，及时研究解决改革中遇到的问题，完善政策措施，强化改革系统集成，共同将药品和医用耗材集中带量采购改革引向深入。

1. 流通龙头抢占零售市场

面对日渐扩容的市场，各家零售龙头也都加紧市场布局。九州通的“万店联盟”项目自2020年启动以来，通过品牌授权的加盟模式，批零一体化及线上线下相结合，截至2021年4月25日，已签约加盟药店1123家。而九州通的计划是，到2021年底力争签够5000家加盟药店。据不完全统计，2019年国大药房DTP药房的门店数量就已达到306家，而华润集团旗下“医保全新”的DTP药房陆续布局150家。

2. 1/3药店面临淘汰

就在大批流通企业布局零售市场之际，各大连锁药店也要守住原有的市场份额。根据《2019年度药品监管统计年报》显示，截至2019年底，全国共有《药品经营许可证》持证企业54.4万家，其中零售连锁企业6701家，零售连锁企业门店29.0万家；零售药店23.4万家。截至目前，中国医药零售行业仍呈现“多、小、散、乱”的特征，随着两票制、集中采购等政策实施，加剧市场激烈竞争，零售药店通过并购不断提升市场占有率。2021年7月，国大药房以18.6亿元全资收购拥有1507家药店的成大方圆。同月，美尔雅以2.3亿元全资收购了甘肃众友的子公司青海众友，从而以50.13%的股份控股拥有超3000家药店的甘肃众友。药品零售市场借助资本的力量，已进入“跑马圈地”的时代。这一切市场红利的背后，是药品集采政策的持续推进。近年来，药品集采、合理控费、零加成等政策实施，导致公立医院市场已处于负增长，大批药企都在寻找院外市场的利润增长点。而零售药店则成为市场的“香饽饽”。

按照医改设计初衷，在流通领域重塑的过程中，大批没有规模效应的零售药店将被淘汰，现有的50多万家药店将有1/3消失。可以预见，不久的将来，中国药品零售领域，乃至整个行业都将真正进入颠覆期。

资料来源：https://www.thepaper.cn/newsDetail_forward_12782933.

第一节　零售药店的分类

零售药店归属于药品零售企业，零售连锁药店、单体药店、网上药店统称零售药店。前文介绍的零售药店调研内容中根据传统和规范方法对零售药店进行分类，本节主要按药店分类分级政策、销售模式、经营模式、药店功能四种方法对零售药店进行分类。

一、按药店分类分级政策分类

2018年11月底商务部发布《全国零售药店分类分级管理指导意见(征求意见稿)》，明确了全国药店分类分级实施细则及推进时间轴。三类零售药店分别经营不同的药品，在药店分类基础上按经营服务能力等，对二类、三类药店再分为A、AA、AAA三个级别进行分级管理(一类药店不分级)，高评级的药店将享受到更多的政策支持，如与医疗机构的对接、承接医院门诊处方外配等服务，优先与医保部门签约医保服务协议，优先提供门诊特殊病、门诊慢性病用药的医保AA费用结算服务等。具体分类分级标准如表5-1、表5-2所示。

表 5-1　全国药店分类标准

分类	一类	二类	三类
经营范围	乙类非处方药	非处方药、处方药(不包括禁止类、限制类药品)、中药饮片	非处方药、处方药(不包括禁止类药品)、中药饮片
人员配备标准	至少 1 名药师及以上职称的药学技术人员	至少 1 名执业药师(经营范围包括“中药饮片”的还应配备至少 1 名执业中药师)和 1 名药师及以上职称的药学技术人员	至少 2 名执业药师(经营范围包括"中药饮片"的还应配备至少 1 名执业中药师)和 2 名药师及以上职称的药学技术人员
配套政策	1. 商务、卫生行政部门鼓励高评级药店做好与医疗机构的对接,提供承接医院门诊处方外配等服务;2. 医保管理部门优先选择高评级药店签订医保服务协议,纳入定点药店范围;3. 鼓励高评级药店提供门诊特殊病、门诊慢性病用药的医保费用结算服务		
执行推进	已开展此项工作的地区要根据指导意见确定的原则和要求,实施完善现有管理办法及制度;尚未开展此项工作的可在深入调研的基础上,先行选择条件成熟的区域开展试点,待取得成功经验后再稳步推进		

资料来源:商务部,中康产业资本研究中心。

表 5-2　全国药店分级标准

分级标准	A	AA	AAA
	1. 具备基本的药品供应保障能力;2. 近 1 年内未发生严重失信行为;3. 具备正常营业时间不间断服务能力,提供科普宣传和基本便民服务	1. 具备较强的药品供应保障能力;2. 近 2 年内未发生严重失信行为;3. 具备 24 小时服务能力,经常提供科普宣传和日常便民服务	1. 具备很强的药品供应保障能力;2. 近 3 年内未发生严重失信行为;3. 持续提供科普宣传、24 小时供药和咨询便民服务

资料来源:商务部,中康产业资本研究中心。

二、按销售模式分类

按药品的销售模式来分,零售药店可分为线上药店与线下实体药店。实体药店的零售模式较为单一,主要是从上游医药生产企业处获得药品,在药房中进行售卖,其盈利模式普遍以销售药品获得差价为主。线下的药品零售需要争夺的是客流量,客流量大的药店往往盈利较多。线上药店主要为 B2C 和 O2O 模式。以 B2C 为主的线上门店,服务半径可以拓展到全国。B2C 模式下,可以实现全国范围的线上线下流量再分配,一部分产品购买需求转到线上,具有线上门店运营能力的医药零售企业在流量获取上具有优势。B2C 模式具有数字化、智能化、体验化的优势,并且致力于做到提高生产运输效率的同时满足消费者的消费体验与诉求。而以 O2O 为主的线上门店,服务半径可以拓展至对应线下实体的同城配送范围。O2O 模式可以服务传统线下客户以及线上客户,进行当地线下实体流量再分配,按照顾客不同购物方式偏好实行差异化定向营销,具有全国或属地化品牌优势。消费者可通过药店合作配送平台等自主选择产品和药店,医药零售企业有望向平台型发展模式转型。O2O 模式的全渠道经营,能让线上线下结合发挥整体优势,提高顾客满意度,提高市场占有率。

三、按经营模式分类

传统零售药店行业的经营模式主要分为单体药店和零售连锁药店两大类，其中零售连锁药店凭借统一的管理方式、可复制化的经营模式、高效的运营效率，成为目前零售药店行业较为先进的经营模式。零售连锁药店通常分为两种形式：直营连锁和加盟连锁。

(1) 直营连锁是指零售连锁药店的门店均由总部全资或控股开设，在总部的直接领导下实现统一采购、统一配送、统一标识等“六统一”的经营模式。直营连锁模式可以确保对每一家门店的直接控制，有利于品牌的建立，具有很高的可复制性，能够实现营销网络的快速扩张和门店运营的标准化，利用统一管理、分散销售的特点，实现规模效益。

(2) 加盟连锁是指特许经营者将自己所拥有的商标、商号、商品和经营模式等以加盟合同的形式授予加盟商使用，加盟商按合同规定在特许经营者统一的业务模式下从事经营活动，并向特许者支付相应费用的模式。加盟连锁模式下，门店拓展速度较快，但总部和加盟店之间的管理关系较为松散。

四、按药店功能分类

按药店销售的功能分类，零售药店可分为传统药店和新型药店。相较于传统药店，近年来根据药品消费者日益变化的需求，一些新型业态的药店初见雏形。其中，以 DTP 药房、未来药店和区域中心智慧药房最为突出。

DTP/DTC 是 Direct-to-Patient/Direct-to-Customer 的缩写，即直达患者的药品营销模式。患者在医院开取处方后，药房根据处方按患者或家属指定的时间和地点送药上门，并且关心和追踪患者的用药进展，提供用药咨询等专业服务。DTP 药房也被称为高值新特药直送平台。

未来药店是近年来日益兴起的新型药品零售业态，依托电子支付平台的大量科技以及信用体系，用户可以享受刷脸自助支付、远程健康咨询、名医预约、信用免押金租赁、电子社保卡支付、24 小时自助售药等服务。

区域中心智慧药房是基于互联网医药电商发展而来的，在一个城市或者一个区域设立一个药房作为线下据点，通过线上线下的融合及互联网技术，解决当前很多实体药房不能解决的问题。例如，没有线上能力的连锁药店想要让消费者便捷购药，就只能通过密集布店的方式，而区域中心智慧药房，一家门店就有能力服务一个城市，在降低经营成本的同时，消费者也得到实惠。

与此同时，新型药店也将具备例如药物治疗管理（Medication Therapy Management，MTM）的新功能，即由具有专业药学知识的药师，全程为患者提供用药指导等相关服务，从而提高消费者的依从性，减少并避免不合理用药和不良反应的发生，最终使消费者的临床效果达到最优化。

第二节　零售药店的组织机构

零售药店工作人员作为药品流通的最后一环节，在保证经营服务质量的同时，应将药品质量的保证与把关放在首位。根据《药品经营质量管理规范》要求，企业从事药品经营和质量管理工作的人员，应当符合有关法律法规及本规范规定的资格要求，不得有相关法律法规禁止从业的情形。零售药店的组织机构应与药品质量保证相挂钩，同时制定有关业务和管理岗位的质量责任，把质量管理各个方面的任务和要求具体落实到每个岗位，以明确各级人员在药品经营过程中的职责和责任，从而保证各岗位之间有机衔接(图 5-1)。

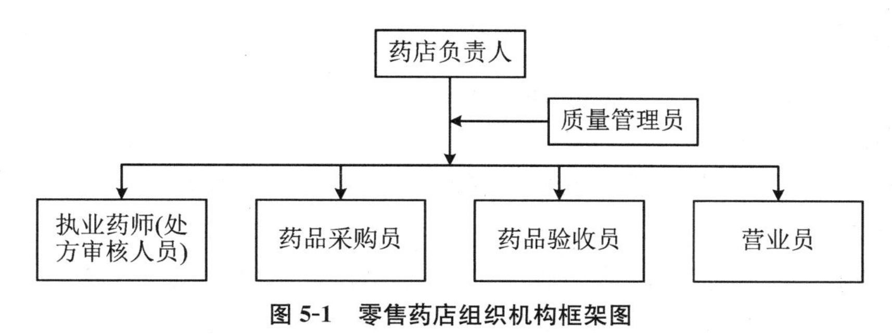

图 5-1　零售药店组织机构框架图

一、药店负责人岗位职责

1. 目的

规范企业负责人的经营行为，保证企业质量体系的建立和完善，确保所经营的药品的质量符合法定的标准。

2. 依据

《中华人民共和国药品管理法》《药品经营质量管理规范》等有关法律法规。

3. 工作内容

(1) 组织本企业的员工认真学习和贯彻执行《中华人民共和国药品管理法》《药品经营质量管理规范》等有关法律法规，在“质量第一”的思想指导下进行经营管理，确保企业所有的药品经营活动符合国家法律法规的要求。

(2) 合理设置并领导质量管理员，支持并保证其独立、客观地行使职权，在经营与奖惩中落实质量否决权。

(3) 积极支持质量管理员工作，经常指导和监督员工，严格按 GSP 要求来规范药品经营行为，严格企业各项质量管理制度、岗位职责、工作程序规范、记录表格的执行和落实。

(4) 定期对企业的质量工作进行检查和总结，听取质量管理员对企业质量管理的情况汇报，对存在的问题采取有效措施改进。

(5) 指导质量管理员、营业员及其他各岗位人员。依据各岗位人员的报告和管理记录，确认是否正确进行了相应的管理。

(6) 组织有关人员定期对药品进行检查，做到账、货、物相符，质量完好，防止药品的过期失效和变质，以及差错事故的发生。

(7) 创造必要的物质、技术条件，使经营环境、储存条件达到药品的质量要求。

(8) 做好人员工作职责及班次的组织安排。

(9) 人员关系的维护和协调；增进团结，提高企业员工的凝聚力。

(10) 重视顾客意见和投诉处理，主持重大质量事故的处理和重大质量问题的解决和质量工作的改进工作。

(11) 努力学习药品经营的有关知识，不断收集新信息，提高自身及企业的经营管理水平，重视员工素质的训练与培养。

(12) 熟悉药品管理法规、经营业务和所经营药品的知识。

二、质量管理员岗位职责

1. 目的

规范企业的质量管理工作，保证药品质量。

2. 依据

《中华人民共和国药品管理法》《药品经营质量管理规范》等有关法律法规。

3. 工作内容

(1) 贯彻执行国家有关药品质量管理的法律法规和政策，积极推行 GSP 在企业的施行。

(2) 负责起草企业药品质量管理制度，并指导、督促质量管理制度的执行。

(3) 负责建立企业所经营药品并包含质量标准等内容的质量档案。

(4) 负责对供货单位及其销售人员资格证明以及所采购药品的合法性审核。

(5) 负责药品质量的查询和药品质量事故或质量投诉的调查、处理及报告。

(6) 协助开展对企业职工药品质量管理知识的继续教育或培训和企业内部其他的继续教育或培训。

(7) 负责质量不合格药品、假劣药品、药品不良反应的审核，对不合格药品提出处理意见并对处理过程实施监督。

(8) 负责药品验收的管理，负责指导和监督药品采购、储存、陈列、销售等环节中的质量工作。

(9) 负责计算机系统操作权限的审核、控制及质量管理基础数据的维护。

(10) 负责组织计量器具的校准及检定工作。

(11) 指导并监督药学服务工作。

三、处方审核人员岗位职责

1. 目的

规范处方审核人员的行为，保证处方药销售的合法性。

2. 依据

《中华人民共和国药品管理法》《药品经营质量管理规范》等有关法律法规。

3. 工作内容

(1) 负责药品处方内容的审查及所调配药品的审核并签字。

(2) 负责执行药品分类管理制度，严格凭处方销售处方药。

(3) 对有配伍禁忌或超剂量的处方，应当拒绝调配、销售。

(4) 指导营业员正确、合理摆放及陈列药品，防止出现错药、混药及其他质量问题。

(5) 指导、监督营业员做好药品拆零销售的工作。

(6) 营业时间必须在岗，并佩戴有照片、姓名、岗位或其他技术职称等内容的胸卡，不得擅离职守。

(7) 为顾客提供用药咨询服务,指导顾客安全、合理用药。

(8) 对销售过程中发现的质量问题,应及时上报质量管理部门。

(9) 对顾客反映的药品质量问题,应认真对待、详细记录、及时处理。

四、药品采购员岗位职责

1. 目的

规范药品的采购工作,保证采购药品的合法性和质量可靠性。

2. 依据

《中华人民共和国药品管理法》《药品经营质量管理规范》等有关法律法规。

3. 工作内容

(1) 择优选择合法经营和信誉好的企业采购药品,不与非法药品经营单位发生业务联系,保证采购药品质量保证,价格公平合理。

(2) 采购前认真核对供应商的经营方式和经营范围,所采购的药品不得超出供应商的经营范围。

(3) 与供应商签订的购货合同中必须明确质量条款或与供货单位签订质量保证协议,明确双方的质量责任。

(4) 采购药品有合法票据,并做好采购记录。

(5) 严格按照规定进行首营品种、首营企业的审批,经企业负责人批准后方可签订合同进货。

(6) 分析销后和库存状况,优化药品结构,为保证满足市场需求和保证在库药品质量打好基础。

(7) 与供应商明确落实药品的退、换货条款,减少双方矛盾。

(8) 掌握购销过程的质量动态,积极向质量管理员反馈信息。采购工作服从质量管理员的质量指导和监督。

五、药品验收员岗位职责

1. 目的

规范药品的验收工作,保证入库药品的质量。

2. 依据

《中华人民共和国药品管理法》《药品经营质量管理规范》等有关法律法规。

3. 工作内容

(1) 审核供应商是否具有符合规定的供货资格。

(2) 审核来货是否在供货企业被批准的经营范围之内。

(3) 按法定标准和验收规程,及时完成采购药品的验收工作并做好验收记录。

(4) 严格按规定的标准、验收方法和抽样原则进行验收和抽取样品。

(5) 对验收合格的药品,与营业员办理交接手续。

(6) 对验收不合格的药品拒收,做好不合格药品的隔离存放工作,并及时报质量管理员处理。

(7) 规范填写验收记录,并签章。收集药品质量检验报告书和进口药品检验报告书,按规定保存备查。

(8) 收集质量信息,配合质量管理员做好药品质量档案工作。验收中发现的质量变化情况及时报质量管理员。

六、营业员岗位职责

1. 目的

规范企业的销售行为,保证销售的服务质量和销售药品的质量。

2. 依据

《中华人民共和国药品管理法》《药品经营质量管理规范》等有关法律法规。

3. 工作内容

(1) 认真执行《中华人民共和国药品管理法》《药品经营质量管理规范》等有关法律法规,严格遵守企业纪律、规章制度,执行相关质量管理制度及程序。

(2) 每日做好当班责任区内的清洁卫生、陈列、整理、养护、退库、效期跟踪等作业。

(3) 保证仪容、仪表符合企业规定,对顾客礼貌招呼,热情微笑服务,文明用语。

(4) 掌握并不断提高服务技巧、销售技能,不断熟悉药品知识,及时掌握新品种的药学内容,销售药品做到准确无误,并且正确说明用法、用量和注意事项,务必提醒顾客要认证阅读说明书,不得夸大宣传和欺骗顾客。

(5) 做好药品的防盗和防止药品变质的工作。

(6) 负责协助进行经营场所的气氛营造,装饰物的悬挂等。

(7) 做好每班的贵重药品的交接班工作。

(8) 协助做好企业经营场所的设备维护、设施维护保养工作。

第三节 零售药店客户关系管理

客户关系是指企业为达到其经营目标,主动与客户建立起的某种联系。这种联系可能是单纯的交易关系,或是通讯联系,也可能是为客户提供一种特殊的接触机会,还可能是为双方利益而形成某种买卖合同或联盟关系。

一、零售药店客户关系管理的作用

(一) 清晰市场定位,明确目标客户

零售药店特别是连锁零售药店一般都会配备客户管理(Customer Resource Management,CRM)系统。其可以提供强大的分析功能,通过数据挖掘等技术手段,对收集到的信息进行分析;可以了解客户的偏好、消费能力、个人消费习惯等方面的客户信息,帮助药店明确市场定位,根据药店自身的优势对目标客户进行有效的促销。

(二) 提高客户满意度和忠诚度

根据19世纪意大利经济学家帕雷托提出的“二八”理论,20%的顾客为企业带来80%的

利润，这意味着卖方确实应该对客户群进行分类并区别对待。零售药店应该竭尽全力为这20%的长期忠诚顾客提供最优质的服务，通过一切可能的办法来吸引、维护和加强这20%顾客的满意度，培育最有价值的目标顾客的忠诚度，为药店带来持续长久的利润。

（三）增强药店销售营销能力

零售药店可以通过客户关系管理的实施，在门店内部或连锁门店间实现客户信息的收集、分析与共享，并通过深入研究客户的需求偏好，保证提供使客户满意的服务，避免客户由于某一次消费的不良印象而导致对门店或品牌的不满，可以适时根据客户需求对产品、服务、店址和购物氛围等方面进行改善，树立起区别于其他药店品牌的形象，维持现有的消费群并吸引新的消费者。建立客户关系管理不仅有助于增加药品销售量，更能帮助药店了解消费者，提高药店在消费者心中的形象，提高药店在市场中的核心竞争力。

（四）提高药店的综合管理能力

综合管理能力是指对集体活动配置资源、建立秩序、营造氛围以实现预定目标的能力，包括计划能力、组织能力、领导能力、激励能力和控制能力。药店凭借其现有的规模，对现有资金、人力资源进行管理并在此基础上建立和完善客户关系管理模式，形成并不断提高其核心竞争力。

二、零售药店客户关系管理的内容

（一）对现实消费者的管理

对现实消费者的管理是客户管理工作的重点，其目标就是将初次购买者转型为重复购买者，再将重复购买者转型为忠诚客户。记录来买药或咨询的消费者的地址、电话、疾病状况、病史、用药史和药物过敏史等信息，尤其是长期用药患者，建立档案，努力与他们建立起一种互相信任的关系，同时可用 CRM 系统对其进行分类管理。

（二）对建立档案的消费者的管理

（1）对建立档案的消费者采用寄信的形式宣传当前流行病或易发病情的发病机制和预防保护措施，如新冠疫情、甲型 H1N1 流感等，还可通过宣传慢性病保健常识等，增加消费者对药店服务的信任度和忠诚度。

（2）定期电话询问消费者的用药情况、效果及有无不良反应等，实时了解消费者目前的用药情况、使用效果等，可根据消费者需求提升服务质量，真正使消费者体会到真诚的服务，将消费者满意度转化为忠诚度。

（3）对特殊人群应进行定期拜访，询问其用药情况等，为消费者创造价值。

（三）建立消费者反馈系统，进行消费者满意度调查

可通过设立意见箱，组织现场、电话或网络问卷调查，重视客户投诉，组织消费者回访等措施收集消费者反馈。同时注意对消费者反馈进行分类与分析，并根据正反向反馈建立相应奖惩措施，使客户满意度与员工成就感形成相互强化的关系，达到员工持续保持责任心的目的。

（四）建立客户关系管理和药学服务

通过开展建立客户关系管理和药学服务赢得一定社会效应后，为慕名而来的潜在消费

者建立客户关系管理档案，再提供相应的个性化服务，为其创造价值，使其成为忠实消费者。

第四节　零售药店促销技巧

根据《药品流通监督管理办法》第二十条规定：“药品生产、经营企业不得以搭售、买药品赠药品、买商品赠药品等方式向公众赠送处方药或者甲类非处方药”。因此，目前零售药店的促销策略主要针对于非处方药（OTC）。

一、常见零售药店促销形式

（一）服务促销

服务促销是指为了和目标顾客及相关公众沟通信息，使他们了解企业及所提供的服务、刺激消费需求而设计和开展的营销活动。零售药店往往通过提供各种类型的药学服务达到促销目标。例如聘请有执业许可证的医务人员，在店堂内进行义诊，患者在明确自身病症的情况下，结合医生的指导，再去选购对症的药品。这种服务一方面可以使患者做到安全对症用药，另一方面可以降低患者的治病用药成本，因而深受消费者欢迎。

（二）卖点促销

卖点促销是指产品推广人员以发放资料或现场讲解的方式，对药品的独特卖点进行介绍。卖点可以是剂型、功效，也可以是成分、价格，以吸引消费者。消费者获取了相关信息后，必然将该药品与同类产品进行综合比较，如果该药品确有优势，则消费者购买的可能性就很高。

（三）利诱促销

利诱促销又称赠送促销，指消费者在能以正常的价格获得药品的使用价值时，有额外赠送另一种相关的商品或服务。这会让其感觉到购买这种药品“物超所值”。

二、零售药店促销方法

（一）仔细设计促销活动的每个细节

要想成功地开展一次卖场促销活动，合理设计流程和安排细节十分重要。它涉及目标药店的筛选、人员的安排、卖场的布置、活动的实施及活动后的跟踪访问等一系列具体而细致的工作。

1. 确定目标药店

选址目标要确定，应筛选地理位置好、交通方便、人流量多及销售机会较多的店铺。店堂的综合销售情况较佳，在当地有较好信誉和较强影响力的药店可作为卖场促销的目标药店，目标药店全方位的支持和配合必不可少。

2. 挑选、训练促销人员

人员是促销活动成功与否的关键。如坐堂医生必须是相关领域的专家，且应有良好的医德，不会误导患者。而产品推广人员则应交际沟通能力强、口齿清晰、表达流利，并且能处理突发事件。

3. 明确活动时段

时段选择一般确定在人流高峰期和药品的销售旺季为佳，同时促销形式以及目标销量也要确定。应依据药品的特点，确定主要药品目标销量，次要药品目标销量的综合运用；目标销量则应细分到每一天。当天如未能达到预定目标，则应及时总结不足之处，调整促销方案。

4. 精心布置促销

促销门店可以拉挂条幅，突出本次活动的主题。同时，放置充足的卖点宣传标牌及精美印刷资料，便于消费者查阅或带走。

5. 促销活动的实施

促销各方人员要紧密配合，分工协作。坐堂医生和产品促销人员负责对患者进行病情诊断，以及产品知识和病理知识的讲解；店堂对应柜台的营业员负责对消费者进行推荐性的售卖；其他人员负责发药、收款、赠品或礼品领取的线路指导，确保促销活动紧张而有序地进行。

6. 顾客填写档案表

在消费者离开药店之前，应说服其填写基本信息档案表，记下姓名、联系方式、通讯地址、用药前的病症、本次购药数量，以便在消费者用药完毕之前适时跟踪访问，及时了解病人对药品的反馈意见。

（二）从终端拦截走向顾客拦截

零售药店的急速扩张和激烈竞争，一方面使零售终端必须拿品牌药做特价的杀手锏，以吸引顾客眼球，树立平价的品牌形象，导致了品牌药终端维价困难，出现药店销售品牌药不赚钱的怪圈；另一方面，使现金流及利润成为支撑平价药店急速扩张的最重要筹码。因此，平价药店为了提高门店资源的价值，获取更多的营业外收入，纷纷让中小药企派促销员进驻药店，向消费者推销自家产品，终端拦截由此而兴起。

“终端拦截”就是整合终端所有的广告、促销、产品、渠道等资源，用这些资源来影响顾客选购意向的手段和方式，通俗点来说就是“引、抢、围、逼”，即引导顾客的思路，从竞争对手那里抢顾客，以更多的产品信息来对顾客心理进行包围式的诱导，来强化的顾客的选购意向，用各种手段“诱逼”促成顾客迅速成交。常见的终端拦截促销方式包括派驻促销员、高佣金促销、贴牌（OEM）产品、代理产品等。终端拦截竞争的激烈导致了厂家对促销员的依赖性不断增强，而药店为了多增加营业外收入，无节制地吸收促销员，造成药店促销秩序混乱。因而，终端拦截自然要向顾客拦截转型。

顾客是企业的资产，企业要让顾客资产增值保值，就必须了解顾客，满足顾客的需求，创造顾客认可的终身价值，提供全方位、高质量的顾客服务。从这个角度来看，顾客才是真正的终端，实施有效的顾客拦截才是最有效的终端营销策略。顾客拦截渠道众多，主要包括：

1. 广告

广告是提高产品知名度、教育消费者、引导顾客的有效方式，但广告费用的飙升、广告载体的繁杂、广告创意的贫乏、广告到达率的降低，都使广告单向灌输教育消费者的效果递减，更多的只是起了一个告知、记忆提醒、品牌传播的作用。

2. 直邮(DM)

广告载体的日益丰富,无孔不入地进入了消费者的生活圈,用信函、夹报、墙报、DM 直邮等形式,将安全用药知识或消费者健康教育、疾病预防手册等实用资料,通过邮局、社区、街道、药店、媒体、政府相关机构传递到每家每户,可较好地影响消费者,拦截顾客。

3. 社区健康教育

公益性的社区健康教育,能充分有效地推广企业形象,提高产品美誉度和顾客忠诚度,有利于详细解读产品的功效、独特卖点、注意事项,还可以让顾客亲身体验企业提供的食疗调理、养生保健、康复预防等附加的增值服务,近距离、面对面的沟通能深深地笼络顾客的心智。而且,通过社区活动,可使得社区药店、社区医疗中心(站)和企业的关系更密切,使供应链和价值链更和谐。

4. 专家义诊

药品和消费者的接触点主要是医生。社区健康教育的主要内容是合理用药及养生保健知识,着眼于未来;而专家义诊是针对具体的目标顾客,为顾客治疗诊断、排忧解难、祛除疾患,不但能有效地推广企业的产品,拦截竞品,而且融洽了医生、患者关系,彰显了企业的社会责任感。

5. 顾客代言人

普通消费者的推荐、口碑宣传具有亲和力和说服力。在忠诚的顾客中选择产品的社区代言人,通过普通顾客代言人现身说法,影响顾客身边及周围游离的顾客,会起到事半功倍的效果。

6. 顾客情感联络

每一个代言人、每一个顾客都是企业的资产,企业必须建立健全的顾客服务组织及顾客档案,特别是患慢性疾病的中老年人顾客,更相信曾经服用过的产品品牌,并在自己的生活圈中不断传播。因此,将企业的新产品、新治疗方案或祝福、关怀、问候以及会员优惠、利益赠送等告知会员顾客,服务顾客,也是拦截竞品的一个好方法。

7. 顾客体验

眼见为实,让顾客参与其中的顾客体验成为营销时尚。如邀请顾客参观 GMP 工厂,参观企业内部的医药博物馆,使旅游休闲与企业形象宣传有机结合,将企业的产品、品牌、文化渗透到消费者的心灵深处,从而战胜竞争对手。

8. 企业网站

发挥现代网络广覆盖、低成本的特点,建立和顾客深度交流及提供增值服务的网络平台,是顾客拦截的又一有效方式。特别是通过"专家在线"等方式解答消费者在使用产品时遇到的疑问和困惑,为消费者提供治疗诊断服务。这样,在回报顾客的同时,更能掌握有效的第一手顾客资料。也可以通过微信、微博、800 免费电话、QQ、短信、电子邮件等方式,邀请顾客就企业的产品、服务发表意见,互动交流,广为传播。

9. 过期药品免费更换

药品营销和其他商品的营销一样,售后服务是顾客越来越关注的方面。企业如果先人一步建立起药品过期回收机制,对过期药品实行免费更换,既能彰显企业的社会责任心,又建立起了有效的竞争壁垒。

10. 特殊渠道

普药的营销渠道也在借鉴快速消费品的渠道，特别是清热解毒类等 OTC 药品，开发学校、干休所、车站、机场、工矿企业医疗室、企事业机关单位的团购等渠道，让顾客有更多的机会接触并使用企业的产品，从而拦截竞品。

人集中的地方就是终端，就有产生销售的可能。把终端向前移一步，机会就有可能更多一点。因此，顾客拦截的方式并不局限于上述所举，任何一个企业的营销都应紧密围绕顾客来做文章。要尽可能满足顾客需要，让顾客在走进药店之前就已选定所要购买的产品和品牌，即指名购买，这就是顾客拦截的最高境界。

11. 线上直播

OTC 线上直播不仅要为终端客户提供更直观的商品展示，更重要的是让药企厂家、商家与终端用户实现实时互动，从而打破原有销售环节的层层壁垒，使终端用户享受到更高效、直接的福利政策。要实现让利消费者，同时为药企营销模式注入新活力，使药企与消费者紧密连接，专业的直播平台也是必不可少的。

总之，OTC 医药企业促销的目标，是在激烈的 OTC 医药市场竞争中，通过促销活动对医药消费者进行引导和服务，帮助他们认识 OTC 企业及其产品，从而影响他们的购买行为。但是，OTC 医药企业在某一时期进行的促销活动，又有其特定的目标。这个特定目标必须服从于 OTC 医药企业的营销总目标。没有明确的促销目标，OTC 企业的促销活动就失去了目的性，就会无的放矢，也就不会取得好的促销效果。

（三）注重药学服务，提升消费者满意度

1. 药学服务含义

药学服务是指依法经过资格认定的药师或者其他药学技术人员应用药学专业知识向公众（包括医护人员、患者及家属、健康人群）提供直接的、负责任的、与药物使用有关的服务，以期提高药物治疗的安全性、有效性与经济性，实现改善与提高公众生活质量的管理目标。

药学服务最基本的要素是向患者提供“与药物有关”的服务。它不仅以实物形式存在，还包括提供与药物治疗相关的信息和知识，用于提高患者的生活质量。药学服务具有较强的社会属性，它体现着药学技术人员对患者的关怀和责任，还表现在开展治疗性用药、预防性用药和保健性用药的过程中。

药学服务包括但不限于处方审核和调配、药品管理、合理用药指导、用药咨询与信息服务、慢病管理与居家药学服务、药物治疗管理、药物警戒、药学知识等。

2. 药学服务对象

药学服务的对象分为患者和健康人群两类，其中需重点关注的人群包括：① 用药周期长的慢性病患者，或需长期、终生用药者；② 病情和用药复杂，患有多种疾病，需同时合并应用多种药品者；③ 药物治疗窗口窄需做监测者；④ 用药效果不佳，需要重新选择药品或调整用药方案、剂量、方法者；⑤ 用药后易出现明显的药品不良反应者；⑥ 应用特殊剂型、特殊给药途径者；⑦ 特殊人群，如小儿、老年人、妊娠期和哺乳期妇女、肝肾功能不全者等。

3. 药学服务目的

面向患者的药学服务内容包括处方审核和调配、合理用药指导、用药咨询与信息服务、

慢病管理与居家药学服务、药物治疗管理、药物警戒等,促进患者安全、合理、有效、经济用药。

面向健康人群的药学服务内容包括用药咨询与健康教育、宣传药品知识等,满足公众对健康生活的追求,提升疾病预防和自查能力,促进公众健康。

4. 药学服务流程

药学服务流程包括收集信息、分析评估、制订计划、执行计划、跟踪随访。

(1) 收集信息。收集信息是指药学技术人员与服务对象进行面谈时,通过药学问诊对服务对象的个体疾病、健康素养、沟通能力以及沟通意愿等进行个体化信息收集。信息收集内容包括服务对象的基本信息(年龄、性别、住址、医保等)、健康信息(个人史、家族史、生育史、既往病史、现病史、生活习惯等)、用药信息(用药史、药物不良反应史、免疫接种史等)、需求信息(药物治疗、健康状况)等。

(2) 分析评估。药学服务分析评估是指将收集到的信息进行综合评估分析,评估服务对象是否存在潜在的药物相关问题(drug－related problems,DRPs)。药学技术人员应从安全性、有效性、经济性和适当性四个核心要素展开合理用药评价。尤其注重特殊人群 DRPs 的发现与干预。药物相关问题的发现与分析主要着眼以下类型:① 用药目的不明确;② 重复用药;③ 药物相互作用;④ 禁忌证用药;⑤ 药物治疗方案不足;⑥ 药品不良反应;⑦ 过度用药;⑧ 服药时间不当/剂量间隔不当等;⑨ 药品储存保管不当;⑩ 用药依从性问题;⑪ 药品管理的其他问题。

(3) 制订计划。药学技术人员应根据分析评估的结果,制订清晰明确、可量化、可实现、使服务对象能够准确理解的干预计划,并给出具体的完成时间。

① 干预计划所含推荐内容应为服务对象力所能及,符合药学技术人员专业范围,同时和服务对象其他治疗不冲突的。

② 干预计划包括药物治疗建议、药物使用建议、生活方式改善指导等内容。

③ 药学技术人员在全面分析服务对象疾病和用药的基础上,提出药物治疗方案调整建议,如果干预的方案超出其专业范围,药学技术人员应及时建议服务对象就诊或寻求医师等医疗服务提供者的帮助。

药学技术人员应鼓励服务对象主动将药物治疗相关方案展示给其他药学技术人员;每次在药房用药咨询或购药时随身携带,以便药学技术人员更新相关内容。

(4) 执行计划。药学技术人员可以通过直接干预来解决、减少或避免药物相关问题。每项干预要考虑到服务对象状况、用药需求以及药物治疗问题,做到个体化;药学技术人员在不超出其职责范围的情况下,基于自己的专业技能,可以给予服务对象充足的帮助。

(5) 跟踪随访。通过跟踪随访记录服务对象药物治疗的实际结果,以及医师是否经药学技术人员建议后更改处方,或服务对象经药学技术人员教育后而改变用药行为的成效;通过跟踪随访评估药物治疗的疗效,并比较实际结果与预期达到的治疗目标,以确定服务对象的疗效进展状况;通过跟踪随访评估药物治疗的安全性;通过跟踪随访评估服务对象的用药依从性;通过跟踪随访依需要调整照护计划,调整内容必须记录下来;跟踪随访评估必须是系统性的,且持续执行,直至达到治疗目标。

未来药店来啦，开启药店新零售

2018年5月，支付宝官方宣布，支付宝与张仲景药店联合推出的“未来药店”在郑州开业了。这是继“盒马生鲜”新零售之后，阿里系推出的首家医药行业新零售药店，展示了未来支付生活的更多可能性。顾客在该药店可以享受刷脸自助支付、名医预约、远程健康咨询、电子社保卡支付等新技术带来的服务。

在该药店中，顾客从买药到支付再到取药，可实现全程无人化，大大提升顾客的购药体验，给顾客带来更多的便利。顾客可在自动售药机上购买药品(与超市中自动售货机购买零食或饮料一样)，并可通过“刷脸”支付，十分便捷。也可以在没有带身份证的情况下，利用支付宝“刷脸”认证，来自助购买麻黄碱类药品(麻黄碱类药品可被不法分子提炼毒品)。另外，在顾客需要使用社保卡时，可以在支付宝内绑定电子社保卡进行线上医保支付。

在处方药方面，如果顾客没有处方，可在该药店内通过远程诊疗系统向张仲景大药房的名医、药师进行在线咨询问诊。同时该药店也支持蚂蚁信用，可免费租赁医疗器械，在资金不足的情况下，也可通过支付宝的花呗进行付款。

注:这是第一家“未来药店”,将来还会有更多的“未来药店”,该药店将会给顾客带来更多的便利,更多贴心全面的大健康服务。

讨论:

1. 未来药店在销售模式上与传统药品零售有哪些不同?
2. 药品零售新业态不断涌现,对传统营销有何冲击?

一、实训名称:药品招商

二、实训地点:医药商品展示室

三、实训内容:

1. 分组:每小组6～8人,每班8～10组。

2. 四人两两配对,从迎客准备、初步接触、药品提示、揣摩需要、专业说明、劝说诱导、销售药品及送客各个阶段进行角色扮演。小组内其他人观摩、评价,结束后再由其他两人继续进行。

3. 实训指导教师观摩、评分并且给出评价。

1. 零售药店有哪些类型?
2. 如何进行零售药店客户关系管理?
3. 简述零售药店人员组织结构。
4. 零售药店药品促销的方法有哪些?

第六章　医疗终端市场分析与学术推广技巧

学习要点

本章节内容主要包括：公众知识、医院客户关系分析；影响医生的用药因素；医生的用药习惯；医生用药推动力和反推动力因素；探寻技巧；聆听技巧；产品呈现技巧；特性利益转换技巧；处理异议技巧；主动缔结技巧；双向沟通步骤；处理异议步骤；主动缔结步骤等知识结构。

通过本章学习，掌握医疗终端学术推广的基本技巧，熟悉有效沟通的方法与技巧，了解医院市场的客户结构。

课程思政

在本章学习的基础上，使学生充分认识到专业知识对医药营销的重要性。让学生喜欢营销、热爱学术，传递药品信息，在以后的医药代表工作中，真正成为医生和药品生产企业的桥梁纽带。将药品生产企业的最新研发动态传递给医生，再把医生用药的临床信息反馈给药品生产企业。通过专业的有效沟通方法和技巧，培养高端型专业医药学术代表。改变社会对医药代表的负面认知，杜绝医药回扣不正之风。

引导案例

原研药与国产仿制药在国家集中带量采购政策下的市场份额

2021年7月8日，成都倍特药业提交了恩格列净片4类仿制上市申请，获得CDE承办。公司在糖尿病用药领域加快了研发布局，2018年和2021年各有1个新品获批上市，目前还有2个口服降糖药的上市申请在审评审批中。恩格列净是由勃林格殷格翰和礼来联合开发的一款钠葡萄糖共转运体2(SGLT-2)抑制剂，用于配合饮食控制和运动，改善2型糖尿病患者的血糖控制。原研产品于2017年9月获批进入国内市场，2020年起国产仿制药陆续获批并过评，2021年被纳入了第四批国家集中带量采购目录。

2020年在中国城市公立医院、县级公立医院、城市社区中心及乡镇卫生院（简称中国公立医疗机构）终端及中国城市实体药店终端，原研的恩格列净片合计销售额超过1亿元，增长率达374.64%。随着第四批国采落地执行，豪森、科伦、正大天晴、江苏万邦有望在中国公立医疗机构终端迎来销售放量。而在中国城市实体药店终端，恩格列净片的销售额也在稳步增长，新获批的产品错过了国采的时机，不妨碍其在零售市场先施展拳脚。

资料来源：大众医药网。

药品终端市场是药品流通中与患者见面的末端环节，承担终端功能的主要是零售药店和医疗机构。而医疗终端市场在整个终端营销中占有70%的份额，医疗终端营销是医药生产企业的核心工作之一。

医疗终端市场分为第一终端市场、第三终端市场，第一终端市场包括三级医院和二级医院；第三终端市场包括一级医院、社区门诊、企业和学校的医疗保健室、计生站、防疫站等医疗机构。零售药店是药品终端市场的第二终端市场。

第一终端市场的医院营销在医药代表备案制实施后分为两部分：一是医院销售行为；二是医院临床学术推广行为。医院销售行为主要包括：药品招标、临床用药申请、药剂科采购申报、药事委员会召开、药品采购入库、药品回款等环节的跟进工作。医院临床学术推广行为包括：与医务科、临床医生的药品学术活动举办和拜访沟通等工作。

医院市场营销是以医院临床学术推广行为为主的营销活动。在医院市场营销中需要严格遵循医院临床推广行为规范，主要包括：在医疗机构当面与医务人员沟通；举办学术会议、讲座；提供学术资料；通过互联网或者电话会议沟通；医疗机构同意的其他形式；医药代表不能未经备案开展学术推广等活动；不能承担药品销售任务、实施收款和处理购销票据等销售行为、参与统方等；不能对医疗机构内设部门和个人提供捐赠资助赞助等；不承担药企分配的销售任务，阻止药企提供虚假备案信息等。

在医院临床学术推广中包括两种方式：一是在医疗机构与医务人员面对面推广拜访，二是开展各类学术推广会议。本章主要介绍：在国家医保控费政策下，医生合理用药前提下，医院临床学术推广人员在医疗机构面对面与医务人员的推广拜访技巧。

第一节　公众知识及医疗终端市场客户分析

相对于非处方药品的营销渠道，处方药品营销比较单一。由于处方药品只可以在国务院卫生行政部门和国务院药品监督管理部门共用指定的医学、药学刊物上介绍，不得在大众传媒发布广告以及用其他方式进行以公众为对象的宣传，处方药必须经过具有行医资格的医生处方才可使用，所以它的营销终端主要是医院。处方药的营销关键是获得医生的支持和推荐，尽管病人是药品最终使用者，但选择药品的决策者却是医生。所以处方药的营销实际上是以医院为核心的推广行为。

医疗终端主要是医院，对于具有医药学背景的医药营销人来说，医院的基本情况应该是熟悉的，但对其他专业背景的医药营销人员，来到医院的第一件事就是必须清楚谁是自己要拜访的客户，以及如何才能说服医生认可自己公司的药品，所以医药营销人员必须了解完整的公众和客户知识。

一、公众知识

医药营销中的公众指的是对医药企业市场营销活动产生影响的组织、群体或个人，包括政府、媒体、市民团体、企事业单位等。

（一）政府

各级政府部门所制定的政策对医药企业的营销活动都具有直接或潜在影响，医药企业应及时了解政府相关政策，并预见未来发展趋势，从而制定具有可持续性的策略等。

药品进入医院前需要做好各项准备工作，比如：药品定价、医保目录和基本药物目录入选、药品招投标等政策解读；药品进入营销市场前的材料备案等。相关政府部门包括：医疗保障局、卫生健康委员会、药品监督管理局等。

（二）事业单位

药品进入市场前，需要到有关部门进行质量报备；进入市场后，接受相关部门的质量监控；招标目录内药品还需到集采中心完成招投标手续。这些部门属于事业单位，如：药品检验研究院、省医药集中采购服务中心等。

（三）企业单位

药品进入医院前的招投标实施相关的企业单位，如招投标代理公司。招标代理公司主要负责：药品、医疗器械招投标形式、时间、内容、规则的执行者。全权负责代理项目的所有招标事宜，如：前期的接受报名、中期的招标文件编制及发售、后期的开标、项目汇总资料等。

（四）社会组织

新药品进入医院前，为了能获得专家和临床科室主任对新产品的认可，往往通过当地药学会、医学会这些部门，以学术研讨会名义举办"××新产品临床交流会"的形式，邀请当地专家教授、临床科室主任参会，并在会上交流。这里的医学会和药学会就属于医药营销公众知识中的社会组织。

二、医疗终端市场客户

医疗终端客户包括：药剂（设备）科、临床科室、医务科、患者、财务科。

医药代表备案制实施后，医疗终端营销客户仍然包含药剂科、设备科、临床科室、医务科、财务科，但临床学术推广客户只包括临床科室、医务科和患者。

（一）药剂（设备）科

药剂（设备）科在医院内的主要职能是临床用药及设备的选购、储存、调配以及临床药学研究及药物咨询、设备维护等工作。目前药剂（设备）科已经越来越多地参与到临床用药（设备）的各个环节中。医药营销人员在药剂（设备）科的主要客户包括：

1. 药剂（设备）科主任

负责药剂（设备）科日常工作安排，如人员职责分配，进入医院的药品、设备评审等。药剂（设备）科主任监控医院药品设备销售渠道及流通主要环节，保证临床用药、设备的整体水平；也是监督企业产品推广工作的关键人物。

2. 采购员

负责商业进药渠道，根据每月进药品种、数量、金额、时间制订药品采购计划。其特点为工作繁杂，处理药品相关事务的信息量大。

3. 库房保管员

负责药品库房的日常管理，统计每月用药情况，掌握药品具体发往部门、数量及时间，如门诊药房、住院药房、急诊药房的具体领药时间、方式、数量。

4. 药房司药员

负责从库房向药房调配药品，监控药品有无断货、处方流向情况和主要使用科室的各品种用量。司药人员岗位流动频繁。

（二）临床科室

1. 临床科室主任

临床科室主任为本科室日常工作主持者，负责医疗科研甚至教学多方面工作，对临床用药有直接的指导作用。一般都是由工作成就突出、临床经验丰富的医生担任。科室主任根据多年的临床经验，都有自己的用药习惯及对不同公司产品的看法。由于其负责主持科内科研课题，所以会特别重视新药或药品临床使用的研究进展。科室主任一般不直接管理住院患者，门诊接诊患者的数量也有限。

2. 主任医生

主任医生的临床经验、资格、阅历丰富，有影响力，多为科里的组长。

3. 主治医生

主治医生是住院患者的直接负责者，在科室中承担具体的工作，为技术骨干，是科室主任治疗意图的执行与修订者。主治医生一般行医经验在5～10年左右，处于医生临床工作生涯中的发展阶段。他们一边学习前辈经验，一边开始形成个人的治疗观念。他们需要了解大量的学术信息充实自己，同时也对专业领域的研究发展动向积极关注。

4. 住院总医生

这是住院医生向主治医生过渡的一个特殊阶段。一般住院总医生在工作4年左右的住院医生中产生。住院总医生是科主任的助手，在科室主任的领导下，负责协调全科室医生的工作安排，以及科内每月的行政和学术活动安排。其工作特点为24小时值班，值班时对全科住院患者的情况负责处理。由于职责全面，要求住院总医生必须具备本科室各分支专业和相关科室疾病专业的广泛知识。工作责任重大、工作量大是住院总医生在这一时期的工作特点。

5. 住院医生

住院医生在科室内为患者的直接负责人，具体执行上级医生诊疗方案，对患者的病情作一线观察，对药物的疗效、不良反应随时做出评估。住院医生为初级医生，他们在医生的职业生涯中处于学习提高基本技能的阶段，既要完成日常的诊疗工作，又要积极参加各种继续教育课程，以获得发展晋升的各种条件。

6. 护士长、护士

护理人员在临床科室的工作为执行各级医生的医嘱，监护患者的诊治过程，她们对患者的疾病情况进行随时地观察，大多数药物的不良反应是由她们发现的。由于具体执行医嘱，她们对药物在使用过程中出现的各种问题经验丰富，同时对患者的服药方法、注意事项也非常熟悉。

（三）医务科

医务科的工作是安排全院的日常诊疗工作，管理各科编制、人员变动情况，确定各项业务活动的时间、内容等。医药营销人员代表企业与医院的各项合作均要通过医务科统一协调，如临床试验、义诊咨询活动、学术研讨会、医生出（会）诊等。

（四）患者

从 2000 年开始，国家出台相关政策，针对严重影响人民健康的各种常见病、慢性疾病，开展全民健康教育，这是中国医疗服务体系社区化改革的一项内容，社区医药营销策略的新营销模式由此而产生。医药代表通过开展疾病防治知识的宣传教育，传播科学的健康信息。医药代表还可代表企业配合政府、医疗机构进行各种患者教育工作。企业开展患者疾病常识培训，如糖尿病患者必须了解的几件事；探视日拜访患者和家属了解他们最关心的治疗问题；对患者家访表达企业的关心；协助肿瘤患者参加名为“太阳照常升起”的抗癌联谊活动；协助医院开办提高生活质量的讲座，如肾病患者也能和正常人一样生活；以及卫生经济学分析，如何有效帮助患者恢复健康。医药代表借助自己的工作成为广大医生、患者在与疾病斗争中的好帮手。

（五）财务科

财务科的工作主要包括核定价格、核定货款、办理回款材料上报集采中心业务。

第二节　医生用药的影响因素

医药营销人员在医院实施产品学术推广时，最关键的客户是医生。了解影响医生使用药品的因素对医药营销人员来说非常重要。

一、医生使用药品的“购买心理”变化过程

医生使用药品像普通消费者购买商品一样，也存在类似的思维变化过程：对某个产品从不知道到知道、从知道到产生兴趣，然后通过试用对产品做出个人的评价；根据评价的结果决定使用；最终形成经常使用习惯。

由于新药具有高信息含量、关系人身安全的特点，医生从了解、接受并开始使用一个新药的时间必然很长。据调查，医生通过医药营销人员的介绍而认知新药的时间一般至少在连续 3—5 次专业产品拜访之后。

二、医生初次用药的原因

（一）药品因素

医生必须确认临床上对该药有治疗需求，如现有的药物不能满意地解除患者的症状，或针对病因进行治疗。医药营销人员必须使医生相信新的药物疗效优于现有药物，同时使用方便，安全性好，而且从卫生经济学的角度来看性能价格比合适。这时，医生才会接受新的药品值得尝试使用的建议。

（二）医药营销人员的因素

医药营销人员的产品介绍必须使医生信服，无论从药品的药理特性还是临床验证的文献，医药营销人员都能提供足够的有说服力的证据，证明自己的产品符合医生的疾病治疗需求。医生了解并熟悉公司的情况、良好的合作关系，会增加医生的信任程度。

在药品因素和医药营销人员因素正向发展的情况下，医生开始尝试处方药品。

三、医生反复使用药品的原因

（一）医生的认知

试用新药后医生认为疗效好，安全性、方便性均符合临床治疗疾病的要求，新药品的总体印象让医生满意。

（二）医药营销人员的工作

医药营销人员的工作令医生满意，推进医生形成新的用药习惯。对医生定期、有规律地拜访，在医生心目中树立信誉良好、态度诚恳、诚实负责、专业化的形象。通过药品关键推广语句的不断提示，提醒医生遇到相似情形的病例时反复使用，让医生形成新的用药习惯。

（三）患者对药品的积极评价

患者主动要求继续使用该药物。

四、医生三种用药习惯的形成因素

在了解药物、初次使用药物、再次使用到反复使用药物的过程中，医生对该药品的处方将形成三种用药习惯：首选用药，二线用药，保守用药。

（一）三种用药习惯

首选用药是指在治疗同类疾病的药品中，该药对病情是最好的治疗选择。医药营销人员总是不断跟进与提示，保持定期拜访，为医生提供该类产品临床验证及前沿研究的文献资料。

二线用药是指某个药品在医生治疗疾病选择时不被首先考虑，通常是因为这种药品留给医生的印象是觉得该药疗效不如首选药。

保守用药是指如果医生在使用某种药品时总是先考虑其他选择，排除大多数药品后才会选择这种药物。

医生的用药习惯与药品使用关系如表 6-1 所示。

表 6-1　用药习惯与药品使用关系

用药习惯	药品使用次数
首选用药	≈100%适应证门诊人次
二线用药	≈50%适应证门诊人次
保守用药	<10%适应证门诊人次

（二）原因分析

导致医生有二线用药和保守用药的主要原因分析如下：

1. 二线用药的原因

某个药品在医生治疗疾病选择时不被首先考虑，通常是因为这种药品留给医生的印象是：

(1) 觉得该药疗效不如首选药，不论这种印象是否与企业宣传的临床试验的结果一致。很可能这种印象的产生源自某个不适宜的病例经验。

(2) 或者医生认为该药的疗效价格比不值得被首选。

(3) 有些则是认为该药适应证有限。

2. 保守用药的原因

如果医生在使用某种药品时总是先考虑其他选择，排除大多数药品后才会选择这种药物，医生称之为保守用药。

产生这样的结果的原因通常有以下几点：

(1) 首先是医生对药品的印象是太贵而不能"随便"用，当然这种贵的印象可能是从未接受过针对该药的卫生经济学分析的结果。

(2) 医生觉得该药药效太强而不能"随便"用。比如某些抗生素过于强调其杀菌作用而被医生当作"杀手锏"，限用于难治的病例。

(3) 医生由于个人或他人的使用经验，觉得药物有严重不良反应而不能"随便"用。

(4) 医生对药物缺乏了解，使用经验极少，不敢轻易使用。

(5) 另外这些对药物的不良印象可能更多地直接来自医药营销人员的工作表现。在调研中很多医生表示，很多时候他们在使用新药的过程中出现过问题，但没有得到医药营销人员或者药厂的及时解答，例如使用方法的细节，出现不良反应迹象等。相当多的医药营销人员在接到医生此类问题时的处理方式都是拖延或者含糊其辞，使医生产生强烈的不信任感，医生在自己暂时找不到答案时通常都不会再次轻易使用这种药物了。当然医药营销人员没有及时地提示，医生与医药营销人员及其公司很少合作也是造成医生保守用药的原因。

五、医生药品定位形成过程

医药营销人员应该找到药品推广工作的关键成功要素，就是通过自己的工作，建立推广药品在医生心目中的药品首选定位。

医药营销人员仅仅努力介绍自己的药品是不够的，应该同时重视自己给医生留下的印象。

只有尽量避免导致医生保守或者二线用药的因素，医药营销人员才有可能获得医生的首选定位。

六、医生用药的推动力与反对力分析

处方药品是一种特殊的消费品，它的营销方式与普通消费品有所不同。普通消费品及OTC药品(非处方药品)直接面对的是使用者，所以推广手段多为针对直接使用者设计。而处方药品是由医生开处方后病人才会使用的，这样直接使用者是被动的，而医生是一个主动执行者。因此一个处方药品是否能够取得良好的使用率，主要取决于医生对该产品的认可程度，同时也取决于对生产该产品的公司及推广该产品的医药营销人员的认可程度，也就是说医生的态度是一个处方药品使用率的关键。

正因为医生在处方药品使用率中占有如此重要的地位，所以国际性的大制药公司如德国拜耳公司在1920年就开始设立专业的医药营销人员进行针对医生的工作，在中国自1989

年开始由无锡华瑞公司、西安杨森公司、中美史克公司及上海施贵宝公司将医药营销人员这一职业引入中国。通过30多年的发展，中国医药营销人员队伍达百万之多，他们的工作主要是在医院开展临床学术推广活动。

作为一个专业的医药营销人员怎样才能达到学术推广目的？

首先，医药营销人员在合理用药范围内，说服医生接受药品信息，改变用药习惯。这要求医药营销人员对自己的产品与专业有充分的了解，但这还是远远不够的。

其次，医药营销人员还应该了解医生所受教育的情况，同时了解他的医学背景、医学经验、专业类型。

最后，医药营销人员要了解医生使用药品的过程：期初病人的病情使他有一个明确的需要，在经过思考与权衡（这个思考与权衡就受推动力与反对力的控制）后下决定，选择并在临床上使用某个药品，这才完成了药品的真正使用过程。

（一）医生分类

医生在处方药使用中至关重要，是医药营销的重要客户。根据医生对药品、营销人员、药品企业的认知度，可将医生分为七种类型。

1. 极端敌意型

医生不承认被推广药品的优点，反对被推广的药品，同时对医药营销人员和医药营销人员所在的公司也明确反对，不处方被推广的药品。

2. 一般敌意型

医生只对被推广药品明确反对，但不反对医药营销人员。

3. 中立型

不赞成也不反对，对被推广药品无特别的兴趣，处方药品时具有从众心理。

4. 未决定型

医生对产品有兴趣，但是还有疑问无法作决定。

5. 未接触型

医生不认识被推广药品，或只是刚刚听过此产品，对产品并无经验，没有任何看法。

6. 支持型

医生同意产品的优点，对产品有兴趣，有好的经验，会使用该产品。

7. 极端支持型

医生除了同意产品的优点和使用产品外，同时在各种场合帮医药营销人员宣传产品。

对于医药营销人员来说无论哪种医生，无论怎样开展工作都需尽量说服未认可或认可被推广药品信息的医生，在合理用药范围内接受被推广药品，对那些支持型的医生，医药营销人员还要获得他的明确行动及发挥他的影响力。

医生在思想上经过思考与权衡使用药品的过程就是受推动力与反对力考量的过程。我们已经知道医生接受被推广药品信息时，受推动力与反对力的影响，当推动力与反对力平衡时医生的接受程度是随机的；当推动力大于反对力时医生会毫不犹豫接受被推广药品；当反对力大于推动力时医生会拒绝接受被推广药品信息。那么推动力和反对力到底受哪些因素的影响呢？

（二）推动力分析（医生的需要）

推动力受以下几个方面的影响：

1. 喜欢

医生会对已建立的产品、医药营销人员、公司的关系感到珍惜，每个医生都有个人的偏好及用药习惯。

2. 自己的利益

比如产品或企业能否为医生科研论文、科研课题等提供前瞻性临床研究方向及资料信息；为医生继续教育搭建专业学习平台等。

3. 方便

这个方便包含两个方面，首先是医生使用产品方便，另一个是病人使用及取药方便。

4. 事业感

医生希望站在医学发展的前沿，多数医生，特别是中青年医生对新药、新的用法、新的剂型、新的用途有强烈的试用欲望。

5. 自尊心

医生希望通过他的用药治愈病人去满足他的自尊心。每个医生都想成为一个受人尊敬的好医生，这就要求被推广的药品能帮他将病人的病治好，而且要比其他的药物优秀。同时也需要医药营销人员及公司帮助他在同行中树立被人尊重的地位，并从与医药营销人员交往中得到尊重等等。

6. 安全感

医生尝试去减除最大的风险。医生最顾虑的就是医疗事故。所以在使用药物时首先考虑的是是否安全、是否会出现不良反应，而对疗效却可以放在第二位。安全感的另一个方面是医药营销人员是否让人信赖，与医药营销人员交往是否安全。

（三）反对力分析

反对力与以下方面有关：

1. 与拜访医生的环境有密切关系

（1）医生所在医院区域（如南北方）差异比较大，使用千篇一律的拜访语境可能会导致医生对拜访者的不喜欢，医生处方时增加反对力。含蓄、内敛、细腻更适合于南方；直爽更适合于北方。

（2）医生处于忙碌环境中，此时拜访医生，会给医生添乱。一次不合时宜的拜访将给医生留下不好印象，导致医生处方时反对力增强。

（3）医药营销人员不断更换，致使医生和医药营销人员关系始终处于陌生和浅谈环境中，不利于提高医生处方推动力。

（4）缺乏专业责任感的营销人员，不能真诚为医生服务，医生对其产生不信任，将加大医生处方阻力。

2. 与拜访医生的人有密切关系

医药营销人员在拜访中不能知己知彼，不知道自己和他人能力的限度；不具备充足的产品知识和足够的营销技巧，缺乏对自己产品的信心；无法把控拜访的主动性，导致医生处方时反对力增强。

3. 医生自身方面的阻力

医生处方时的反对力还来自于：医生本人曾经不好的处方经验；恐惧接受新鲜事物；对工作例行公事；对该产品存在矛盾的思想；对产品、营销人员、公司印象不好，存在偏见；缺乏该产品资料；选择恐惧症等医生自身方面的阻力，导致处方产品时，反对力大于推动力。

4. 科室医生之间的不协调

临床科室内科室与科室之间、医生们之间沟通协调不到位，导致误解，产生矛盾，同事关系紧张，也会引发医生处方产品时的反对力。

5. 竞争对手的操纵

同类竞争产品的营销人员违反职业道德，通过诋毁该产品营销人员，夸大该产品的不足，来打压该产品在医生中的认知。这种来自竞争对手的操纵，也会给医生处方产品时加大反对力。

第三节　学术推广技巧

一、推广的本质

推广是产品的提供者与客户的双向沟通过程。在此过程中，企业通过产品及服务满足客户的特定需求，利用市场策略来发掘客户的市场潜力。医药营销人员并不能够通过改变企业的产品来影响推广结果，但他能够影响提供产品的沟通过程，以及相关的客户学术服务水平，从而实现产品推广。推广技巧首先是一种沟通的技巧。

沟通的基本工具是语言，所以完全可以把推广技巧理解为语言的技巧。在与医生面对面的接触中体现为口头语言和身体语言，在其他场合也可以表现为形象（如广告，展示物）、书面（书信，文章）等语言形式。医药营销人员要合理运用语言技巧与客户进行积极的双向沟通。

整个沟通的过程一般都是开场白、探寻聆听、产品介绍、说服、缔结几个步骤。

二、学术推广过程及技巧展示要点

（一）开场白

开场白是营造舒适气氛、建立良好融洽关系的基础，是实现专业学术推广目的的开端。完整的目的性开场白体现出三个要点：首先，设定拜访目标；其次，侧重于产品的某一个特性能为医生带来的利益作为产品介绍的开始；最后，以医生的需求为话题导向。

开场白符合以下特点：

1. 简洁

传统推广技巧，理论中强调拜访成功的关键在于营造良好的沟通气氛，所以开场白应该避免直切主题，可以先聊聊一般性社会话题，比如家庭、孩子、兴趣爱好等，建立些共同语言再往下谈。但医生的工作相当紧张，而且每位医生每天要接待好几位医药营销人员的学术拜访，采用这种开场白容易使医生感到医药营销人员在耽误他的时间。不可否认，利用迂回沟通的技巧在时间充分的情形下，比如会议间隙、联谊活动中，有助于与医生建立良好的社会关系，但对于医药营销人员日常工作的主要方法——面对面产品拜访而言，在这些技巧的运用上还是花的时间越少越好。

2. 从需求入手，目的明确，引起共鸣

从推广语言的角度分析，有效的语言结构就是：第一步，找出一个客户的需求；第二步，指出产品的某个特性会带给顾客相应利益来满足该需求。

这样的好处首先在于目标明确，推广就是在说服人们接受某种产品，而消费者之所以购买是因为他们有需求，产品介绍如果不讨论消费者的需求，会有人理睬吗？所以好的推广语言要能够直接命中消费者想要解决的问题关键。

再者，就是能够激发购买动机，在需求上形成产品与顾客的共鸣后，再来提供解决问题之道，就是描述如何用产品的特点满足顾客的需求。

营销视野

两类开场白

(1)——“王医生，让我来为您介绍一下我们公司的产品，新一代的吗啡制剂，A产品具有高效的特点，而且使用方便。”

(2)——“王医生，上次您跟我提到治疗癌症病人疼痛的问题，普通的吗啡制剂使用很不方便，患者不易接受；A产品作用时间长，每天仅服两次，服用方便，患者容易接受。”

第一类开场白比较简洁，但是这位医药营销人员没有理会医生对产品的可能需求，只是开门见山地自卖自夸起来，这种过于以自我为中心的推广方法显然不能引起医生的共鸣。医药营销人员虽然提到了拜访的目的，但问题是医生听了这句话后并不能马上了解医药营销人员今天拜访的核心话题，因为一个新药涉及的问题实在很多，比如疗效、不良反应、作用机制等。这样开始之后医生关心的话题往往到了拜访结束时才被谈及，甚至有可能根本没有提到。同时，这样的开场白往往在没有讲完的情况下就会被打断、拒绝。

第二个例子中，医药营销人员首先针对医生对于癌症患者疼痛治疗的需求提出问题，然后再提出解决这种需求的方法：“普通的吗啡制剂使用很不方便，患者不易接受。”这就立刻引起医生的注意，然后“A产品作用时间长，每天仅服两次，服用方便，患者容易接受。”医生就知道了你今天将介绍A产品作用时间长、每天两次的特点，来满足患者使用方便、容易接受的需求。在下面的几分钟的谈话中，医生会自然地与你讨论药品的作用时间与方便性的问题。

3. 突破固有思维习惯

很多医药营销人员多是固有的以我为主的语言思维习惯，总是习惯：“我想证明给你”“我的理解”“我要”“我的产品如何如何”，但客户的心里却希望你能发现他的需求。

优秀的医药营销人员则往往就一个问题描述一幅有关疾病特点的情形，引起医生的兴趣。

营销视野

1. 癌症患者因为疼痛难忍以头撞墙的情形;或总结医生在治疗疾病中可能遇到的种种具体问题,并针对产品的特点寻找满足需求的方法。

2. 抑酸过度与不足的抑酸剂均不能理想解决溃疡治疗问题,泰胃美适度抑酸,是医生可以选择的理想抑酸剂。

(二) 探询、聆听——寻找需求

快速了解医生的需求十分重要。发现医生对自己推广产品的具体特点感兴趣,才能有的放矢地介绍产品,在医生满意的基础上,才可能产生缔结的可能性。

但大多数医生似乎并不愿意直截了当地告诉医药营销人员他所感兴趣的地方,或者是他也不知道自己究竟对什么感兴趣。也许他们只是想从医药营销人员的介绍中获得所需的信息,也许他们自己也不清楚除了疗效、安全性、价格、使用方便性以外还应该了解什么细节,又或是他们不知道该怎样向医药营销人员表达,使医药营销人员更好地说明被推广产品对他的用处。

只要没有发现医生的真正需求,就无法说服他接受被推广产品。因此,在开场白后的谈话中快速挖掘出医生的真正需求就显得尤为重要,这就需要运用有效的探询与聆听的技巧,来发现医生的需求。

1. 探询的目的和方法

探询首先是为了引导医生表达对医药营销人员推荐产品的需求点,同时积极的探询也会帮助医药营销人员获得拜访的控制权。

在实际的推广中往往会遇到这样的情形:拜访中医生提出许多问题,同时医药学术代表回答得很出色,最终医生已经没有问题了。整个拜访像是一次面试,正确解答医生的提问成了拜访的主要目的。但是最终医生也没有接受产品。

事实上很多医生不问问题了,也不明确表态是否接受被推广的产品,不是表示他需要该产品,而是他已经确定并不需要接受。如果医药营销人员不进行积极地探询就是无法控制沟通的过程,就将会失去一次拜访的控制权,甚至拜访失效。反之,医药营销人员进行积极地探询,将会帮助医生整理自己需求的思路,他会更清楚地考虑自己最关心的问题能否在你这里找到答案。医药营销人员完全可以通过有效的探询使双方都从沟通中获益,而这正是拜访的本来目的。

探询就是提问题,通常有两种方式:封闭式问题和开放式问题。

(1) 封闭式问题。封闭式问题的特点:只能回答"是"或"不是"的问题。可以在提供的答案中选择,或者是一个经常可以量化的事实。封闭式问题常用的字眼:是不是、哪一个、有没有、是否、对吗等。

营销视野

——"高主任,您是否把A作为难治性感染首选的抗生素?"

——"李教授,您有没有收到我们公司上周寄出的最新资料?"

——"张老师,在这次临床试验中您会选用A方案还是B方案?"

封闭式问题效果:由于只能使对方提供有限的信息,便于取得确定的信息。但易使医生产生紧张情绪，显得缺乏双向沟通的气氛，一般多用于重要事项的确认，如协议、合同等，或者在医生同意的市场调研的访谈中。医药营销人员在面对面拜访中使用封闭式问题时要格外慎重。

（2）开放式问题。开放式问题是让医生了解自己探询的目的，允许医生有思考的余地，并且由其详细说明而不是迅速以一句话来回答代表的问题。其目的是要鼓励医生主动介绍其需求。

营销视野

代表提问："医生，您同意这种说法吗？"如果换成这样问："医生，您认为这种说法如何？"两者的沟通效果明显不同。

开放式问题常用带 W 的字眼，可以简记为 5W+1H：谁(Who)？什么时候(When)？什么(What)？为什么(Why)？在什么地方(Where)？怎么(How)？

① 探询事实的问题。以何人、何事、何地、何时、为何、多少等的问句去发现事实。其目的在于区别出有关医生的客观现状和客观事实。

营销视野

——"医生，您今天看了多少病人？"

——"医生，您一星期几次门诊？"

——"医生，您一般怎么处理消化不良的患者？"

——"医生，处理复合感染的患者时，您常遇到什么问题？"

② 探询感觉的问题。通过邀请发表个人见解，来发现医生主观的需求、期待和关注的事情。询问意见、邀请答话等方式常常能使对方乐于吐露出他觉得重要的事情和心中的想法。

探询感觉的问题有两种提问方式：一是直接探询；二是间接探询。

营销视野

——"医生，您认为这种新药的临床应用前景如何？"

——"医生，您怎样评价 A 产品在中国人群中的疗效？"

——"医生，您怎么看 PPA 的不良反应问题？"

有时直接探询医生感觉的问题可能涉及敏感性问题，比如不同学术派别的分歧意见，与权威人物的意见可能相左，或者医生可能并不熟悉的内容会造成其情绪紧张。为了避免这种可能影响对话和谐的紧张气氛，通常考虑用间接探询感觉的问题：首先叙述别人的看法或意见等，然后再邀请医生就此表达其看法。

营销视野

——"对 PPA 的不良反应问题，有些专家认为应该慎用，而不必完全禁用，您的看法呢？"

——"某医院的李教授临床观察的初步结果是 A 药物有效率在 80%左右，您认为这个结果怎么样？"

一般谈话要从开放式问题开始，如果会谈由于客户的被动接触无法继续时，才转为封闭式问题。

在提出封闭式的问题时，你就在等待“是”或“否”的答案，根据“是”或“否”再把客户引入假设的需求(多数人都认同的需求)，以获得最终的客户认同。

营销视野

(医药营销人员拜访骨科医生，介绍中度镇痛药，希望用于缓解骨关节炎造成的疼痛)

代表：严医生，您一般使用什么镇痛药治疗骨关节炎患者的疼痛？

医生：常用 NSAIDS 类喽。

代表：那您为什么不考虑使用中度镇痛药？

医生：不太了解吧，我不觉得 NSAIDS 类有何不好。

代表：您的患者有无反映使用 NSAIDS 类不能完全缓解其疼痛？

医生：有时会有。

代表：会不会是他们的疼痛达到了中度以上，NSAIDS 类药物镇痛强度不够呢？

医生：那倒是有可能。

代表：TA 作为中度镇痛药代表药物，镇痛强度大，(出示资料)可能适合用于缓解这部分患者的疼痛，您认为怎样？

医生：有道理。

2. 探询的技巧

探寻技巧就是设置技巧性问题，使医生感兴趣，医药营销人员从中获取有价值的信息。

(1) 使医生有兴趣与医药营销人员交谈。探询的技巧首先是要使医生感兴趣，愿意与医药营销人员交谈。所以首先要考虑怎么样激发医生的兴趣。需要注意的是激起医生的兴趣，不仅仅是在开场白，而是在每一次发问的过程中都要尽可能地让医生感兴趣，让医生愿意和医药营销人员交谈。

(2) 取得有关产品使用、治疗及相关竞争产品的重要信息。只有通过医药营销人员与医生的对话才能真正了解产品的使用、治疗及相关竞争产品的一些重要信息。医药营销人员了解到的信息越多，那么成功的概率就越大。

(3) 获取医生对营销人员、公司、产品及他(她)自己需求的看法。通过事先设置的问题，可以了解到医生对营销人员、公司、产品，还有他自己需求的看法，这一点非常重要。如果医药营销人员在拜访的过程中只注意自己的目的，自己如何达成推广，而忽略了医生对医药营销人员和对推广产品的看法，就不能实现真正的推广效果。

3. 聆听的技巧

沟通中存在两个因素：传达口头信息的人，即说话者(speaker)；接受口头信息的人，即聆听者(listener)。在沟通中，聆听与说话一样重要。

在医药营销人员与客户的沟通中，常见的通病是不会聆听。医药营销人员与客户沟通的目的就在于了解他的需求，而客户谈论自己的观点就是在说明自己的需求，只要医药营销人员懂得聆听，就会发现其实客户并不想拒绝，他们肯花时间与医药营销人员沟通，就是想接受被推广的产品。

史蒂芬柯维在《与成功有约》一书中写到：从小到大，我们接受的教育多偏向读写的训练，说也占其中一部分，可是从来没有人教导我们如何去听。然而听懂别人说话，尤其是从对方的立场去聆听，实非易事。

营销视野

柯维把聆听分成了5个层次：

“听而不闻”，如同耳边风——层次最低。

“虚应故事”，“嗯……是的……对对对……”，表面上略有反应，其实心不在焉。

“选择性地听”，只听适合自己口味的。

“专注地听”，每句话或许都进入大脑，但是否听出了真正的意思，值得怀疑。

层次最高的是“设身处地的聆听”。

这五种聆听的层次是从聆听的效果上来分析的，柯维认为沟通应该尽可能地达到“设身处地的聆听”的境界。

让医生充分表达自己的意见，适时地鼓励，设身处地地分析医生关心的要点，及时支持、肯定医生的建议会让医生感到受尊重，沟通愉快而且有价值。

可以鉴别客户表达的需求中哪些是重要的，哪些不太重要。当医药营销人员判定客户的需求之后，仍然需要通过聆听来确认你是否听对了。

表达真诚为客户服务的态度。优秀的聆听者会让客户感到医药营销人员在用心为他服务。医药营销人员关心他的问题，询问他的意见，在了解他的真正需求后提供解决之道。客户自然会愿意敞开心扉与医药营销人员交流。

（1）反应式聆听。“以言词或非言词的方法向对方确认其所说的内容确实已听到了”。与虚应的聆听不同在于，这里强调对医生的话的积极反应，表现为用表情或声音做出反应，鼓励医生继续发表意见。

营销视野

——“我同意。”

——“您能否再详细说明这一点……”

——“嗯……唔……”

——“您能否再就这一点与以前所说的另一点连起来说明一下？”

——“对……对。”

——“是的……是这样……”

——“的确。”

（2）主动式聆听。出发点是为了了解而非为了反应，也就是透过言谈明了一个人的观念、感受与内在世界。也就是通过仔细聆听，不只是对谈话者的话语做出反应，而且不断感觉谈话者透露的信息含义，并适时地做出反馈。这种聆听方式要求：聆听者更加积极主动地参与到谈话者的思路中来。尤其是当客户流露出某些重要的信息，如果及时加以澄清就会直接切入客户的根本需求，引起客户的共鸣。善于积极地使用这样的聆听方式会使沟通的效率大大提高。

主动式聆听方式可以有以下的表达方法：

营销视野

——“你是说……”

——“所以说您的意思是……”

——“让我试试看我是否能这样理解您的意思……”

——“换句话说,您的意思是……”

——“这样对不对? ……”

优秀的聆听者应该:

首先注意控制自己的思想:如果出现好念头,不要猜测、打断对方,或者帮别人说完。

其次要保持与谈话人的目光交流,控制自己的感觉:目光专心注视对方,倾听效果在直视对方眼睛时最好。

最后还应该学会控制自己的情绪:良好的倾听者永远会控制自己的情绪,尽所有努力客观地倾听。

值得注意的是,在交谈中面无表情的倾听者会让所有的人都觉得乏味。

(三) 产品介绍(呈现技巧)

产品介绍是推广过程中最重要的一环,同时也是最能体现医药营销人员的专业推广能力的环节。纯熟的产品知识是药品推广成功的关键。

1. 如何把握时机

当医药营销人员发现客户的需求时,要开始呈现产品,将产品特性转换成产品的利益;

当医药营销人员已清楚客户的需求时,必须要呈现被推广的产品,因为医药营销人员来的目的就是推广产品,让客户了解产品,最终使用产品。

介绍适当的利益,以满足客户的需求。

要是一位顾客做出含糊、不完整的需求表示时,医药营销人员应该不断地询问,直至完全明白了他(她)的需求,越理解他(她)的需求,就越能准确地以适当的利益来满足这个需求。

2. 如何发现时机——如何发现呈现的时机

首先医药营销人员进行说服以满足医生的需求。

其次通过医药营销人员的探询更清晰地了解医生的需求,因为医生希望解决的问题是医药营销人员必须要去做的。

最后透过探询,医药营销人员可以证实这个需求,同时通过探询,就可以更清晰地了解自己的机会,所以在呈现的技巧中,实际上也是通过不断掌握的探询,了解到客户真实的需求。

了解到客户的真实需求后,医药营销人员就可以开始呈现产品以及产品的特性带来的利益。

3. 产品简介

在产品介绍的开始,医药营销人员应该首先对药品的基本信息进行简单介绍。其内容包括药品的商品名、化学名、含量、强度、作用机理、适应证及治疗剂量。

介绍这些基本信息，应努力在最短的时间内向医生清楚、完整地说明，并且给他留下较为深刻的印象。这部分内容虽然重要，但也不能事无巨细地一一说明，应该用最简洁、引人注目的方式介绍。这就要求医药营销人员必须在这些信息中找到一些独特之处。

4. 药品的特性与利益

对产品简介之后，医药营销人员要面对的是药品推广过程中最关键的时刻：通过详细介绍产品的特性说服医生处方。在产品推广中，最终实现医生使用产品，在这个环节完成了产品的特性向利益的转换。特性（feature）是产品能带来利益的特点。利益（benefit）是能为客户解决问题的价值。功效（advantage）指产品的特性能够做什么或有什么作用，即产品的一般性利益。

5. 特性、利益转化的技巧

第一，利益的描述必须是具体的，确实符合医生、患者的需要。利益的描述应该以“您”“您的患者”“您的医院”等主语开始。

第二，陈述利益时要用产品特性去支持（资料、报告等），对在探询时发现的医生需要，针对性要强。在一次拜访中无需陈述太多利益。

第三，通过有效性、安全性、依从性、经济性等方面来解释医药营销人员的产品和总体服务可以怎样满足某种需要。在很多情况下，可以把一个特性转化为医生几个方面的需要。

有效性：可以使用“证明、一致、显著、可靠、见效快”等字眼。

安全性：副作用少；没有什么特别要注意的禁忌证；可用于危急患者；没有危及生命的不良反应；从没有因不良反应而停止使用的。

依从性：服用方便，早晚各一次；患者对此药印象很深；患者感到恢复得很快；患者乐于接受。

经济性：如与其他进口药相比价格并不贵；节省了额外的护理费用。

营销视野

> 如果说一种药品的血药浓度可以持续 12 个小时，这个显然是一个特性，是一种药品所具备的特点。

医药营销人员可以将这一特点转换成什么样的利益呢？血药浓度可以持续 12 个小时，意味着一天只需要早晚各一粒，也就是说一天只需要服用两次就可以了，如果口服药品一天服用两次，相对三次、四次或多次服用的药来说，它的服用就比较方便了。

如果服用方便，病人服用过程中就不容易忘记，即病人使用的依从性很好，依从性好就可以达到良好的治疗效果。

我们经常发现患者投诉某一种药品的疗效不好，吃完以后好像没有什么效果，结果发现是因为要求一天服用的次数太多，病人往往忘记服用，即依从性不好，这样就失去了药品应有的效果。也就是说血药浓度能持续 12 个小时的这一个特性可以带来的好处是病人服用方便，而服用方便不容易忘记就可以达到良好的治疗效果。

营销视野

很多药品是通过缓释技术生产的，缓释技术在临床中可以带来什么好处呢?

病人服用以后药力会在胃里慢慢释放，避免了药品带来的峰波和峰谷(所谓峰波和峰谷是指药品服用后很快就达到一个血药高峰，达到峰波，然后持续一定的时间后达到峰谷，这样就可能造成一种不稳定性)，尤其对于降血压药物来说，缓释技术对于血压的平稳降压有着十分重要的作用。所以缓释技术在治疗降血压的药物中的好处就在于平稳降压，让病人有一种舒适的感觉。

因此医药营销人员在介绍缓释技术时，不仅要介绍药品有缓释技术，同时要告诉医生由于采用了缓释技术，所以避免了药品产生的峰波和峰谷，可以平稳降压，使病人服药以后有一种舒适的感觉。

营销视野

蟾酥注射液为CA的病人提供了中药制剂，而中药制剂是毒性最小，最有希望成为抗CA的崭新药品。

药品有多种剂型，有口服剂型，有针剂型，还有水剂型等等。口服剂型给病人和医生带来的好处是什么呢？静脉用药，或说肌肉注射都是需要别人来帮你实现的，但是口服的药品是通过病人自己，或医生处方以后，病人拿到药品就可以自己使用，自己实现治疗的目的，所以口服制剂带来的好处就是容易调整剂量，给病人带来了方便，依从性好。

药品的三个特性分别产生出相应的利益，同时一个特性不仅可以产生一个，还可以同时产生多个相关的利益。如果医药营销人员在介绍过程中只介绍了事实，可能会使医生并不真正了解这一事实会给他的治疗和他的患者带来什么益处。医药营销人员要让这个药品成为治疗的武器，就必须把这些产品的特性转换成利益。

营销视野

1. 特性：高血压药使用缓释技术。

利益：避免了峰波峰谷，平稳降压，病人有舒适的感觉，口服剂型容易调整剂量。

2. 特性：血药浓度可以持续12个小时。

利益：一天只需早一粒，晚一粒，服用方便，病人不易忘记服用，使用的依从性好，可达到良好的治疗效果。

第四，把特性转换为利益关键在于说明与医生和患者真实需要有关的特性和利益，当需要时，及时运用资料再次强调这些利益，引导医生进行主动评价产品的相关利益。比如透析病人出现透析综合证时(重要病人)，医生最需要什么？病人因为缺钱，拒绝治疗，医生最需要什么?

第五，准确把握特性利益转化的时机。在营销拜访中，有很多把特性转化为利益的机会。如：可以在开场白中；可以在医生提出他对产品的需要后；也可以在处理异议和缔结前。

介绍产品并不总是按照先说明特性再阐述利益的程序进行。例如，你可能先帮助医生弄清他对产品的需要后，再向医生介绍有关你的产品满足这种需要的特性，然后请他评价是否认为你的产品能满足他的需要。而在沟通中随时出现的其他需要，都应该及时提供相应的特性利益满足。

医药营销人员常常需要在推广过程中不断进行特性和利益的阐述。

当确定医生对产品主要的需求能够满足时，医药营销人员就应该进行主动缔结了。

第六，帮助医药营销人员牢记说出被推广产品利益的两种方法。

① 在医药营销人员进行特性利益转换后，问自己：这样说是不是清楚？如果医药营销人员还能用另外的信息来回答这一问题，那么医药营销人员还应该把利益向医生介绍得更清楚，短话长说。

营销视野

你已经告诉医生，药片上有刻痕，接下来问你自己：药片上有刻痕会怎么样？

这就提示医药营销人员要重新陈述利益：药片上的刻痕使药片容易掰开，以满足患者调整剂量的要求。

② 另一个帮助提示陈述利益（不仅仅是特性）的方法是经常用下列连接词。在与医生谈话时，"您""您的""这样的话""这样您就可以"这一类词会告诉医生，医药营销人员明白他的需要并在表达所推荐的药品能怎样满足他的需要。

营销视野

这样的话您的患者就会……

这样您就可以……

因此您能够……

所以您的治疗会达到的效果是……

6. 利益的特点与展示技巧

（1）利益特点。利益必须是产品的一项事实带来的结果；利益必须显示如何改变病人的生活质量和医生的治疗水平；医生最感兴趣的是这个产品对我或我的病人有何帮助或可带来什么益处；医生处方的原因是那些益处，它能满足需求，而不仅仅是产品特点；顾客只对产品将为其带来什么益处感兴趣，而非产品是什么。

（2）展示利益。

① 多种表述与展示。特性是不可以想象的，但是利益是需要想象的，必须是能针对医生或病人的心理获益去充分地想象它能够给医生和患者带来什么样的益处，而益处是需要靠语言去渲染的。所以，在展示利益时，需要通过多种表述与展示使得利益形象化，使得医生能够感觉到利益的真实存在，以达到拜访的目的。

② 反复强调。在展示利益时，还需要反复强调，让医生明确地了解到产品可能会带来的好处。只说一次可能不足以引起医生心中的共鸣，要通过第二次强调，当医生刚有些兴趣时，医药营销人员还要做第三次、第四次反复的强调，直到医生接受为止。

③ 要有侧重点。医药营销人员在呈现利益时，一定是根据推广对象，根据科室的特点进行呈现，所以要有侧重点。在病房里，医药营销人员应该考虑的侧重点是病人在使用以后如何能够尽快治愈出院，在门诊应考虑如何方便使用。所以针对不同的科室、不同的地点、不同的时间、不同的医生，要有各自不同的侧重点。

④ 对老医生使用新方法。在展示的过程中，有时候有多年推广经验的医药营销人员会出现这样的疏忽，认为医生已经非常清楚自己推广的产品，也非常清楚产品的特性带来的利益，其实，这种想法是错误的。脑白金大家都很了解，很熟悉，但为什么每天你在电视上都能看到它的广告呢？实际上脑白金就是反复提醒它的客户，脑白金可以带来的好处。所以对于老客户，即使他已在用推广的产品，还需要反复强调，当然医药营销人员使用的手法可以不同于刚接触的医生。

⑤ 避开竞争对手优势。不同的产品会有它的优势和局限，如果拿医药营销人员推广的产品的劣势与竞争对手的优势相比，那医药营销人员所推广的产品岂不是一无是处，没必要进行推广了。实际上并非如此，只要是化学药品都有它自己的优缺点，所以既要承认其他产品的优点，但是也要尽可能多地展示自身产品的优势。

⑥ 不威胁竞争对手存在，争取立足。在知识经济和人格经济时代，传统的“你赢-我输、你输-我赢、你输-我输”的竞争正步入“你赢-我赢”的战略联盟，从对抗到合作，从无序到有序，从短暂的生存到永久的矗立已成为一种趋势。无论是政界、商界、企业界，无论从事什么职业、什么工作，无论是否意识到社会发展的这种趋势，双赢都将是一种必然选择，是一种新的营销趋势。在竞争的过程中一定要记住双赢的思想，只有当医药营销人员提出的方案成功地解决了客户所面临的问题，实现医生所期望的结果，这个方案才会展现价值，所推广的产品才能够立足，而不是依靠威胁竞争对手的存在而立足。

（3）展现利益时的注意事项：

① 展现益处时尽量使用产品的商品名。展现利益时要尽量使用产品的商品名，而不使用通用名。药品既有商品名又有通用名，同类产品可能会有多个产品名，不同厂家生产的同一药品可能会有不同的商品名，但是通用名只有一个。所以展现产品的利益时，如果使用通用名，就有可能帮助了竞争对手，因为医生在使用药品时，记不住医药营销人员推广药品的商品名，而记住了通用名，容易造成混淆。

② 充分运用观察的技巧。充分运用观察的技巧，确认医生的兴趣在哪，对这个益处是不是感兴趣，如果感兴趣医药营销人员就可以继续这一话题，如果说医生对医药营销人员提出的益处不感兴趣，那么医药营销人员应该用其他事实展现产品的其他利益。

③ 不同专科的医生所需要的对病人的益处各不相同。不同的门诊展示相同的利益，那么碰壁的可能性就会增大，因为不同专科的医生所需要的对病人的益处是不同的。如果在不同的门诊展示相同的利益，缺乏针对性，也许你所展示的利益并不是医生所需要的，那么你的拜访就会失败。

④ 渲染益处时避免夸张。益处是可以渲染的，但是不要过于夸张，如果太过夸张就是超出了药品本身可能带来的利益，这样只会适得其反，因为在医生面前医药营销人员失去了诚信。

7. 局限的概念

局限是产品可能的不良反应，医生处方产品时需要考虑到的限制。任何化学药品既有治疗疾病的积极作用也有不良反应的一面，产品可能带来的不良反应是医生在处方药品时必须考虑的。在这种情况下，医药营销人员不能立即反驳医生提出的药品的局限，而应该首先承认局限，在承认局限的同时，用产品的事实充分展现利益，让医生接受产品的利益，在合理用药的前提下，尽可能地避开局限，降低局限带来的负面效应。

医药营销人员应该准确全面地提供益处和局限，不要夸大。

8. 对待局限的态度

承认局限，给医生一个正确的期望值，好的医药营销人员应该是负责任的，有信心的，不应该传递一种错误的信息。

回避局限会使医生产生一些错误的期望值：认为产品资料的不足，医药营销人员隐瞒了一些风险；医生会对医药营销人员的信任度相应地下降（图 6-4）。

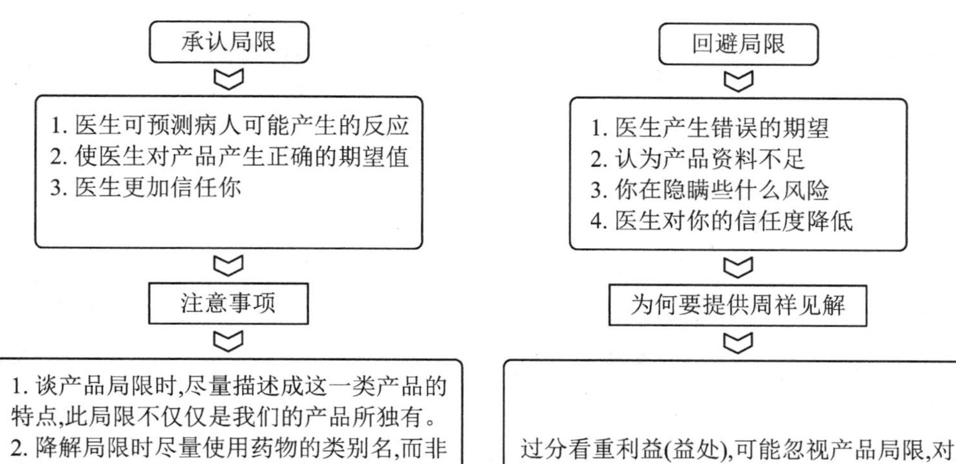

图 6-4　正确对待局限

综上，医生接受的不是产品或服务，而是利益。因此抓住呈现的时间，将药品的特性转化成医生需要的利益就显得格外重要。当医药营销人员明确医生的需要时，应及时呈现利益，呈现利益时应尽量使用产品的商品名，要充分运用观察技巧，考虑到不同专科的医生所需要的对病人的益处不同，渲染益处时不要太过夸张。

第四节　学术推广中异议的产生及处理技巧

成功处理异议是医药推广日常工作的一部分，因为客户通常会在做出购买决定前对产品提出反对意见，客户提出异议的时候，往往是他准备购买的前奏。如果医药销售人员能够高效地处理医生的异议，知道如何分析医生异议产生的原因，如何有效地整合所提供的信息将产品的特性转化为医生的需求，如何技巧性地把这些信息传递给医生获得他的认可，那么就很容易达成缔结。

一、客户异议的含义

客户异议是医药营销人员在推广过程中的任何一个举动，客户对医药营销人员推广产品信息的不赞同、提出质疑或拒绝。

营销视野

您要去拜访客户，客户说没时间；您询问客户需求时，客户隐藏了真正的动机；您向他解说产品时，他带着不以为然的表情等，这些都称为异议。

多数新加入营销行列的营销人员，对异议都抱着负面的看法，对太多的异议感到挫折与恐惧，但是对于有经验的营销人员而言，他却能从另外一个角度来体会异议，揭露出另一层含意。医药营销人员可以从客户提出的异议中判断出客户是否有需要；了解客户对自己的建议书接受的程度，从而迅速修正推广战术；能获得更多的讯息。异议的这层意义，主要表述推广是从客户的拒绝开始的。

二、异议的种类

顾客异议通常是出于保护自己的目的，其本质并不具有攻击性，但它的后果可能不仅影响一次推广成功，有时甚至形成舆论，给药品推广活动带来时间上、空间上的不利影响。要消除异议的负面影响，首先要学会识别和区分顾客异议的类型。在推广过程中，顾客异议的类型是多种多样的。

（一）从异议的真伪性来判断异议的种类

从异议的真伪性角度可将异议分为三类：真实的异议、假的异议、隐藏的异议。在现实工作中需要甄别清楚。

1. 真实的异议

客户表达目前没有需要或对被推广产品不满意或对被推广产品抱有偏见。

营销视野

从朋友那听到您的产品容易出故障。

面对真实的异议，医药营销人员必须视状况采取立刻处理或延后处理的策略。

2. 假的异议

假的异议分为两种：① 指客户用借口、敷衍的方式应付推广人员，目的是不想真诚地与推广人员会谈，不想真心介入推广的活动。② 客户提出很多异议，但这些异议并不是他们真正在意的地方。

营销视野

这种方法是以前流行的方案，已过时了，我最近很忙。
我们科室不用这些产品，不方便等。

虽然听起来是一项异议，但很多不是客户真正的异议。

3. 隐藏的异议

隐藏的异议指客户并不把真正的异议提出，而是提出各种真的异议或假的异议；目的是要借此假象达成隐藏异议解决的有利环境，例如客户希望降价，但却提出其他如品质、外观、颜色等异议，以降低产品的价值，从而达成降价的目的。

营销视野

"这种产品使用不太经济……"
"我从来就没见过你们厂家的资料。"

虽然听起来是一项异议，但很多不是客户真实的异议，往往隐藏着一些题外的意义。

（二）从产生异议的根源来区分异议的种类

大致可分为以下几种，最常见的是针对产品价格、产品质量的异议。还有针对自身需求、购买时间、售后服务、货源、支付能力、购买决策权等方面的异议，也是推广人员经常会碰到的事情。

1. 需求异议

需求异议就是顾客自以为不需要推广产品而形成的一种反对意见。在推广过程中，顾客常常会说"我不需要"或"我已经有了"，没有经验的医药营销人员会感到一下子陷入僵局，使谈话无法继续进行下去而使推广失败。其实，这种异议不一定是事实，可能是虚假异议，只要医药营销人员付出足够的努力，就会发现，你所面对的顾客是需要被推广的产品的。例如，顾客说："我已经有了。"或"我已经有好几种同类产品了。"在这种情况下，医药营销人员也可以提出质疑。如：您尽管有了好几种，但它们的效果是否够好？它们的价格是否够低？它们的供货是否及时？它们的折价是否够大？您对他们的服务是否满意……

2. 产品异议

产品异议是顾客认为推广产品本身不能满足其需求而产生的异议。其中包括顾客对产品使用价值的异议和顾客对产品型号、品牌、式样、花色、包装等异议。这些异议大多源于顾客的认知水平、购买习惯以及各种社会成见，如广告宣传、趋众心理等。

3. 价格异议

价格是顾客最敏感的问题，因其与顾客利益密切相关，所以，顾客在产生购买欲望后，往往对价格提出异议。对价格的异议包括价值异议、折扣异议、支付方式的异议等。价值异议是由于顾客对产品价值缺乏了解，而对价格提出的一种异议；对支付方式的异议通常为：是现金支付还是非现金支付，是一次性付款还是分期付款，是现款还是代销。价格有时还会成为其他异议的借口。

对于价格异议，利用产品自身的优秀品质来化解，是处理好顾客异议的首要技巧。推广人员应该向顾客证明，被推广的产品是经过严格的质量检验的，具有新颖的设计水平、先进的生产工艺、完善的售后服务等，以此证明价格是合理的，是产品价值的真实反映，当顾客明白了其中的道理之后，也许会接受推广人员提出的产品价格。

当顾客说"太贵"时，推广人员把化解的着眼点放在使用价值上，也是一种化解技巧。推广人员可以从美化环境、节省能源、提高效率、增加收益等入手，列举自己的产品能为对方带来什么好处和利益。另外，与同类产品相比较，凸显自己产品的优势，也是化解价格异议的一种技巧。

4. 货源异议

货源异议是顾客对提供产品的企业或推广人员本人不满意而拒绝购买。比如，他们对企业没有信心，对企业的服务不满意，或者由于不了解或不喜欢所面对的推广人员，而不愿与该推广人员所代表的公司进行交易。这种异议有客观方面的原因,但多数情况下可能是顾客的偏见所致。

在推广过程中,推广人员的企业名气不大或信誉不佳,同行之间出现激烈竞争,推广服务跟不上等情况都可能导致顾客在货源方面的异议。

营销视野

"很抱歉,我们和另一家商家有固定供应关系。"

"这种产品我用过了,并不好,我宁愿要别的厂家生产的。"

"我不买你们企业的产品,我们只和知名企业打交道。"

这些都是顾客表示货源异议的表现。突出商品的独特优势是化解货源异议的一种技巧。

顾客可能说"我们正用着另一家的产品,而且很好,还不准备更换",遇到这种情况,推广人员可以更进一步地询问顾客目前的商品品牌和供应厂家,如果与自己产品类似,就介绍自己产品的优点;若两种产品不同,成功的希望就更大了,因为这表明顾客的货源异议并不成立。这时可以着重说明产品的不同点,详细向顾客分析产品会给他带来什么样的新利益。

5. 时间异议

时间异议包括对购买时间的异议和供货时间的异议。供货时间异议是指顾客对推广人员提出的交货时间持有不同的看法。购买时间的异议多种多样,如:

营销视野

"我需要考虑";

"等等再说";

"我们需要研究研究,有消息再通知你";

"先把材料留下吧,以后答复你"。

产生购买时间异议的原因较多,如顾客目前资金周转困难、顾客想获得更多的信息、顾客拿不定主意或者是顾客有购买欲望但认为目前不太需要,有的是尚未酝酿成熟是否购买,有的是身边还有存货,有的可能是因为价格、产品或其他方面不合适等,有时或者是一种推托的借口。对此推广人员要做具体分析,区别对待。

6. 财力异议

这是顾客以缺钱为由拒绝购买的异议。这类异议也有真实和不真实两种,第一种是顾客确实没有支付能力,而另一种可能是借口,也可能是支付能力有限,然而,顾客利用这有限支付能力购买哪些产品,就是一个可变的、不确定的问题,这就要看推广人员怎样去加以引导了。

7. 权力异议

权力异议是关于购买决策权的异议。如:"我做不了主""这事我无权过问"等。顾客可能真的没有购买决策权,也可能是故意找借口拒绝。即使这位顾客真的没有购买决策权,推广人员也可以通过他影响决策者做出购买决策,或者通过他了解一些真实情况。

总之,顾客之所以提出异议,大多不是出于真正反对的动机,只要认真分析,去伪存真,方法得当，都能使顾客异议朝有利于缔结的方向转化。要想成为一个成功的临床学术推广人员，得学会如何应对顾客的拒绝。

三、面对客户提出异议的正确态度

医药营销人员与医生沟通过程中，当医生提出异议时，医药营销人员应正确理解，直面医生，注意并做到以下方面：

异议是客户宣泄内心想法的最好指标；

异议经由处理能缩短订单的距离，经由争论会扩大订单的距离；

没有异议的客户才是最难处理的客户；

异议表示目前的利益仍然不能满足需求；

注意聆听客户说的话，区分真的异议、假的异议及隐藏的异议；

不可用夸大不实的话来处理异议，当医药营销人员不知道客户问题的答案时，坦诚地告诉客户不知道；

告诉医生，会尽快找出答案，并确实做到；

将异议视为客户希望获得更多的讯息；

异议表示客户仍有求于医药营销人员。

四、异议产生的原因

（一）客户的原因

1. 拒绝改变

大多数的人对改变都会产生抵抗，推广人员的工作，具有带给客户改变的含意。例如从目前使用的A品牌转成B品牌，从目前可用的所得中，拿出一部分购买未来的保障等，都是要让您的客户改变目前的状况。

2. 情绪处于低潮

当客户情绪正处于低潮时，没有心情进行商谈，容易提出异议。

3. 没有意愿

客户的意愿没有被激发出来，没有能引起他的注意及兴趣。

4. 无法满足客户的需要

客户的需要不能充分被满足，因而无法认同你提供的商品。

5. 预算不足

客户预算不足会产生价格上的异议。

6. 借口、推托

客户不想花时间会谈。

7. 客户抱有隐藏式的异议

客户抱有隐藏异议时，会提出各式各样的异议：客户自己不能做主；客户对你的产品不了解；客户对你不了解……

（二）医药营销人员的原因

医药营销人员是药品推广活动的主体，也是企业形象的代表，其行为在一定程度上代表企业行为，客户在看到医药营销人员时往往会联想到其所在的企业及被推广产品。如果医药营销人员自身存在着某些主观或客观的问题，必然会令客户产生反感，流露出反对情绪或提出反对意见。通常来说，来源于医药营销人员方面的原因主要表现在以下几个方面：医药营销人员的素质低、专业形象欠佳、方法不当等。

1. 医药营销人员无法赢得客户的好感

医药营销人员的言谈举止态度让客户产生反感。

2. 做了夸大不实的陈述

医药营销人员为了说服客户，往往以不实的说辞哄骗客户，结果带来更多的异议。

3. 使用过多的专门术语

医药营销人员说明产品时，若使用过于高深的专门知识，会让客户觉得自己无法胜任使用，而提出异议。

4. 事实调查不正确

医药营销人员引用不正确的调查资料，引起客户的异议。

5. 不当的沟通

说得太多或听得太少都无法确实把握住客户的问题点，而产生许多的异议。

6. 展示失败

展示失败会立刻遭到客户的质疑。

7. 姿态过高，处处让客户词穷

医药营销人员处处说赢客户，让客户感觉不愉快，而提出许多主观的异议。

了解异议产生的各种可能原因时，医药营销人员需要更冷静地判断出异议的原因，针对原因处理才能化解异议。

8. 医生对医药营销人员产生异议有两种基本原因

（1）误解或对信息缺乏全面的了解。

（2）认为被推广的产品或服务不能满足自己的需求，或被推广的产品服务有缺点。

医药营销人员学习处理异议的技巧，目的在于知道医生反对时如何回应，以便及时澄清负面信息，为拜访最终的顺利缔结铺平道路。

（三）产品的原因

药品作为一种特殊的产品，来自药品自身的异议可能首先表现在药品的质量特性上。药品的质量特性是指药品与满足预防、治疗、诊断人的疾病，有目的地调节人的生理机能的要求有关的特性，表现为五个方面：有效性、安全性、稳定性、可控性和均一性。其中药品的安全性是客户关注的焦点，如果客户认为推广的药品存在极大的风险，那么他的异议也将是最激烈的。作为医药营销人员，既要如实表明药品本身所存在的风险，同时也要注意巧妙地用其能带来的利益去稀释这种风险。但药品毕竟是一种功用性的产品，很多时候，甚至是救命的产品，其有效性也往往是客户选择产品的一个很重要的标准。此外，产品的价格、品牌、包装以及相关服务等也可能会导致客户的异议。

（四）企业方面的原因

在市场经济条件下，企业的形象本身就会对药品推广工作造成直接的影响。企业缺乏知名度、不遵守信用、被大众传媒曝光等都会导致客户异议。

五、异议处理原则

（一）事前做好准备

“不打无准备之仗”，是医药营销人员战胜客户异议应遵循的一个基本原则。

医药营销人员在拜访前就要将客户可能会提出的各种拒绝列出来，然后考虑一个完善的答复。面对客户的拒绝事前有准备就可以胸中有数，从容应付；事前无准备，就可能张皇失措，或是不能给客户一个圆满的答复，说服客户。一些企业专门组织专家收集客户异议并制订出标准应答语，要求推广人员记住并熟练运用。

编制标准应答语是一种比较好的方法。具体步骤是：

(1) 把大家每天遇到的客户异议写下来。

(2) 进行分类统计，依照每一异议出现的次数多少排列出顺序，出现频率最高的异议排在前面。

(3) 以集体讨论方式编制适当的应答语，并编写整理成文章。

(4) 大家都要记熟。

(5) 由老医药营销人员扮演客户，大家轮流练习标准应答语。

(6) 对练习过程中发现的不足，通过讨论进行修改和提高。

(7) 对修改过的应答语进行再练习，并最后定稿备用。最好是印成小册子发给大家，以供随时翻阅，达到运用自如、脱口而出的程度。

（二）选择恰当的时机

有文献报道，通过对几千名推广人员的研究，发现好的推广人员所遇到的客户严重反对的机会只是差的推广人员的十分之一。

优秀的推广人员对客户提出的异议不仅能给予一个比较圆满的答复，而且能选择恰当的时机进行答复。懂得在何时回答客户异议的推广人员会取得更大的成绩。

1. 在客户异议尚未提出时解答

在客户异议尚未提出时进行解答是消除客户异议的最好方法。医药营销人员觉察到客户会提出某种异议时，最好在客户提出之前，就主动提出来并给予解释，这样可使医药营销人员争取主动，从而避免因纠正客户看法，或反驳客户的意见而引起的不快。医药营销人员是完全有可能预先揣摩到客户异议并抢先处理的，因为客户异议的发生有一定的规律性，如医药营销人员谈论产品的优点时，客户很可能会从最差的方面去琢磨问题。

有时客户没有提出异议，但他们的表情、动作以及谈话的用词和声调却可能有所流露，营销人员觉察到这种变化，就可以抢先解答。

2. 异议提出判断后是否立即回答

绝大多数异议需要立即回答。这样，既可以促使客户购买，又是对客户的尊重。而有些异议需要医药营销人员过一段时间再回答，或是暂时保持沉默：

(1) 异议显得模棱两可、含糊其辞、让人费解。

(2) 异议显然站不住脚、不攻自破。

(3) 异议不是三言两语可以辩解得了的。

(4) 异议超过了营销人员的议论和能力水平。

(5) 异议涉及较深的专业知识,解释不易为客户马上理解,等等。

急于回答客户此类异议是不明智的。经验表明:与其仓促错答十题,不如从容答对一题。

3. 不回答

许多异议不需要回答:

(1) 无法回答的奇谈怪论。

(2) 容易造成争论的话题。

(3) 废话。

(4) 可一笑置之的戏言。

(5) 异议具有不可辩驳的正确性。

(6) 明知故问的发难,等等。

4. 医药营销人员不回答时可采取以下技巧

(1) 沉默。

(2) 装作没听见,按自己的思路说下去。

(3) 答非所问,悄悄扭转对方的话题。

(4) 插科打诨幽默一番,最后不了了之。

(三) 争辩是推广的第一大忌

不管客户提出何种异议,医药营销人员永远不要与客户争辩,因为,争辩不是说服客户的好方法,正如一位哲人所说:"您无法凭争辩去说服一个人喜欢啤酒。"与客户争辩,失败的永远是推广人员。一句营销行话是:"占争论的便宜越多,吃营销的亏越大"。

(四) 医药营销人员要给客户留"面子"

1. 心理

医药营销人员要尊重客户的意见。

2. 表情

客户的意见无论是对是错、是深刻还是幼稚,医药营销人员都不能表现出轻视的样子,如不耐烦、轻蔑、走神、东张西望、绷着脸、耷拉着头等。医药营销人员要双眼正视客户,面部略带微笑,表现出全神贯注的样子。

3. 语言

医药营销人员不能语气生硬地对客户说"您错了""连这您也不懂";也不能显得比客户知道得更多,"让我给您解释一下""您没搞懂我说的意思""我是说",这些说法明显地抬高了自己,贬低了客户,会挫伤客户的自尊心。

六、异议处理步骤

药品推广中,经常遇到异议,当异议来临时,医药营销人员需要妥善处理。处理异议的基本步骤包括:缓冲、探询、聆听、答复和异议解除。

（一）缓冲

缓冲是医药营销人员对客户要求关注的愿望表示理解的沟通技巧，这是处理异议关键的第一步。

客户产生异议的原因在于感到自己的需求未被满足，主动表达出需要被关注的要求。无论客户可能的实际需求是否能够被满足，客户表达需求的愿望都应该被充分地理解。

缓冲可以有两种层次：

一是直接切中客户产生顾虑的根源，设身处地地为他的关键需求着想。

营销视野

> 医生抱怨医药营销人员推荐的产品价格昂贵，受过专业训练的医药营销人员会这样缓冲：
>
> 医生："这种药听起来疗效是不错，可就是太贵了，我的病人没几个用得起。"
>
> 代表："王医生，您真是一位全心全意为患者考虑的好医生。的确，像您希望的一样，一个理想的药品除了高效安全方便，还要考虑它的经济性。"

医生的确是在替患者的经济负担考虑，这就是他的需要。医药营销人员适当的赞美先缓解了医生的不满情绪，缓冲之后再进行探询医生的价格评估标准，随着医生理性思维的启动，再来逐步讨论事先准备好的卫生经济分析表，说服医生接受"经济合算"的结论。

二是，无法马上了解医生问题的关键之处，也可以进行一般性缓冲。

营销视野

> "您的意见的确重要。能否详细介绍一下……"
>
> "您考虑得特别仔细，我想多听您介绍一下您的观点……"。

这样的语言也会缓解医生异议带来的紧张气氛，同时也表现出医药营销人员愿意为医生解决问题的诚恳和自信。

（二）探询

运用恰当的缓冲技巧缓和了谈话气氛之后，就要开始探询医生对于药品的真正需求。这时正确的方法是：

1. 先澄清并确认医生提出异议的缘由

以上"产品价格昂贵"的营销视野案例分析中，医生认可药品的疗效，也有治疗的需求，但认为价格太贵，医药营销人员可通过缓冲阶段快速分析出异议产生的原因可能有替患者考虑，也有可能存在医院管理中对他的科室药物费用总量控制的要求，或者他本人的处方权限不够，也可能正在使用的同类品种价格低廉。这样医药营销人员就找出了异议背后的理由。针对这些原因，医药营销人员就可以设置探寻的核心话题：担心患者不接受，担心费用超标，又或者想用但无权限，或者一时难以放弃现在的用药习惯。通过探寻、聆听确定原因后，医药营销人员就可找寻解决办法：有无既能使用新药又能解决费用控制的方法，或者有样品试用，不涉及处方权限也能用药，或者找到终止与现有合作者合作的理由。

2. 切忌早下结论

在处理异议的探询过程中，医药营销人员应该对医生的信息迅速反应，但切忌早下结论。

营销视野

医生在不情愿提及正在使用的同类药品的缺点时，如果你冒失地主动替他总结：您看，您也认为问题很大。医生立刻就会觉察出你的急切，这会使他有机会重新考虑。结果可能马上否认：不，我并不这么看。

丧失耐心的结果，往往是前功尽弃。

（三）聆听

处理异议过程中的聆听尤为重要，因为异议本身就来自于信息传递过程中的丢失或者误解。

异议本身易被曲解，正是需要医药营销人员仔细聆听的最佳时机。

（四）答复

如果你顺利地运用缓冲、探询、聆听的技巧发现了医生的真正需求，就可以运用前面学到的特性利益转化方法来满足医生的需求。

此时一个重要的原则是在结论部分绝不可以说客户错，医药营销人员的目的是使客户接受你的意见。

推广的目的不是同客户辩论。因为辩论的结果可能是医药营销人员获胜了，但如果没有尊重客户，换来的只会是输掉客户的支持。

（五）异议解除

甄别异议解除的办法，通过观察医生对医药营销人员的态度，与其交谈中，医生的肢体语言、面部表情和口头语言加以判断，如果医生仍然态度冷淡，不愿再交流，说明异议尚未解除，需要继续寻找异议的原因；如果医生态度转变，面部表情由严肃转为微笑，语气和缓，并愿意继续交流，说明此次异议基本解除。

七、不同类型异议的处理方法

（一）无兴趣的处理

1. 无兴趣的表现

医生对医药营销人员的介绍毫无兴趣，一般有以下表现：

营销视野

“听起来很好，但我对目前使用的药品非常满意。”

“我们还没有听到使用目前这种药品的病人有任何抱怨。既然这药品没什么问题，为什么要换别的药呢?"

“听起来很好。但您的药品不能满足老年病人必需的安全性需要。”

“我喜欢一天一次的剂量，而你的药品一天需服两次。”

2. 医生无兴趣的原因

(1) 所陈述的产品利益不能满足医生的需要;

(2) 与医药营销人员关系不好,缺乏信任;

(3) 医生没有时间——他正专注于自己的工作;

(4) 医生对现在使用的药品感到满意,当医药营销人员再来推广一些相似的产品时,医生通常不会再感兴趣。

3. 处理方法

利用精心准备好的封闭式探询,来帮助医生确定需要。当医生对现有产品表示满意时,通常表示他目前还没有遇到正在使用的药品可能存在的问题。应该通过一系列从医生角度出发考虑的问题,帮助医生辨别可能影响治疗效果的各种因素,再通过陈述你的药品的利益来满足他新发现的需要。

当医生表示对竞争产品相当满意时,应针对使医生发现并认识到自己的产品能满足而竞争产品无法满足的需要。

(二) 怀疑态度的处理

1. 怀疑态度的概念

怀疑态度是在医药营销人员陈述完产品的特性后,客户仍不相信该产品具有所强调的特征,怀疑产品能提供你所强调的利益。可能怀疑该药品的某些方面或某些好处,不相信该药品能有医药营销人员所说的作用。

2. 医生出现怀疑的原因

(1) 医药营销人员目前提供的信息不足;

(2) 医生对医药营销人员的信任度不够。

3. 处理方法

(1) 医药营销人员先表示理解医生的顾虑;

(2) 医药营销人员及时提供相关的证据、参考文献、医学报告,或是第三者推荐的详细说明;

(3) 医药营销人员需要尽快改善与医生之间的关系。

(三) 误解的处理

1. 误解产生的原因

(1) 医药营销人员提供了错误的产品信息;

(2) 医药营销人员提供的产品信息不完整。

2. 处理方法

先入为主,强调正面信息,不要贸然地指出医生理解的错误,不要让医生感到不舒服。

营销视野

医生:A 产品的疗效有问题。

代表:谢谢您对 A 产品的关心。您遇到了什么问题?(探询)

医生:患者反映一日两次服药,夜间不能完全止痛。(医生误认为每 12 小时用一次是一日两次,于是仅在白天给两次药,白天中间间隔不足 12 小时,夜间间隔过长)

代表:如果没有间隔12小时(澄清),的确有可能疗效不好,A产品已考虑了这个问题(技巧性纠正),根据其作用时间接近12小时的特点,采用q12h(每12小时一次)的给药方法就可以完全缓解患者的疼痛,并且不影响睡眠(提供正面信息)。王医生,您这样就可以使用A产品帮助患者获得更好的疗效了(说服接受)。

(四)真实异议的处理

1. 真实异议的概念

医生对公司产品的某个缺点的合理不满就是真实异议。例如:不良反应、剂型、价格、适应证范围等。

2. 处理方法

为了帮助客户评估,医药营销人员应该表示对医生顾虑的理解,引导医生把注意焦点转移到你能提供的总体利益上,强调医生已经接受的利益,以淡化产品的缺点可能造成的负面影响。

处理医生的真实异议的四步:① 感谢医生的关注;② 探询以澄清问题;③ 减轻负面影响;④ 强调利益。

营销视野

医生:A产品并不一定很安全,呼吸衰竭的患者可能无法使用。

代表:王医生您真是很关心患者的疼痛问题。谢谢您对x的考虑。您是说对病危的患者呼衰时不太好用A产品吧?呼衰时的确应慎用强阿片类药物。但对一般情况较好的患者您就可以放心使用A产品来缓解他们的疼痛了。

(五)潜在异议的处理

1. 潜在异议的概念

潜在异议又称隐藏异议,客户往往通过表面的说辞希望表达其真实异议。

营销视野

"我可以有很多选择。"

"这一点不好……"

"我还是觉得太贵……"

"你的产品副作用很大……"

2. 潜在异议的产生原因

潜在异议是由于医药营销人员对客户的了解仍停留在表面,尚不了解客户的真实需求。客户的异议可能是缺乏兴趣,或者是对产品或服务的缺点不满,也可能产生了严重的误解,总之客户只是以一种含糊不清的态度反对进行更加深入的合作。

3. 解决方法

客户的潜在异议好像浮在水面的冰山,医药营销人员想要了解并解决问题的根源,就只有潜入水下去看。医药营销人员要善于使用探询和聆听,再加上持之以恒的诚恳心态,了解客户的潜在异议就只是时间的问题。

八、客户异议处理技巧

（一）忽视法

所谓“忽视法”，顾名思义，就是当客户提出一些反对意见，并不是真的想要获得解决或讨论时，这些意见和眼前的交易扯不上直接的关系，医药营销人员只要面带笑容地同意他就好了。

营销视野

当营销人员拜访经销店的老板时，老板一见到营销人员就抱怨说：“这次空调机的广告为什么不找×××拍？若是找×××的话，我保证早就向您再进货了。”

碰到诸如此类的反对意见，营销人员不需要详细地去解答问题，因为经销店老板真正的异议恐怕是别的原因，营销人员要做的只是面带笑容、同意他就好。

对于一些“为反对而反对”或“只是想表现自己的看法高人一等”的客户意见，若是医药营销人员认真地处理，不但费时，尚有旁生枝节的可能。因此，医药营销人员只要让客户满足了表达的欲望，就可采用忽视法，迅速地引开话题。

忽视法常使用的方法如下：

营销视野

微笑点头，表示“同意”或表示“听了您的话”。

“您真幽默！”

“嗯！真是高见！”

（二）补偿法

当客户提出的异议，有事实依据时，医药营销人员应该承认并欣然接受，强力否认事实是不智的举动。但记得，医药营销人员要给客户一些补偿，让他取得心理的平衡，也就是让他产生两种感觉：

① 产品的价格与售价一致的感觉；

② 产品的优点对客户是重要的，产品没有的优点对客户而言是较不重要的。

营销视野

潜在客户：“这个皮包的设计、颜色都非常棒，令人耳目一新，可惜皮的品质不是顶好的。”

营销人员：“您真是好眼力，这个皮料的确不是最好的，若选用最好的皮料，价格恐怕要高出现在的五成以上。”

世界上没有一件十全十美的产品，当然要求产品的优点愈多愈好，但真正影响客户购买与否的关键点其实不多，补偿法能有效弥补产品本身的弱点。

补偿法的运用范围非常广泛，效果也很不错。

例如艾维士说过一句有名的广告：“我们是第二位，因此我们更努力！”这也是一种补偿法。客户嫌车身过短时,汽车的营销人员可以告诉客户:“车身短能让您停车非常方便,若您是大型的停车位,可同时停两部车。”

(三)太极法

太极法取自太极拳中的借力使力。澳洲居民的回力棒就是具有这种特性,用力投出后,会反弹回原地。

太极法用在营销上的基本做法是当客户提出某些不购买的异议时,营销人员可立刻回复说:“这正是我认为您要购买的理由!”也就是营销人员能立即将客户的反对意见,直接转换成为什么他必须购买的理由。

营销视野

经销店老板:“贵企业把太多的钱花在广告上,为什么不把钱省下来,作为进货的折扣,让我们的利润好一些?”

营销人员:“就是因为我们投下大量的广告费用,客户才会被吸引到指定地点购买指定品牌,不但能节省您营销的时间,同时还能顺便营销其他的产品,您的总利润还是最大的吧!”

在日常生活中也经常碰到类似太极法的说辞。您想邀请朋友出去玩,女朋友推托心情不好,不想出去,您可以说:“就是心情不好,所以才需要出去散散心!”这些异议处理的方式,都可归类于太极法。

(四)询问法

询问法在处理异议中不仅扮演着推广人员的角色,同时也站在客户角度,透过询问,把握住客户真正的异议点。

营销人员在没有确认客户反对意见的重点及程度前,直接回答客户的反对意见,往往可能会引出更多的异议,让营销人员坐困愁城。

营销视野

客户:“我希望您的价格再降百分之十!”

营销人员:“××总经理,我相信您一定希望我们给您百分之百的服务,难道您希望我们给的服务也打折吗?”

客户:“我希望您能提供更多的颜色让客户选择。”

营销人员:“××经理,我们已选择了五种最被客户接受的颜色了,难道您希望有更多颜色的产品,增加您库存的负担吗?”

(五)“是的……如果”法

请比较下面的两种说法,感觉是否天壤之别。

营销视野

A:“您根本没了解我的意见,因为状况是这样的……”

B:“平心而论,在一般的状况下,您说的都非常正确,如果状况变成这样,您看我们是不是应该……”

A:“您的想法不正确,因为……”

B:“您有这样的想法,一点也没错,当我第一次听到时,我的想法和您完全一样,可是如果我们做进一步的了解后……”

养成用B的方式表达不同的意见,将受益无穷。

“是的……如果……”源自“是的……但是……”的句法,因为“但是”的字眼在转折时过于强烈,很容易让客户感觉到营销人员说的“是的”并没有含着多大诚意,营销人员强调的是“但是”后面的诉求,因此,若营销人员使用“但是”时,要多加留意,以免失去了处理客户异议的原意。

人有一个通性,当自己的意见被别人直接反驳时,内心总是有些许不痛快,甚至会被激怒。若营销人员屡次正面反驳客户,会让客户恼羞成怒,就算营销人员说得都对,也没有恶意,还是会引起客户的反感,因此,营销人员最好不要开门见山地直接提出反对意见。在表达不同意见时,尽量利用“是的……如果”句法,软化不同意见的口语。先用“是的”同意客户部分的意见,再用“如果”表达另外一种状况,这样比较好。

营销视野

潜在客户:“这个金额太大了,不是我马上能支付的。”

营销人员:“是的,我想大多数的人都和您一样是不容易立刻支付的,如果我们能配合您的收入状况,在您发年终奖金时,多支一些,其余配合您每个月的收入,采用分期付款的方式,让您支付起来一点也不费力。”

(六)直接反驳法

在“是的……如果”法的说明中,已强调不要直接反驳客户。直接反驳客户容易陷入与客户争辩而不自知,往往事后懊恼,但已很难挽回。而有些情况下营销人员必须直接反驳以导正客户不正确的观点。

营销视野

客户:“这房屋的公共设施占总面积的比率比一般要高出不少。”

营销人员:“您大概有所误解,这次推出的花园房,公共设施占房屋总面积的18.2%,一般大厦公共设施平均达19%,我们要比平均少0.8%。”

客户:“你们企业的售后服务风气不好,电话叫修,都姗姗来迟!”

营销人员:“我相信您知道的一定是个案,有这种情况发生,我们感到非常遗憾。我们企业的经营理念,就是服务第一。企业在全省各地的技术服务部门都设有电话服务中心,随时联络在外服务的技术人员,希望能以最快的速度替客户服务,以达成电话叫修后两小时一定到现场修复的承诺。”

第五节 推广中的缔结方法

主动缔结是推广的最终目的,如果医生已经信服该产品,医药营销人员应采取行动使其由开始试用,到继续使用,争取在产品适应证范围内,最大限度使用,因为医药营销人员只交谈、不缔结,就像农民只耕种、不收获。而把握缔结的机会则对顺利缔结非常重要。

一、缔结机会

当以下情形出现时,往往就是主动缔结的理想机会。

(一) 当医生重述医药营销人员提供的利益或称赞医药营销人员的产品

营销视野

"A 产品的阴性症状治疗效果确实不错。"
"B 产品的起效的确很快。"
"换用 C 产品,癌痛患者的睡眠真的有改善。"
"D 产品的最大好处就是方便。"

(二) 当医生的异议得到满意的答复

营销视野

"要是这样分析,A 产品的确不算贵。"
"可能你讲的调整剂量的方法会减轻患者的头晕。"
"我倒没想到携带方便,这一点确实重要。"
"看来,仍需要增加剂量才行。"

(三) 当感到医生发出准备用药的信号时

1. 问及使用方法等细节

营销视野

"你介绍的这种药多少钱一盒?"
"一盒能用几天?"
"这个药物的安全性怎样?"
"治疗甲癣一个疗程共需几盒这药?"
"这药是不错的。"
"用在儿童病人上的剂量是多少?"
"你的药比那药好。"
"我们医院已经进了吗?"
"有没有样品可以给我试试?"
"你们公司的药是最可靠的么?"
"这种药可以用于治疗脑膜炎吗?"
"这药的疗程有多长?"

2. 表现出积极的身体语言

观察身体语言(面部和身体姿势)能为医药营销人员提供医生对推广信息的反应的暗

示，因为面部表情和身体姿势是医生想法和情感的有意识或无意识的流露。

营销视野

点头；

上身前倾地坐着；

身体倾向代表一侧；

指出推广资料中产品的优点；

微笑、眼神交流等。

二、主动缔结的步骤

（一）医生有接受信号时先重述医生已接受的利益，再要求医生处方

营销视野

代表："王医生，您也认为B产品抑菌效果好，作用时间长达8小时。您可以在门诊试用B产品有这些优点治疗5个有适应证的病人，然后我下周再来拜访您看看疗效如何？"

医生："好的。"

（二）医生未表达出接受信号时，先重述医生已接受的利益，再探询医生接受信号，最后要求医生处方

营销视野

代表："王医生，您觉得A产品的特点对改善患者的抑郁来说是不是有效？"

医生："是的。"

代表："所以您也认为A产品缓解抑郁效果好，作用时间长，是吗？"

医生："是的。"

代表："由于这些优点您能否试用A治疗5个有适应证的病人？不如下周我再来拜访您看看疗效如何。"

医生："好的。"

三、缔结的方法

（一）直接缔结

在直接缔结时，医药营销人员通常根据谈话的进展，发现医生认可自己提供的产品利益，直接要求医生处方产品。

营销视野

"医生，既然您对A产品的控制感染效果很满意，那么能否给您的患者开始处方呢？"

（二）总结性缔结

有时医生没有明确流露处方的信号，可能是过多的信息让他很难判断自己需要的重点。这时，医药营销人员在缔结时，要先主动把方才讨论的产品的特性利益做出总结，确认满足了医生最关键的需求，然后要求处方。

营销视野

“赵医生，经过刚才的介绍，您会发现×××是一种纯天然植物药，能有效刺激卵巢组织的分泌，减缓更年期女性体内雌激素水平下降过程，从而有效缓解更年期综合证的各种症状，安全，没有长期使用雌激素类药物的不良反应。每天两次口服，使用也很方便。鉴于以上理由，可否请您给几例患者试用？”

（三）推荐性缔结

有的医生态度犹豫是因为担心新药的安全性，即便看到临床文献也还不能完全消除疑虑。医药营销人员如能提供某些医生熟悉的权威人物的意见，会有利于促使医生做出决定。

营销视野

医生：“这药听起来不错，但我从来没用过同类产品。”

代表：“您用药的确很严谨，但对这个产品的安全性不用过分担心，肿瘤医院的李教授已经观察了500多例患者。没有出现严重的不良反应。您也可以先试用几个病例。”

（四）试验性缔结

对医生来说，没有获得足够的经验就大量使用某种新药是不合理的，制药企业也需要在药品上市后通过四期临床试验收集更广泛的安全性证据，因此临床试验也是药品推广过程中必要的方法。这里强调的是规范的合法的项目。如果有这样的机会，医药营销人员则可充分利用。对于有些法律允许的样品，代表也可以通过正常途径提供。

营销视野

代表：“通过这项严格的临床试验观察，你就会了解这种新药的显著疗效。”

（五）特殊利益性缔结

这里的特殊利益是指医生可能存在的高层次需求。即能为医生带来安全、自我实现、尊重、爱与被爱的需求满足的利益。

营销视野

“参加这项多中心试验，可有机会与全国同道交流经验！”

“这个新药的临床试验在全国还是首次进行。”

“对这类患者的观察有助于为您的课题搜集更多案例。”

“这药可能对这位难治性患者来说是一个新的希望。”

（六）渐进性缔结

有时医药营销人员会遇到有些医生被动思考的习惯，似乎很难得出完整的总结，这就需要医药营销人员习惯医生的思维模式，逐步和医生确认达成的共识，最终方能缔结。

营销视野

代表："医生，A 抗生素的第一个特点就是口服给药，这样患者非常容易接受，您是否同意？"

医生："不错。"

代表："A 抗生素的第二大优点就是半衰期长达 20 小时，所以可以采取每日一次的方法，大大减少了患者的服药次数，您的患者肯定会更愿意接受是吗？"

医生："的确。"

代表："A 抗生素的第三个优点是广谱抑菌，您在门诊遇到的普通感染基本上都可以用它来有效控制，所以您处方起来也很方便。"

医生："可能是。"

代表："那么，请您多处方一些病例就可以更多地感受它的好处了。"

（七）转换性缔结

医药营销人员在为医院进药或商业合作等重要事项与客户进行沟通时，由于事情比较重要，当即承诺对客户来讲存在顾虑，客户往往会找出合理的理由拖延缔结的时间。比如医药营销人员准备请骨科主任向药事委员会提出一份用药申请，拜访结束时主任可能会说："你把申请放在我这里，我签了字下周再交给药审会讨论。"如果医药营销人员真的听从主任的意见，很可能会发现下周主任会忽然改变主意，不能帮忙提申请。所以对客户可能采取的拖延措施应该提前准备，这里缔结的关键在于把缔结的内容巧妙地转换成一种客户难以拒绝的方式。

营销视野

代表："主任，现在您同意我们公司的新药的确可以为患者带来新的治疗方案，那您是否能帮我提交这份用药申请呢？"

医生："应该可以，这样吧，你把报告先放在我这里，下周我找个时间交上去。"

代表："主任，谢谢您帮我想得这么周到，不过，你只要在这里签个字就好了。我真的不愿再耽误您的时间。对，就签在这儿，谢谢。"

（八）假设性缔结

推广的最终目的不仅在于缔结，还要看缔结的数量。有时候，客户自己可以决定的购买范围很大，从一盒到几件，如果他确定了购买，但对数量却不敏感，医药营销人员就完全可以抓住机会，通过对客户购买数量的假设认同，将他的潜力变成医药营销人员的营销力。

营销视野

商业进货时，医药营销人员可以这样缔结：

(1)"那么，我先给医药营销人员送 2 件还是 4 件?"

结果可能至少 2 件。

(2) 如果医药营销人员只是问："我先给您送多少？"

客户也许会说："不知道销售会怎样，现在货款都紧，先送 10 盒吧。"

（九）选择性缔结

医药代表提出不同的方案让顾客选择，保证至少一种方案能够成功。

营销视野

"您喜欢用 5 mg 片剂还是 10 mg 片剂？"
"您喜欢用片剂还是混悬液？"

第六节　第三终端学术推广技巧

新医改实施后，医药行业发生了巨大变化，国家加大对基层医疗卫生系统的投入以及患者首诊制的推行，随着新农合、城镇社区医疗保险、双网建设等的发展，国家对药品第三终端市场的有利政策得到进一步落实，对社区和农村医疗服务的投入逐年扩大。第三终端的市场容量高速增长，消费能力进一步提升，给我国的医药企业创造了新的发展空间。第三终端市场正逐步成为我国药品销售的新宠，也成了各个医药企业的必争之地。如何使企业在第三终端市场占有一席之地，已经受到越来越多医药企业的关注。

一、第三终端的概念

所谓"第三终端"是医药企业在对其客户资源和社会需求进行细分的基础上，针对医药行业中通称的第一终端、第二终端的概念而提出的。通常认为医院是药品消费第一终端，药品通过医生处方传递给患者；零售药店是药品消费第二终端，大部分非处方药通过药店销售给患者。而第三终端是指除医院药房、药店（包括商店、超市中的药品专柜）之外的，直接面向消费者开展医药保健品销售的所有零售终端，如乡镇卫生院、社区门诊、企业和学校的医疗保健室、计生站、防疫站等。

二、第三终端市场特征

（一）地域特征

第三终端主要分布于广大农村及一些城镇的居民小区，地点分散、点多面广、规模较小，对药品的需求有着批量小、批次多、品种多的特点，这就给医药企业在第三终端的开发、配送和服务带来了现实上的困难。医药企业对于跨区域的终端开发和营销，往往会遇到各种阻碍。因此，想要实现对第三终端的广泛开发和良好配送，选择合适的市、县经销商非常重要。

（二）消费者特征

第三终端市场的消费者主要是在城乡交接处以及农村的社区居民和广大农民，收入水平一般较低，消费能力不高，无力承担巨额医药费，购买行为容易受到广告的影响，对广告的信任度大于其他层级的消费者，而且对品牌的忠诚度较高，经常持续购买同一种产品。在绝大部分第三终端消费者的购药行为中，医生的推荐和店员的推荐有着较大的影响，消费者自主选择意识不是很强。消费者对药品价格和疗效双重敏感,而对品牌的敏感度较低,对于疗效好、价格合适的产品尤其信赖,往往会在周围人群中传递此类药品的信息,对"中药"信任程度也大于"西药"。

(三)医疗服务特征

第三终端的医务工作者基本上都是全科医生,他们为老百姓提供有关健康教育、疾病预防、常见疾病与多发疾病的诊治等服务。第三终端的医疗服务内容,决定了消费者对药品的需求特性。

(四)药品消费特征

相较于第一、第二终端中高危疾病较集中的情况,第三终端市场对应的主要是呼吸系统疾病、消化系统疾病等常见病。疾病类型的不同导致对药品的需求也不同,第三终端的药品主要包括普药、新普药、大普药。另外,第三终端市场属于中低端市场,产品价格一般较低,因此,企业在采购、生产、包装、储运、经营等方面要尽量降低成本,以获得价格优势。

第三终端的用药与第一、二终端不同,第一终端用药以新特药为主;第二终端是老百姓主动消费药品的市场,以医保品种和广告品种为主;而第三终端使用治疗性、功能性的药品,以进入国家基本药物目录的药品为主。农村市场需求量最多的是普药,主要包括常见病、多发病以及慢性病用药,药品剂型以口服及外用剂型为主,且药品规格、包装小的药品更受消费者青睐。打算进军第三终端市场的企业,首先要有符合市场产品特征且被遴选入国家基本药物目录或省增补基本药物目录的品种。

三、第三终端药品采购

第三终端市场消费者及产品特征不同于第一、第二终端,其药品采购基本上在国家基本药物目录以及省增补基本药物目录范围内,药品采购在省基层医疗卫生机构基本药物目录采购平台实施完成,所采购药品由中标的委托配送企业配送。

四、第三终端学术推广

第三终端学术推广是企业医药营销人员用科学的态度,就专业的学术问题跟医生进行诚实沟通。这种沟通的目的,是要通过增加医生的医药治疗知识以及提供优化的治疗方案,让患者得到经济、高效、安全的治疗。第三终端学术推广包括专业化的学术推广和终端诊所门店经营管理理念的学术推广。专业化的学术推广是为了让诊所医师更好地了解产品,掌握该产品用于不同疾病的治疗方案以及可能发生哪些不良反应和不良反应的应急预防措施等;终端诊所门店经营管理理念的学术推广是为了让诊所经营者能更有效地管理诊所门店,留住患者,因为诊所的患者大部分都是附近的固定人群,如果没有自己的特色,没有很好的管理能力往往很难生存。所以建设特色科室或者特色项目是一个诊所必备的经营策略,效益好的基层医生都有自己的招牌,会经营的医生不一定医术就高,但一定是爱学习、爱钻研、善于沟通交流的好大夫。所以,不断给基层医生灌输正确的经营理念,帮助基层医生学习成长组建自己的特色诊疗项目、增加病源、增加知名度、减少风险,是一个医药企业的责任,也是医药企业与诊所长期合作的营销策略。

(一) 采用多样化的终端学术营销模式

1. 举办大型学术会议

举办以省、市为单位的大型学术会议，邀请周边基层医疗机构医生参会，会上除了对产品做专业性的推广外，还邀请大型医院专业能力强的专家授课，进行学术交流、技能交流、特色疗法等的专项讲座，也会邀请专家讲授如何对诊所进行有效的经营管理，提高诊所的经营水平。

2. 举办小型学术会议

举办以县级、乡镇为单位的小型学术会议，邀请一个县或一个乡镇的诊所、卫生室等医生参加的小型学术交流会，这种类似于院内科室会，召开起来方便简单，可以在科普、交流疾病的诊疗技术和产品知识的同时，做好客服，销售产品。

3. 邀请知名专家到诊所

邀请知名专家到终端诊所传授最前沿的诊断技巧。由公司人员带队，植入产品内容，同时做一些公益性的检查或科普项目，为诊所提升人气，扩大影响力，同时也给公司扩大影响力，提高知名度。

4. 继续教育

医生本身是一个高风险职业，同时是一个需要不断学习的职业，终端医生学习机会不多，企业通过邀请终端医生参加大型专业会议，进修学习，让西医的基层医生掌握中医诊疗技巧、针灸、小针刀等传统医学技能，让中医的医生掌握西医的理论和诊疗技术等，帮助终端医生打造具有诊疗特色的诊所门店。

5. 收集病例资料和发表论文

收集关于本公司产品适应证的临床病例，整理并发表，为产品在市场竞争中积累数据，更好地做好学术推广工作和客情维护。通过收集的病例，了解基层慢病患者档案资料，做好慢病患者健康教育，推荐患者到医联体医院得到最佳治疗。

(二) 终端学术推广获取双赢目标

第三终端的学术推广不但让企业取得了成功，也让终端诊所受益匪浅：

(1) 解决一部分终端医生提升医术、留住患者的需求，同样也可以提升他们的诊所经营管理水平，而公司通过邀请知名专家到诊所坐诊，提高客户知名度，实现动销。

(2) 帮助诊所打造特色诊疗项目，扩大其影响力，吸引患者，而通过对产品的专业性推广，提升了企业的知名度，增加产品认知。

(3) 企业通过学术推广，可快速树立 VIP 客户，稳定产品认知度，达到持续动销的目的。

胰岛素针头的营销渠道主要分为三大类，即医院、药店和线上。根据调研显示，由于医院针头价格偏高且较为麻烦，因此糖尿病患者除了刚确诊的时候会在医院购买针头外，基本都是自己在网上购买，位列全球针管行业前五强的贝普医疗科技有限公司将贝普蜂鸟针的主要营销渠道放到了线上。

由于糖尿病患者不同于骨病、眼病等患者，其病情的特殊性，更容易产生“同病相怜”的感觉，同省市的糖尿病患者都会建微信群来抱团取暖，因此贝普蜂鸟针专门打造了“社群营销系统”：

1. 以市区为单位，建立区域糖友俱乐部——微信社群，采用社群内定期请全国知名的糖尿病专家讲疾病知识，同时，每周邀请老糖友分享康复的经验和故事，每周评选康复明星，每周为糖友过生日、发红包，牢牢地把糖友们黏住形成一个个小团体。

2. 为防止冲货和窜货，把各个区域糖友俱乐部会员落实到线下，定期召开线下沙龙康复分享会，把线上虚拟的感觉落实到现实中，病友见病友，感情更深厚。

3. 把朋友圈打造成为一个封闭口碑营销圈，每天撰写20条左右朋友圈文案，通过公开分享和精准推送，针对几十万糖友形成了一个非常庞大的裂变朋友圈。据统计，新购买群体中有35%左右的新患者是通过糖友朋友圈中分享信息来购买的。另外，在论坛贴吧发布软文，以公益糖友救助赠送的名义引流大批糖友进入我们的流量池，同时自建“贝普糖专家”APP，塑造品牌专业形象，解决咨询和售后问题从而让贝普蜂鸟针在糖友之中广受认可。

4. 同时，拍摄了《好针头标准是什么》《蜂鸟针尖如何进入人体》以及《糖尿病人的一天》三大视频，从产品、科普、公益三方面让糖友全面了解贝普蜂鸟针，从而诱导他们的选择。

经过几个月的沉淀，贝普蜂鸟针迅速在糖尿病患者之间大热起来，仅用一个月就销售超过3000万元，完成了当季度的目标。

讨论：

1. 案例中的胰岛素针头的新型营销模式给你带来什么启发？

2. 你认为这种“社群营销系统”的营销技巧主要有哪些方面？有哪些可以改进的？

医疗机构营销技巧实训

一、项目操作具体步骤

步骤一：选择一处方药品，联系该药品经营企业，了解该药品在××市场的终端布局。

步骤二：根据该产品的市场终端布局，选择10家医疗卫生机构将学生分为10组。

步骤三：各小组负责所分配医疗机构的关于该药品的营销团队是如何做药品推广的调研，了解营销团队的营销技巧。

步骤四：撰写该药品在各个医疗机构的营销技巧。

二、项目操作要点和注意事项

1. 本项目实施的关键是切实做到处方药的选择，并联系好该药品的真实经营企业。

2. 班级里推选一位沟通能力强的同学与经营企业负责该产品在合肥市的营销负责人(或了解该产品市场情况的人员)，了解产品在××市各医疗机构的销售情况。

3. 撰写营销技巧时，需要写清企业和医疗机构的真实全称。

4. 营销团队与生产企业的关系。

复习思考题

1. 什么是公众？什么是医院客户？
2. 处方药推广的技巧有哪些？
3. 处理客户异议的方法有哪些？
4. 缔结的步骤有哪些？
5. 如何将药品使用缓释技术的特性进行利益转化？
6. 血药浓度 24 小时的特性如何向利益转化？
7. 口服制剂的特性如何向利益转化？
8. 拜访时，我们如何设置探询问题打破僵局？
9. 医生提出异议时，我们如何解决？
10. 当缔结机会来临时，我们如何选择缔结方法？
11. 如何选择聆听的形式？

第七章　学术推广会议组织技巧

通过本章学习，了解学术推广会议的概念及其类型；掌握组织学术推广会的步骤流程；熟悉学术推广会的会前、会中、会后的执行要点；掌握高效传递推广内容的技术要领。

贴合当前行业合规要点，助力医药营销从业人员职业道德及素养提升。明确规范化医药营销学术推广流程，有助于行业标准化的建立。提升医药市场营销毕业生就业准备完成度和职业自豪感。创新案例引导医药市场营销专业学生开拓思路，激发学生投身医药营销行业就业的热情。

初入职场的小王同学

小王同学是今年刚刚毕业参加工作的职场新人，虽然之前实习的医药公司没有空岗，但是小王凭借实习期间认真的态度和勤奋努力的敬业精神，拿到了另外一家合资医药企业的offer。全新的公司和全新的产品治疗领域，让他一边努力学习疾病产品知识，一边也在为如何快速熟悉市场、熟悉客户而隐隐担忧。

小王的老板——地区经理老陈却并不担忧这个问题，他鼓励小王在熟悉客户背景资料、加快陌生拜访频率的同时，多召开一些以科室为单位的病例讨论会，这样能够高效的认识更多的医生，会后的跟进也可以增加拜访机会。老陈还给了一个让小王带领五名本区域的医生去外地参加学术交流会的机会，小王正在为自己能够快速熟悉客户摩拳擦掌地做准备。

资料来源：某医药外企实习生访谈。

课前思考：

1. 如果你是小王，你认为有哪些可以快速熟悉市场、熟悉客户的机会点呢？

2. 一个新的一线销售员工，如何在客户面前建立好自己的学术形象？

在会议服务行业中，医学类学术活动几乎是最大的一个服务门类，其特点是学科多、人数多、频次高。据不完全统计，以心血管专业为例，全国每年要召开七百场次以上有规模的学术会议，这还不包括医疗机构二级单位、各大医学院、医学杂志、医药和器械企业的专题会议。与医生联系时，医生“不是在开会，就是在开会的路上”。

以上情况的出现,很大程度上要归因于两方面。一是随着国家医药改革的不断推进,无论是临床渠道、药店 OTC 渠道,还是快速发展的第三终端,都对传递学术内容越来越看重,学术活动已经成为医药企业相关部门的主要工作,许多大型医药企业甚至直接成立独立的医学信息推广部门来做学术推广工作。二是药品、药械等医药相关产品,由于政策规定及其产品的特殊性,不同于一般的消费品,需要在医生的指导下使用,不能直接面向消费者(患者)进行推广。绝大部分药品需要医生对于产品具有足够的认知,才能进行处方并指导患者使用。医生充分了解产品的方式,除了医生自我学习提高、参加行业行政部门的培训、医学信息沟通专员的专业拜访、同行之间的交流学习等途径外,参加由医药公司组织的与产品相关的学术推广会议,也是一个重要途径。

本章内容聚焦于以医药企业作为甲方并提供推广内容的医药产品推广活动(下称学术推广会议),通过对学术推广会议概念、分类、内容传递及流程准备等环节的学习,使同学们初步掌握召开学术推广会议的基本技能。

第一节　学术推广会议概述

一、学术推广会议的定义

学术推广会议是指在产品营销策略指导下,医药产品销售方组织的以推广产品或者传播产品相关资讯为目的,以产品本身相关元素为出发点,通过演讲、专题讨论、互动交流等形式传递产品相关领域疾病的诊疗进展、产品知识、产品相关疾病诊疗案例等学术内容,引发处方医生或药店店员对相关产品产生兴趣、加深认知、掌握使用方法并形成处方或者推广习惯的系统市场推广会议。学术推广会议是面向医疗机构中具有专业知识背景的各层级医生以及医药行业从业人员开展的各类专业学术活动。

二、学术推广会议的作用

学术推广会议是医药企业营销推广策略执行的重要方式之一,在医药企业和临床医生之间发挥着重要的桥梁作用。

(一) 对医药企业的作用

(1) 帮助医药企业高效传播产品相关信息。一方面,学术推广会议大多邀请相关专家作为会议演讲者,他们的影响力要优于医药营销人员;另一方面相较于医药营销人员一对一的拜访,一对多的形式提高了传播效率。

(2) 提高企业和产品的品牌形象。学术推广会议中高水平的讲者、前沿的临床相关内容、专业的会务服务、品牌形象突出的会场设施都会凸显企业和产品良好的品牌形象。

(3) 助力收集客户的反馈意见及建议。在学术推广会议中发放客户意见反馈卡或者建议卡,有时会比线下一对一拜访更有效果,能接收到线下拜访不一样的反馈内容。

(4) 助力促进医药营销人员的客情关系。医生客户在学术推广会议现场,不再受医院特定场域限制,医药营销人员可以获得更多的有效交流机会,促进客情关系;另外,会前沟通、会议邀请、会后跟进都会增加拜访机会,间接促进客情关系。

（二）对临床医生的作用

（1）学术推广会议可以帮助医生定期就某个产品相关的疾病领域进行专题深入学习，了解行业、产业以及疾病相关领域的国内外发展状况，是医生提高专业能力的重要渠道之一。

（2）学术推广会议可以帮助医生了解其他医院的科室发展建设情况，增进同行交流合作机会。

（3）学术推广会议可以帮助医生交流临床诊疗案例，分享临床经验，探讨临床难题，为同专业领域医生相互学习创造机会。

（三）对医药行业的作用

在传统医药营销模式下，大部分医药企业会雇佣医药代表，并且对代表进行相关产品知识和营销策略的培训，以保证学术信息准确传递到医生。但仅仅靠人力去一对一传递，不仅成本高，传递效果也极大依赖于个体对知识掌握的程度，因此效率和有效性成为传统学术推广模式的最大问题。而面向医生的学术推广会议因其覆盖面广、传递效率高、合规、可操控性强，越来越受到医药企业的重视。尤其现代互联网数字化技术的推进给了医药信息传递一个全新的途径，线上学术推广会议效率倍增的同时，数量也成倍增加。学术推广会议已经成为医药行业的主流推广模式，也开启了医药营销的新篇章。

需要注意的是，学术推广会议固然在营销策略执行方面具有现实意义，但也具有一定的局限性。虽然学术推广会议一次可以高效覆盖诸多医生，但并不是每个医生的认知观念改变都是一样的进程，对于会议内容的接受度也不尽相同，比如同样在会场中，每个医生会根据自己感兴趣的内容进行信息摄取，也有的医生可能会因为其他的工作如接打电话等，漏掉了重要的推广内容。因此学术推广会议并不能取代医学信息沟通专员的一对一拜访，学术会议推广之后的一对一跟进也是非常重要的一个环节，专业拜访和学术推广会议双管齐下是目前同等重要的专业化推广之路。

三、学术推广会议的特点

药品是特殊的商品，其学术推广会议具有自身的鲜明特性：

（一）相似性

学术推广会议的相似性主要是指：

1. 推广材料的统一

学术推广会议的推广内容来源于该产品相关的疾病治疗领域，或者产品本身的研究背景、使用情况等，同一产品的医药销售方主办的学术推广会议，其推广材料的出处也相对固定。另外，产品每个时期的推广内容要遵从当时的推广策略，因此推广材料也不能经常变化，同一产品的推广内容具有高度一致性。

2. 推广内容多以阶梯式学术信息为主

医药相关产品的学术推广会议都包含病人流、适应证、治疗方案、品牌选择、剂量疗程等信息，有阶梯式规律，因此相同治疗领域产品的会议内容也会有很多相似之处。

3. 推广内容需要基于说明书或者大型临床研究

比如推广内容中的用法用量，哪一类病人用多少、用多久都需要符合依据，也就是遵从循证医学证据。药品学术推广会议内容的可创新性不大，也是会议具有相似性的原因之一。

（二）规范性

药品的学术推广会议具有科学的推广内容和标准的执行流程，其规范性主要表现在：

1. 推广过程的合规性

学术推广会议不是请客吃饭，更不是旅游休闲，其申请、执行、会后跟进等流程，必须符合要求、合规合法。目前大部分医药公司均已实行一个会议一个编号的管理制度，后续无论是客户反馈还是财务报销跟进都可以一步到位进行追踪。由于医学相关产品学术推广会议的执行要求有较强的规范性，因此很多推广会议的形式和流程也具有不同程度的相似性。

2. 推广内容的合规性

市场部和销售部均不能随便创造新的推广点，比如超适应证用药，超说明书剂量用药、只能在规定的推广点进行推广内容的排列组合。另外，药品推广的内容也不能五花八门，需要严格的审批才能用于推广过程，超适应证使用的病案、没有充分循证医学证据支持的与竞争产品比较的数据等内容，都不能出现在会议推广内容中。很多公司要求必须使用具有医学部审批编号的幻灯片，未经医学部审批通过并派发编号的幻灯片不能在学术推广会上使用。

（三）针对性

不同的学术推广点对应不同的市场状态，只有深刻了解当下的市场状态才能精准地抓住学术推广点，有针对性地进行推广。

学术推广会议的针对性首先表现为不同市场、不同客户，甚至同一个客户不同时间段的学术推广点都不相同。例如同为抗真菌药品，在 ICU 和在血液科具有不一样的地位和使用频率，医生对这个类型的产品认知也不一样，这就需要设计不一样的推广策略和内容进行针对性推广。

其次，在推广过程中不一定要按照“阶梯式”观念升级。观念分级是阶梯式的，推广点却不一定是阶梯式的。比如有的产品已经在该治疗领域耳熟能详，在学术推广时就不一定按照先推广治疗方案，再推广竞争产品差异化营销内容，再推广长期用药的顺序，而是要根据实际需要，确定增长点，一次增长点与下一次的增长点之间，往往要根据覆盖客户的情况进行推广内容的设计。

四、学术推广会议的分类

随着临床医生对于学术要求的不断提高和细化，医药企业学术推广会议的举办形式、传播平台、内容载体等方面都在不断创新。本课程从以下几个维度对学术推广会议进行分类：

（一）根据会议的规模分类

1. 小型推广会议

这种规模的推广会一般以一个或者几个代表的个体区域为单位，不发生跨区域医生客户差旅。这种推广会议最常见的形式就是科室会，一般十人左右，也是医药营销人员学术推广的主要阵地。

2. 中型推广会议

医药企业会以一个或几个销售地区经理的区域为单位，组织认知观念相似的医生召开学术推广会议。这种类型的会议，主要邀请外区域或者本区域有影响力的医生担任讲者或者大会主席；除了讲者之外，较少产生参会医生的差旅费用，规模一般控制在50人之内。

3. 大型推广会议

一般指跨区域的会议或者全国性的学术推广会议。这种会议大多汇聚了相关治疗领域的专家学者，会产生各地医生专家的差旅和住宿费用，规模大多在100人左右甚至更多。

（二）根据会议的区域分布分类

1. 院内科室会议

一般指以一个科室或者几个科室的相关医生作为参会者，通常称为科室会，其演讲者由医药企业方的推广人员或者相关专业医生担任。

2. 地区会议

一般指以医药营销地区经理或者大区经理为单位的，将同地区医院的医生组织起来进行学术推广的会议。

3. 跨区域会议

一般指以一个或者几个销售大区为单位进行，由区域市场部牵头组织，属于区域市场策略中的执行部分。

4. 全国学术推广会议

医药企业一般每年都会以品牌为单位组织若干场大型的学术推广会议，这种以品牌营销为目的的会议往往覆盖全国，由市场部负责。医药企业的品牌会议可以由企业自行举办，也可以搭乘学会或者协会的年会卫星会来实现。

（三）根据会议的主题分类

1. 产品信息推广会

通常意义上，以产品的相关领域研究进展、产品的临床试验数据分析、产品的使用说明等相关信息为主的科室会、产品上市会、产品研讨会、产品学术交流沙龙等形式的会议都属于产品信息推广会的范畴。

执行产品信息推广会可以分步骤进行，先组织各级讲者的培训会，将规范化的产品信息先传递给讲者，然后再进行更大范围的产品信息推广活动。

2. 产品使用相关病例分享/讨论/交流会

与产品使用病例分享交流相关的会议也是产品学术推广的重要形式之一，尤其是对于一些病例相对较少的重大疾病，医生诊疗经验的交流与分享是产品营销推广的主要手段。

3. 综合性信息推广会

如果会议的时间允许，主办方也会将产品信息推广和病例交流分享等形式结合起来，最大限度地提高学术推广的效率和内容的针对性。

（四）根据会议的形式分类

1. 报告式

较为传统的“一人讲大家听”模式，适用于新产品上市会等情境，由于这种会议形式缺乏交流，在药品学术推广会议中已经较少使用，目前一些单向的网络会议由于成本限制，也会使用这种形式。

2. 研讨式

研讨会的议题大多具有较强的科研性质，与会者通常有共同的专业兴趣并对其进行交流探讨。这种会议类型适用于产品发布、新的循证医学证据等情境。

3. 座谈式

座谈会是每位发言人轮流就议题发表自己的见解，发言者之间可以交流，与听众之间也可以交流，是一种较为灵活、便于互动的会议，它适用于病例讨论会等情境。

4. 讲座式

讲座式会议常由一位或几位专家进行个别讲演，讲座的规模可大可小，观众在讲座后可以提问，有时主办方也会不安排观众提问。这种会议形式是目前中型学术推广会议较多使用的形式。

5. 论坛式

论坛式也可以称为沙龙，模式较为灵活，通常由有共同兴趣爱好的人聚集在一起进行，也可以有许多的听众参与，并可由专门小组成员与听众就问题的各方面发表看法，听众与发言人之间、发言人与发言人之间都可以自由交流，主持人主持讨论会并总结双方观点，允许听众提问。这种形式在区域的专家交流会议中比较常见。

（五）根据会议的主办方分类

1. 医药企业主办的会议

也就是由医药企业发起并进行会议策划、组织、服务、跟进的学术推广会议，本章主要内容涉及的组织会议的流程、方法等项均指医药企业自行主办的学术推广会议。

2. 医药企业赞助学术会议

学术会议赞助是医药企业一种常见的市场行为，是指医药企业通过对医药学术会议主办单位（各类医药行业协会、医疗机构）提供资源，帮助解决会议召开注册、专家授课及场地费用等，促进医药领域学术活动开展的活动。通过这些赞助活动，医药企业可以以卫星会、企业展台的形式进行企业相关产品学术内容的推广。

随着现代网络通讯技术的提高，学术推广会议也出现了视频会议、网络互动会议、网络虚拟会议等形式，以上的这些会议形式都可以结合预算、参会客户、会议内容等方面与线上技术相结合进行会议设计。

第二节　学术推广会议的组织流程与执行要点

组织学术推广会议是医药营销从业人员的常用必备技能。学术推广会议的组织流程一般包括以下四个步骤：会前策划期、会议筹备期、会议执行期、会后跟进期（图 7-1）。这四个流程中的每一步均需要组织方的相关部门或者第三方合作者通力合作，每个步骤的缺失或者细节的执行不到位，都有可能会不同程度地影响会议的效果。

本节将以时间为轴线，阐述学术推广会议的组织流程和各个流程节点上的执行要点及注意事项。

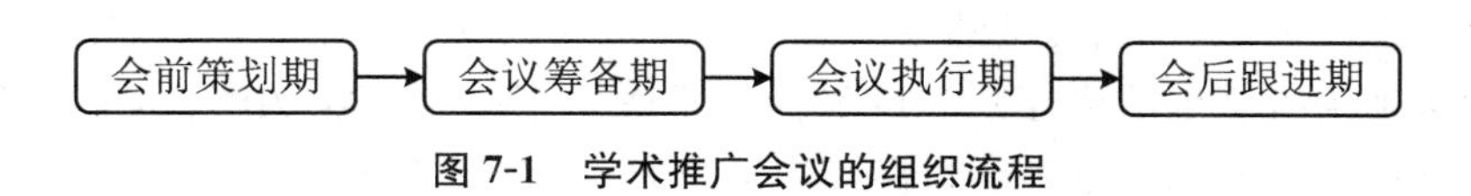

图 7-1　学术推广会议的组织流程

一、会前策划期

做好会前策划是保证学术推广会议成功进行的前提。在会前策划期，医药营销人员需要按照步骤，有序策划好以下几个方面的内容：

（一）确定会议主题和目标

1．会议主题的确定

学术推广会议主题需要在市场推广策略的指导下，根据方案提前规划并确定产品推广信息。医药公司市场推广策略中，通常提前规划好本年度产品推广主题，而医生对于产品的认知提升是呈梯度变化的，组织者在会议前需要将这些推广主题与自己区域医生的认知状态进行匹配研究后，再根据产品推广阶段或者区域的不同确定会议主题。在不同时间段推广相应内容，且有序执行是推动市场推广策略高效执行的有力保障。

2．会议目标的确定

在会前策划阶段，与会议主题同样重要的是确定会议目标。即使是对于会议执行流程完全驾轻就熟的资深推广人员，也需要在会议计划期制定一个清晰而明确的会议目标。一次会议的目标可能是一个也可能是多个，但这都不是关键问题，关键是会议的组织者应该非常明确召开这次会议想要达成什么目标。如果有多个目标，那么它们之间的重要程度又是如何区分的。明确会议目标，后续的会议议程准备就能迎刃而解。

鉴于会议目标的重要性，通常建议会议组织者以书面形式将其明确，并在会议组织者团队中进行充分沟通确认，确保大家目标一致。可以用目标设定的原则——SMART 原则（图 7-2）来确定会议目标是否完整。

图 7-2　SMART 原则

例如某公司某抗菌药物 X 的全年推广主题之一是“循证医学证据支持该产品的耐药率低”，在确定该主题后可以将本次会议目标制定为：通过讲者对“抗 G＋菌药物耐药情况分析”主题的讲解和会后三个议题的讨论（具体的），在会议结束时（有时限性的），使 80％（可衡量的）参会医生认为 X 产品是目前抗 G＋菌药物中耐药率较低的产品，且不易产生耐药（总体评估有挑战性且可实现）。

3．会议主题与目标的合理性分析

一个会议主题和目标确立是会议筹备期的关键，如何衡量会议主题和目标的设定是否合理，可以从以下几个维度考量。

(1) 会议主题是否与目标客户类型匹配。医药营销人员在客户管理过程中，会将医生客户群划分为不同类型，不同类型的客户需要设计不同侧重点的主题内容，如果让具有丰富用药经验的医生来听基础的诊疗知识或者让新手医生来听疑难病例解析，都会降低学术推广会议的信息传播效率。选定参会目标医生客户时，可以参考以下几个方面：

① 根据客户的潜力(最大用药量)和接纳度(同品类处方比率)，对客户进行大致分类后进行选择。通常情况下，选择对用药量有贡献的客户参会。如图 7-3 客户分类中，第 A/B/C/D 象限的客户显然在处方潜力及对于推广产品的认知度上各有不同，可以根据推广的主题来确定哪些客户更适合参会。

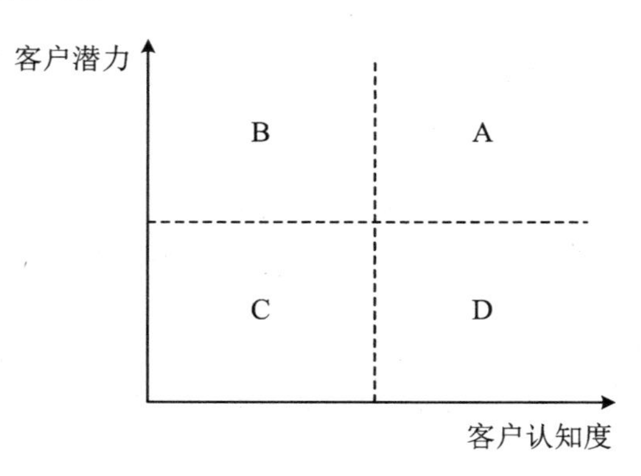

图 7-3 客户分类

② 选择疾病和产品认知相同或相似的客户。每个医生根据自己的临床经验，会有不同的诊疗认知，例如即使是相同治疗领域的医生，有的医生关注药物的起效时间，有的关注药物的生物利用度，有的则关注药物的安全性问题，而有的关注服药方便与物美价廉。具有相同认知的医生客户可以使会议主题设计更加有针对性，提高内容的接受度，会后讨论也会更容易，从而促进相互学习与产生共鸣。

③ 全面考虑各种影响客户参会的因素。参会客户选定的时候难免会受到地理位置、突发事件、医生加班值班等个人事宜等因素的影响，因此一般会选择地理位置相近的客户，并提前预约参会医生。

通常我们可以从以下三个方面入手来确认会议主题与目标客户的匹配度：

一是先要清楚目标客户多数成员当前的处方状况。即在接纳梯度上的位置，如果努力向上推动，可以推到哪一个位置？这是不是本次会议后希望达到的处方状况？

二是在会议进行的过程中，将要遇到的最大障碍是什么？客户会提出什么疑问？如果障碍解除了，会不会达到希望的目标？客户会出现怎样的反应？

三要考虑一下，清除第二点中提到的最大障碍的内容，就可以作为本次会议的主要议题。

(2) 关键意见领袖(Key Opinion Leader)是否已确定。确定了目标客户群之后，就需要确定一下在这个群体中具有学术影响力的关键意见领袖(Key Opinion Leader，以下简称 KOL)。学术推广会议需要邀请 KOL 来确保信息传递的影响力，他们通常可以作为会议的大会主席或者主要讲者。KOL 一般分为以下几种，每种类型的 KOL 其邀请方式和在会议中的作用也不尽相同：

① KOL 完全不接受会议内容/观点。这部分的 KOL 我们需要提前加强沟通，争取

中立，一般需要一对一拜访，最好有地区经理级别以上的人员协访。即使经过提前沟通，这种类型的 KOL 在会议中的可掌控度也不高，不适合作为讲者，甚至还要规避邀请参会。

② KOL 对产品持中立态度，没有完全赞同或否定。这种类型的 KOL 需要提前拜访沟通，在拜访过程中针对其产品相关的认知情况进行探寻并处理异议，争取在学术推广过程中取得支持，可以作为大会主席备用。

③ KOL 有产品应用经验，并支持产品策略。对于这个类型的 KOL 可以向其征询一些对于会议的建设性意见，在遇到客户邀请难题的时候可以寻求其帮助，是大会主席的很好人选，如果演讲技巧好也是主要讲者的最佳人选。

在确认了会议的主题之后，还需要再与前面的关键人物进行沟通，一方面可以从医生角度评估推广主题是否合适，另一方面也凸显了对于关键意见领袖的尊重。

（二）确定推广内容，联系合适的讲者

会议的主题确认后，需要对会议的内容进行系统设计，这个过程有的时候需要与合适的讲者边沟通边进行。

会议内容的确定需要会议组织者对医生的认知有相当深入的分析和了解，尤其是新产品学术推广会议的内容，需要准确的定位目标客户之后再确定内容。成熟产品的学术推广会议内容确认还要对之前几年的推广内容和内容传递效果进行回顾性分析，这对会议内容的确认有重要的参考作用。一般产品推广的每个主题下会有相应内容的幻灯片等资料，会议组织者也需要在合规的要求下选择可以推广的内容进行推广。

在对会议内容初步确认之后，也需要同步确认讲者，内容是学术推广的核心，而讲者是确保内容推广成功的关键所在。在会议策划期需要与讲者就会议的主题和演讲的内容达成一致，并确认好讲者的时间段。

需要提前与讲者沟通的主要原因是相关领域的专业讲者往往数量有限，医生的本职工作也很忙，有的时候沟通晚了，适合内容的讲者全年计划都定下来了，就很难调整。另一个原因是讲者对于演讲的内容也会有自己的见解，讲者的建议往往会使医药营销人员的会议内容更加落地，更加容易被医生与会者接受。

（三）拟定大致参会客户名单

会议主题内容确认之后，就可以根据推广内容选择相应认知的参会客户了。这里并不是去邀请客户，而是将符合会议推广主题的客户筛选出来，以备后续决定是举办大规模学术推广会议一次性邀请参会，还是根据预算分批次在小会议推广时邀请。

在学术推广过程中，并不是所有使用该产品的医生都适合听所有的学术推广内容。例如抗抑郁剂这个类型的产品，心理科、精神科、神经科的医生都会处方，如果推广内容是产品的作用机制、疾病的致病机理研究等，可以邀请心理科、精神科这些专科医生来听课；如果推广内容是产品的安全性或者新的适应证等，就适用于神经科等通科医生来听课。

参会客户的认知情况与会议主题趋于一致，会使会议的讨论主题更加集中，也会提高参会医生的信息接受率和满意度。

（四）确定会议的形式和规模

会议的形式是为内容服务的。比如圆桌会议比较适合人数不多的学术交流沙龙或者病例讨论会，而课桌式的演讲则更适用于产品信息的推广，如果有更新的产品资讯，也可以放

在学会/协会的年会上做卫星会来推广。单向的网络直播会议可以覆盖到更多的客户提高信息传递效率,双向的网络直播会议会对问题提问交流的客户更友好。

当然,会议的形式和规模的确定也要参考营销预算,营销推广的同时要考虑投入产出比。

总之,确认会议目标和主题后,再根据主题确定会议内容和讲者,然后根据内容的传递效果进行多元化的会议形式创新,最后结合预算考虑会议规模,学术推广会议的计划就基本完成了。

二、会议筹备期

完成会议主题和目标的确认,并对会议整体形式和规模策划完毕之后,就可以进入会议筹备阶段。在这个阶段需要考虑选定执行会议供应商(根据会议需要)、会议组织方内部任务两个方面的事宜(图 7-4)。

组织方与供应商	会议组织方内部
• 确定会议时间及议程并制作邀请函 • 确定会议地点(城市 酒店 会场) • 确定会场内布置(桌椅布局 配色 引导牌 桌卡 度签表) • 确定酒店房间 餐饮 • 确定参会医生往返酒店接送车辆 • 确定会议物料(背景板 易拉宝 品牌提示物 会议资料等) • 确定会议彩排事宜	• 确定会议执行人员分工 • 定期召开相关执行人员沟通会 • 对会议进行公司内部的申请备案 • 确定组织方内部参会人员 • 持续沟通讲者以确定讲课内容 • 与大会主席沟通会议目标并确定会议流程 • 持续关注参会客户邀请情况 • 关注产品及竞品市场动态变化情况

图 7-4 会议组织方内外部事宜参考

如果会议形式确定为科室会或者院内会,其执行过程不产生会场及交通差旅,不涉及需要会务供应商提供服务的内容,可以根据情况删减一些筹备内容。筹备期需要执行的内容庞杂繁琐,一般需要多线程同时运作。在筹备期有几个重要环节需要组织方注意:

(一)确认会议邀请函中的内容并启动发放邀请函

会议邀请函的内容主要包括时间、地点、议程,议程中要写清楚主题、讲者及每个主题的时长。会议邀请函是拟参会者对于会议的初印象,是产品品牌形象的代言,也是吸引参会者参会的因素之一。

1. 会议时间

大型学术推广会议的时间往往要根据重要讲者的时间提前沟通,有时候业内关键意见领袖的讲课时间需要在年初就确定下来。一般的城市会或者小型的科室会,就相对灵活一些,与主持人沟通好时间就可以确定下来。

安排会议时间确认需要注意的事项有:议程在两个小时之内的会议可以在非周末下班后来安排晚餐会,有的科室也有自己的午餐会议时间;议程大于两个小时的会议就需要安排在周末进行,如果要发生差旅,还要注意提前留出合理的差旅时长。通常避免法定假期及其前后安排会议。

2. 会议地点

一般根据参会客户的情况就近安排,尽量减少差旅。有的公司严格规定会议产生差旅人数的比例，以及不允许在某些特定的旅游城市和度假酒店举办学术推广会议。

3. 会议议程

由于听众集中注意力的时间有限，且大量摄入知识点会十分消耗精力，这就需要我们在面对议程较长的内部会议和大型会议时，要对会议的休息时间做出灵活把控，会议中途设置茶歇，缩短不必要的讨论和议程等环节。组办方在会前就要大致准确地评估会议的整体进程，评估各项议程可能花费的时间，必要时需要对议程设定进行预演，并预设讨论问题。

4. 邀请函的编写与设计

会议邀请函是专门用于邀请特定单位或人士参加会议，具有礼仪和告知双重作用的会议文书。邀请函用于会议活动时，与会议通知的不同之处在于：邀请函主要用于横向性的会议活动，发送对象是不受职权所制约的单位和个人，也不属于本组织的成员，一般不具有法定的与会权利或义务，是否参加会议由邀请对象自行决定。学术性团体举行年会或专题研讨会时，要区别成员与非成员。对于团体成员应当发会议通知，而邀请非团体成员参加则应当用邀请函。

（1）会议邀请函的基本内容。会议邀请函的基本内容与会议通知一致，包括会议的背景、目的和名称；主办单位和组织机构；会议内容和形式；参加对象；会议的时间和地点、联络方式以及其他需要说明的事项。内容根据实际情况填写。

（2）会议邀请函的结构与写法。

① 标题部分。由会议名称和“邀请函”三个字组成。

② 称呼部分。邀请函的邀请对象一般有三种方式来称呼：发送到单位的邀请函可以写单位名称；直接发给个人的，应当写个人姓名，前面加上敬语词，后缀“先生”“女士”“同志”等。由于邀请函是一种礼仪性文书，称呼中要用单称的写法，不宜统称，以示礼貌和尊重；网上或报刊上公开发布的邀请函，由于对象不确定，可省略称呼，或以“敬启者”统称。

③ 正文部分。正文应逐项载明具体内容。开头部分写明举办会议的背景和目的，用“特邀请您出席（列席）”照应称呼，再用过渡句转入下文；主体部分可采用序号加小标题的形式写明具体事项；最后写明联系联络信息和联络方式。结尾处也可写“此致”，再换行顶格写“敬礼”，亦可省略。

④ 落款部分。因邀请函的标题一般不标注主办单位名称，因此落款处应当署主办单位名称并盖章。

⑤ 邀请时间部分。写明具体的年、月、日。

（二）公司内部事宜筹备

一些合规要求严格的公司需要在会议前进行会议编号申请、讲者讲课费申请、讲课幻灯片备案、拟邀请客户名单上传等一系列操作，以便公司对于发生的学术推广会议进行跟进检查。金额超过公司承办会议最低标准要求的学术推广会议还需要第三方供应商来进行实地运营，需要提前进行招标比价，签订合同之后才能由第三方进行接下来的筹备。

如果学术推广会的组织方中包括两个以上部门，还需要沟通确认邮件发送至哪些相关部门，以确保信息对称。例如参会客户邀请的都是由医学信息沟通专员在拜访时一对一邀请的，这就需要这些营销一线人员清楚地知道会议内容、讲者、参会地点等信息，因此内部沟通邮件就需要将会议邀请函的电子版、名额分配、参会专家要求等信息传达到一线营销人员处。

（三）会场事宜的筹备

会场的环境、设备硬件、服务、餐饮等情况直接关系到学术推广会议的成功与否，因此需要事无巨细。包括会场内部布置（主席台、背景板、桌椅摆放、音响投影、电脑、激光笔、灯光等）、会中茶歇、会后用餐、会场指引、签到台设置等。会议组织方在会议筹备期需要对这些方面进行提前调试，对容易纰漏之处做好突发事件备选方案，以确保会议现场的顺利执行。

1. 会议场地形式的布置

会场形式的安排，要根据会议的规模、性质和需要来确定。不同的会场布置形式，体现不同的意义、气氛和效果，适用于不同的会议目的。日常小型科室会的会场布置形式多为圆形、椭圆形、长方形、正方形、一字形、T 形、马蹄形，体现融洽交流的气氛；病例讨论会的会场布置成半圆形、马蹄形、六角形、八角形、回字形，使人有轻松、亲切之感，促进讨论发言；中型学术推广会议的会场可以布置成课桌式、扇面形，使人有正规、严肃之感；大型学术推广会的会场布置一般是分列课桌式。

2. 会场环境布置

(1) 主席台的布置。设有主席台的会场，主席台是装饰的重点，因为主席台是整个会场的中心。一般在主席台上方悬挂红色的会标（亦即横幅），会标上表明会议的名称。主席台背景处可布置品牌背景板。很多大型的学术会议或者研讨型会议都是一些有声望的专家或领导参加，所以是一定要为与会人员准备铭牌的，会议前要安排好坐席和铭牌。

主席台的座次安排，实际上是参加会议的领导和贵宾的次序安排，工作人员必须认真对待。做好这项工作，首先要请领导确定主席台上就座人员的准确名单，然后严格按照名单安排座次。国内的会议主席台座次排列，通常的做法是身份最高的领导（有时也可以是声望较高的来宾）就座于主席台前排中央，其他领导则按先左后右（主席台的朝向为准）、一左一右、前高后低的顺序排列，即名单上第二位领导坐在第一位领导（居中）的左侧，第三位领导则坐在右侧，以此类推。如果主席台上就座的人数为偶数，则以主席台中间为基点，第一位领导坐在基点右侧，第二位领导坐在第一位领导的左侧。

(2) 讲台和投影幕布的布置。设置专门的讲台，有助于突出报告人的地位，显示报告的重要性，也会体现出会议气氛的庄严和隆重。一般情况下，讲台只设一个，可设在中央，也可设在右侧（以主席台的朝向为准）。设在中央的，位置应低于主席台，以免报告人挡住主席台上领导的视线。若是较大的会场，也可以在主席台的两侧设置讲台，以方便代表上台发言。投影幕布根据讲台的设置，放在讲者不会遮挡、观众易于观看的位置即可。

讲台上一般会有电脑播放讲者的讲课内容，投影仪的位置也需要提前确认安置，这里还需要考虑布线不能影响讲者和观众的走动，以防发生意外。

(3) 会场的装饰和色调。会场背景的装饰除了主席台的装饰外，主要指会场四周和会场的门口，这些地方可悬挂会议名称横幅、品牌背景板等。整个装饰需要与会场的色调一致。不同的色彩与色调能让人产生不同的心理感受。例如，红、橙、黄等颜色给人以热烈、辉煌、兴奋的感觉，青、绿、蓝等颜色给人以清爽、娴静的感觉。因此，时间较长的会议，会场可用绿色、蓝色的窗帘，以消除与会者的疲劳。考虑到与会人员的参会心情，还需要注意灯光和温度，以及绿植的摆放等，力求让与会人员在一个舒适的环境里参会，能够达到最佳的会议效果。

3. 其他细节

（1）布置会场前要先对会议的一些基本信息进行整理了解，例如会议的规模、与会人员的数量等，通过这些信息拟定一套合适的会场布置方案。

（2）讲者超过两人的会议需要在与会者席上摆放会议议程，以便参会客户对会议的进程有所了解；另外相关产品资料等会议资料，也需要在会前整齐摆放在每一位与会人员的座位上。有的大型会议需要把讲者的讲稿提前摆放在与会者坐席前，这就需要提前准备以留出足够的印刷时间。

（3）会场的茶水及茶歇准备也是必不可少的，周末举办的大型学术推广会议一般是两个小时以上，所以一定要为与会人员准备茶水和茶歇。

（4）会议或者活动的举行离不开设施设备，例如投影仪、话筒、音响、音控系统等，这些都是必不可少的，需要提前摆放和调试。

（5）会务人员还需要准备一定的会议记录工具，很多会议都需要做会议纪要，还可能需要拍摄一定的相片等，需要提前留出摄影和拍照的位置。

（6）会场空气也是需要调节的，很多会场因为平时使用较少，会长期关闭，这就导致会场的空气不够新鲜，所以布置会场时一定要考虑会场的空气。

（四）讲者和参会客户的持续跟进拜访

在会议的筹备期需要继续对讲者和参会客户进行跟进拜访，主要跟进内容是：

1. 确认最终版的演讲幻灯片

会议组织者需要与讲者对每张幻灯片的演讲内容达成共识，俗称"过片子"，这个环节是确保产品信息准确传递的必备步骤，也是对讲者的产品认知提升过程，是必不可少的环节。

2. 对讲者的时间、行程进行再确认

有的时候即使为城市内学术推广会议，为了确保讲者准时到达会场，也需要预定专车对讲者进行接送，这些细节也需要与讲者提前确认。

3. 确认参会客户名单

在会议的筹备期需要根据会议的内容以及名额的分配，由一线销售人员去邀请客户。在邀请参会客户的同时，也可以顺便收集一下客户对于会议内容的一些相关问题，这些问题在会后可以根据现场时间的实际情况作为互动问题备选。

（五）会议现场准备

1. 会议现场分工确认

在会议即将召开的前 1～2 天，需要对于现场人员的分工进行现场明确，并以纸质化的 rundown 的形式分发给每一位负责人，大型会议需要在现场对每一个分工的负责人进行工作职能确认。例如负责调节灯光的人员，需要确认灯光的开关位置、亮度等细节，以确保现场的执行效果。

2. 会议彩排

会前在现场需要根据分工来对会议的议程进行彩排预演，以确保每个现场工作人员都对自己负责的事情清晰明了。这个步骤往往会被忽视,但在实际操作中对整个会议的执行流程进行梳理,可提高会议的效率,减少误差(表 7-11)。

表 7-1 学术推广会议彩排内容参考

彩排环节	具体职责
彩排前确认内容	开场视频、会议流程,讲者简历
	会议手册设计
	现场问答问题准备,讨论提纲,其他道具(如有),台卡名单
	幻灯片(最终版),会议流程终稿
彩排前物料准备	物料运输至会场,清点确认,并发给各个相关供应商 拉网背景板、展架、产品资料、提问卡 会议手册、签到表、胸卡、品牌提示物
	创意相关物料、日程易拉宝、指引展架等 外场物料、名卡、桌卡、讲台贴等 集体照相关配备:摄影、台架、座椅(确认个数)
	会场搭建 音响、调音台、视频/音频调试、灯光、话筒调试、幻灯片调试(包括电脑、鼠标、激光笔)、台卡(2 套)、所有指示易拉宝和展架摆放到位; 打印:所有讲者和主席简历彩打、会议流程主席沟通版彩打
	会议申请检查以及讲课费合同打印备用
会议过程彩排	按照会议现场流程进行彩排并确认最终流程 注意事项: 1. 幻灯片的播放顺序及流畅性; 2. 现场音响与话筒预留备用方案; 3. 讲者演讲及讨论时灯光的亮度调节; 4. 茶歇及会议结束时会场的引导指示; 5. 大会主席及讲者入场背景乐及方式演练等

三、会议执行期

会议计划和筹备完成后,会议的执行便会驾轻就熟(表 7-2)。除了按照彩排的过程分工进行执行之外,还需要注意以下几个方面:

(1) 参会员工着装要正式甚至统一正装。这对于公司品牌形象的树立有帮助,也会使参会客户感受到被尊重被重视,提高其参会的认真度。

(2) 会议现场需要有图片和文字记录,但摄影人员不宜频繁走动影响参会客户听课质量。

(3) 会议中需要随时关注场内与会者情况,做好参会客户的问题收集和引导,大型会场必要时需要派专人进行客户问题卡的收集,散场时也需要指示牌和引导员以免混乱。

(4) 茶歇的时候可以播放音乐缓解听课时的用脑疲劳。

表 7-2　学术推广会议执行内容参考

执行环节	具体职责
会前一小时	会议开始前流程(分工、物料)再确认
	签到台(人员提前一小时到位)
入场	引导客户入场(群发提醒短信)
	提前联系相关讲者,引导讲者入场入座,与讲者详细沟通流程和 VIP 的主要任务(例如,致辞、启动仪式等,包括激光笔、话筒和电脑的使用)
	讲课费签署(可根据情况在会后执行)
	讲台电脑支持及幻灯切换再调试
茶歇	外场互动:茶歇区展示需要有组织方负责人员
会场执行	讲台上准备矿泉水
	仪式提醒嘉宾上台
	茶歇结束召集参会医生回到会场
	提问环节负责人,收集并上传提问卡以及传递话筒
	集体照引领
	VIP 集体照引领 &VIP 午餐引领
	参会人员午餐引领
	(如有)会议反馈表使用指导及回收
午餐/晚餐	主桌嘉宾引导入场
	引导客户入场

四、会后跟进期

许多营销人员在学术推广会议结束之后往往长舒一口气,认为应该可以休息几天了,殊不知会后的有效跟进才是学术推广效果落地的关键一步,有效的会议跟进与评估可以及时发现会议中的问题,也可以帮助确定下一次会议的目标和主题。在会议结束后,组织方和参会方都需要有复盘总结和明确的跟进计划。

(一)会议组织方的总结

会议组织方需要就会议的组织流程、执行过程中出现的问题进行总结分析,并有针对性地作出改进方案。如果会议是由第三方供应商主办的,需要及时履行合同流程进行结算。会议中发放的物料需要进行回收,可以进行循环利用,也可以避免被竞争产品获取。另外会议组织方需要对会议进行邮件总结,将会议的幻灯片和执行要点发给一线营销人员。

(二)外部客户的跟进

1. 医生讲者的跟进

在会议结束的一周内需要对讲者进行一对一回访,组织方需要对讲者的演讲过程和结果做一个客观的反馈，同时收集讲者对于会议的意见和建议。另外还需要在公司内部尽快做好讲课费的申请，结清讲者的劳务报酬。讲者的跟进是讲者的维护和培养的重要环节，有时讲者的建议也能够为下一次的学术推广会议的举办提供创意点。

2. 参会医生客户的跟进

在会议中可以发放会议反馈表让客户进行填写，也可以用问卷的形式收集参会客户的反馈，对会议结果进行评估。评估是反馈和总结的基本任务，也是一个完整管理流程的基本环节，为今后学术推广会议的优化管理提供依据。可以宏观介绍评估，如：会议达到效果，实现目标程度，经费使用状况，会议在策划、执行过程中存在哪些问题，今后需要改进的方面等。

另外，即使是做完纸质的客户评估表的收集，营销人员也要面对面的拜访参会客户，跟进其对于会议内容的反馈，往往更能帮助客户理解推广内容，从而得到产品认知观念的提升。对于参会客户的跟进拜访是必不可少的内容。

表 7-3 为某医药公司学术推广会议计划表的示例。

表 7-3　某医药公司学术推广会议计划表(示例参考)

<table>
<tr><th>阶段</th><th>任务</th><th>任务细节</th></tr>
<tr><td rowspan="3">计划期</td><td colspan="2">确定会议主题和目标</td></tr>
<tr><td colspan="2">确定讲者及大会主席</td></tr>
<tr><td colspan="2">确定讲课内容、形式及规模</td></tr>
<tr><td rowspan="17">筹备期</td><td colspan="2">确定会议时间地点</td></tr>
<tr><td colspan="2">活动申请、讲课费申请</td></tr>
<tr><td colspan="2">确定供应商及合同申请</td></tr>
<tr><td rowspan="7">供应商确定及沟通</td><td>创意及文案</td></tr>
<tr><td>会议用车</td></tr>
<tr><td>会中茶歇及会后用餐</td></tr>
<tr><td>会场摆放(桌椅讲台背景板等)</td></tr>
<tr><td>音响投影</td></tr>
<tr><td>电脑激光笔鼠标</td></tr>
<tr><td>客户名单行程</td></tr>
<tr><td rowspan="2">沟通邮件 1：发放会议邀请函及相关表格</td><td>会议分工表</td></tr>
<tr><td>拟邀请参会客户名单</td></tr>
<tr><td>讲者幻灯沟通</td><td>邮件＋面对面</td></tr>
<tr><td>讲者行程确认</td><td>销售跟进</td></tr>
<tr><td colspan="2">讲者简历确认</td></tr>
<tr><td colspan="2">会议任务书确认</td></tr>
<tr><td colspan="2">会议流程确认</td></tr>
</table>

续表

阶段	任务	任务细节
执行期	会前三天:沟通邮件2	再确认主席讲者
		再确认参会人员
		再确认所有纸质材料是否到位
	会场搭建	时间与会务供应商(如有)协商
	会前彩排测试	相关分工人员到位
		会议流程细化及完善
	集体照拍摄	如需
	做会议记录	
跟进期	纸质资料(问题卡、反馈卡等)及物料回收	
	讲者及参会客户回访	
	内部会议总结	
	讲课费付款申请	
	合同结算	
	制作会议总结	向相关会议参与者发送总结邮件

第三节　学术推广会议的内容与设计

如果说学术推广会议的形式是“门面”,那么推广内容就是真正的“内核”。学术的本质是创造和创新,随着信息技术革命的兴起,学术推广会议数量倍增,医生被大量的碎片化信息所裹挟,对于信息也越来越拥有自主选择权。相对于传统营销推广的“Mass Communication”理念指导下的大杂烩,有针对性的高质量推广内容越来越受到医生的重视,能够促进新思想与新知识的产生、交流和传播的学术会议,越来越受到目标医生客户的期待和欢迎。因此,一个产品需要准备多维度的推广内容以备用,医药企业主办学术推广会议的内容可以包括企业简介、产品来源、产品基本情况、产品临床应用情况等多维度的信息。

一、学术推广会议的内容

(一)企业简介

生产企业是产品的载体,简介内容可以包括公司发展史、公司文化与使命、品牌故事、产品线全产品介绍以及在研产品介绍等内容,可以使参会客户通过了解公司的背景而产生对产品的情感连接。有的公司在大型学术推广会议开场前,会有高管专门将公司介绍作为开场,一些地区级或者院内的科室会,会将这部分内容制作成视频,在会前或者茶歇时进行播放。

(二)产品来源

任何一个药品都有其来源。一个药品的来源很重要,如果是系出名门,更加有利于宣传。例如现在市场中销售的中成药都是国药准字号产品，但其来源不同，有的是地标升国标，有的是最早的国标药典产品，有的是保健食品上升到药品，这是文号的来源。还有就是药方的来源，一是仿制，二是原始研制（原研）。如果是原研又具有国家发明专利（处方与制法），那就是我们所讲的全国独家品种。

关于产品来源的介绍可以包含以下两部分内容：

1. 产品研发背景

一般原研产品会很看重这方面的介绍。产品的来源除了企业原研，还有就是来自于药物研发公司，如果产品来源于药物研发公司就要简单介绍研发公司与发明人，如果发明人是国内外知名的学者，就需要重点介绍。如果产品的发明人或是企业的创始人有确凿的史料，会对企业品牌的传播具有重大的正向作用。

2. 产品上市前研究数据

新药从设计研发到完成上市通常需要10～15年的时间，需要经历漫长的研发过程和层层考验，其背后有大量的研究数据支撑。药物通过发现筛选、临床前研究、临床试验、新药NMPA/FDA上市申报等环节，最终成为稳定、安全、有效的药品，每个研究阶段都至关重要，特别是临床前药物研究获得的结果对药物进入临床提供关键的数据指导，为优化临床开发计划提供有力的数据基础，这些数据也是打造产品品牌的坚实后盾。

（三）产品基本情况

药品的基本情况一般包括：产品适应证、作用机制、药理毒理、中成药的方解、产品包装规格等。产品基本情况这个部分，可以参考以下几个方面来撰写推广内容：

1. 产品包装

一般药品的包装设计除了要严格按照国家药品监督管理局颁布的《药品包装、标签和说明书管理规定》（暂行），OTC产品的包装设计尤为重要。好的药品包装，能让人一眼就明白是治什么病的药。例如胃药，就在包装上设计一个胃，这是一种通常的做法。有的药品的包装决定了其使用时的操作等细节，也需要做简要说明（图7-5）。

【包装】

利奈唑胺注射液为供单次使用的、即用型的软塑料输液袋，外包铝膜袋,输液袋和接口不含乳胶。

图7-5　药品包装设计文案细节示例图

如果推广内容中需要有产品包装的部分，可以从以下几个方面进行展示：产品外观包装、产品的内分装制式（胶囊、片剂、针剂等）、产品规格、商品名与化学名等。在介绍产品包装时也可以分发相应产品的外包装盒，让参会客户有更深刻的印象。

2. 产品说明书

药品说明书是国家食药监总局批准的，能最直接证明产品功效的资料，也是最权威的证明。药品是特殊产品，不管是广告宣传，还是医生处方，都必须按说明书上的功能主治与适应证进行宣传与处方，不能超出其范围宣传和治疗。

产品说明书的内容解读可以参考以下两个方面：

西药的说明书有药物分子结构、适应证(症状或者病名)、药物的作用机制、药代动力学研究结果、药物的相互作用介绍、药理毒理、四期临床试验的数据等,这些都可以作为推广内容。

中成药说明书的重点部分是“功能主治”,包括“功能”和“主治”。功能是中医学的治法,一般比较难懂,比如清热解毒、舒肝利胆、疏肝和胃、理气化温、解表散寒、镇惊开窍等;主治是指主要治疗证候,一般描述为:用于某中医学病因导致的某些临床证候,或者某某疾病见上述证候者。中成药学术推广的内容主要集中在方药解读和功能主治。

3. 产品的特点

产品的特点主要讲产品的优势,这种优势并不一定是独有的,但必须是稀缺的,在行业内是标志性的,在从业者心中有举足轻重的作用,医生在疾病诊疗后处方的过程中会第一时间想到。

产品的特点角度可以推广的内容包括:国家医保、独家品种、发明专利、基药品种、中标品种、中华老字号、发明人、临床路径用药、专家共识品种、权威医学杂志论文、权威专家推荐、特殊的剂型、超长的有效期、唯一治疗方式、独特的成分、特别的给药方式、疗效确切的专治病种等,都可以成为产品特点。

产品特点的推广要遵从市场策略的指导,一个产品可能有很多特点,选择与市场策略一致的特点作为推广时的重点内容,会更加突出产品的核心竞争优势。

(四) 产品临床应用情况

产品的临床应用情况可以包括临床应用研究数据解读、病例荟萃分析、病例个案介绍、学术指南权威推荐等内容,这些推广内容对于参会医生了解产品并尝试使用具有重要的价值。

1. 临床应用研究数据

药品的临床应用数据是新产品学术推广的主要内容,也是在尝试处方的医生关注的内容。这部分内容主要是药品上市前的临床观察数据,也就是新药研发时的数据:

① 临床前研究数据。这部分内容可以包括寻找治疗特定疾病的具有潜力的新化合物的实验室研究过程,也可以包括对于疾病发展背景的一些探讨。

② 临床前实验数据。这部分内容包括药理学研究、毒理学研究、制剂的开发等实验数据及文字描述。

③ 临床试验数据。研发出一款新药后,必须送到指定医院在人体上进行药物系统性研究。临床试验数据可以按照以下三个流程介绍:一期临床数据主要描述药品安全性、耐受性、代谢途径等。二期临床数据阐述涉及药物的疗效和风险收益评估。三期临床试验用于再次测试药物的安全性和疗效,这一阶段的临床数据一般比较繁杂,参与试验的患者人数最多,耗时也最长,主要是进一步评价新药的有效性及安全性,以多中心临床试验,试验组病例一般不少于300例。三期临床全部完成后才能获得新药上市许可。三期临床的数据的内容阐述一般重点在数据结果的解析。

2. 病例荟萃分析、病例个案介绍

产品上市后学术研究机构或者权威专家发表的一些病例荟萃分析,以及由医生讲者自己归纳总结提供的病例个案分析,是医生客户重要的临床诊疗参考,这些循证医学研究也可以作为学术推广内容。如果有病例的信息,要注意实事求是,最好能有照片与病历说明,注

意患者、病史、用药情况、康复情况、医生开药等。在学术推广时最好有当地病例，这样具有说服力和公信力。

病例的分享中必须保护好患者的隐私，以病例分享为主要形式的学术推广需要征得企业医学部的审核，并与市场部的推广策略相一致。

3. 权威指南推荐

产品相关疾病领域的用药指南是科学的、循证的，具有权威性。国内的指南一般耗时大半年甚至几年，涉及临床专家和循证医学两方面专家，以及大量循证医学方法学的内容，形成初步推荐后要送各方评审，最后才可以在权威杂志发布。这些发布的结果以及涉及的实验文献内容可以作为学术推广的内容在会议中传递。例如中国临床肿瘤学会(CSCO)自2016年推出的系列指南，由国内各癌种领域最权威的专家执笔，内容参照国际指南，结合中国特色，创新性地采用基本策略和可选策略两种模式制定，更加符合不同地区资源可及性的临床指南，具有临床指导意义，可以在学术推广会议中进行推广。

4. 专家共识

专家共识也可以作为推广内容出现在学术会议中。现代医学早已进入循证医学的时代，随机对照研究做出来的荟萃分析站在证据金字塔的顶端，其次是前瞻性随机对照研究，然后是前瞻性非随机对照研究或真实数据(Real world data)，再其次是回顾性研究证据(包括倾向性评分匹配)，最后是专家共识(包括病例报告和个人经验等)。这些证据均可以作为推广内容进行学术辅助推广。

还有一个客观事实，也是循证医学的另一种说法，医学是理论联系实践的学问，医生之间都是师生关系，尤其是系统内权威专家，他的学生可能遍及全国，一般学生都会放心使用老师推荐的药，所以在学术推广中权威专家共识的推荐也是非常重要的。

5. 行业学会/协会推荐情况

医生在学术学习上通常会加入某一学会/协会，以便加强专业知识的学习，同时通过协会维护自身权益。例如一款消化科的产品可以在推广内容中标注:《中成药临床应用指南-消化疾病分册》收录品种;《慢性胃炎中医诊疗专家共识意见(2017)》收录品种;《消化性溃疡中医诊疗专家共识意见(2017)》收录品种;《胃食管反流病中医诊疗专家共识意见(2017)》收录品种。这些行业或者学会/协会推荐的内容，将很有利于帮助该产品获得相关疾病治疗领域医生的信任。

二、学术推广会议内容的设计制作

会议的内容首先要为目标听众服务，在对目标听众的需求进行分析之后，医药营销人员就可以根据确认好的会议演讲主题来进行推广内容的设计。那么推广内容中所包含的信息是不是越多越好呢？什么样的内容更能够吸引听众的关注呢？学术推广会中只需要把目标听众想要获得的内容直接罗列在幻灯片中就可以了吗？显然不是。这个部分需要会议组织者针对会议推广内容的载体:幻灯片的设计与制作，探讨一下学术推广会议的内容设计。

(一) 学术推广幻灯片的制作原则

制作产品学术推广幻灯片需要遵循以下原则:

1. 围绕产品主题

围绕产品主题是指整个幻灯片要以一个或者几个主题来制作。比如说整套幻灯片主要阐述产品的安全性和产品使用时的注意事项，那就不要涉及过多的疗效确切、起效速度快的内容。每一套幻灯片的主题不宜过多，一般不超过两个，主题过多会导致与会者的记忆点分散，一次性获取太多的内容，接受效果也不一定会提高。

2. 符合产品市场策略

例如某产品A目前执行的是竞争型策略，主要与产品B竞争，那么幻灯片中的内容就需要重点阐述一些产品A和产品B的临场实验对比分析、临床疗效等内容，不要过多涉及其他产品。

3. 突出重点内容

所谓重点突出，一是指整个幻灯片的内容重点要放在主要的议题上面，不能是简单的产品推广信息或者研究资料的罗列；二是指每一张幻灯片都需要有一个重点，对于重点内容可以用图表示或者用标记标注出来，切忌满篇文字，影响与会者对于讲者内容的吸收。

4. 兼顾逻辑性和学术性

幻灯片制作的逻辑性是指：幻灯片整体结构完整，层次分明；每张幻灯片的论点明确，论据清晰。幻灯片制作时需要遵从的学术性原则是指内容表述清晰准确，不能使用“疗效最好”“起效最快”“药到病除”等夸张的修饰法，对于所有的表述都需要提供权威的证据，并标明出处。

（二）学术推广幻灯片的构成

一套完整的PPT文件一般包含：封面、前言、目录、过渡页、内容页、封底等六个主要组成部分。其中，封面、内容页和封底是一份产品中必不可少的组成部分；前言、目录和过渡页主要用于内容较多的幻灯片，这三块内容主要是为了帮助演讲者，保证其流畅的演讲思路。

1. 封面

封面一般由片头动画、Logo、标题、作者、日期等信息组成，具体可根据设计风格进行增减。PPT的封面更像是一个门面，具有首因效应，因此美观、大方、突出主题的封面往往会给观众留下一个好的第一印象。另外封面的风格，具有整个PPT文件风格的引领作用。整个PPT的设计美学、色彩搭配，都要与封面保持一致，这样才能够给人以系列感，视觉上看起来协调统一。

2. 前言

前言一般用于较多内容的PPT，多是PPT演讲者口述向观众传达PPT的制作目的，对PPT的内容进行概述。

在现实的小型学术推广会议中，前言一般可以省略。

3. 目录

目录能够增加PPT的层次感，让观众提前预知演讲的内容，并帮助观众整理收听PPT的思路，还可以帮助演讲者做好内容节点的总结，在学术推广内容较多的PPT中使用广泛。如果学术推广会议内容单一，PPT容量不大，也可根据需要，自行选择是否使用。

4. 过渡页

过渡页就像是片子的转场，既可以帮助我们转到另外一个主题，亦可以起到承上启下的作用。过渡页在PPT中的使用思路非常多，例如放一个视频，设置一个问题悬念等，都可起到过渡的效应。

资深 PPT 演讲者，在一个话题的结尾处，通常能用自己的语言顺利过渡到下一部分要讲解的内容，从而保证整个 PPT 各内容间的连贯性。对于 PPT 演讲新手而言，在 PPT 演讲初期，可能相对会比较紧张，为保证整个演讲的连贯性，使用过渡页绝对是个好办法。

5. 内容页

内容页是 PPT 制作中的关键部分，它就像是一篇文章的主题内容，重点都在这儿。内容页中，可以加入文字、图片、数据、图表、视频、动画、音频等，来表达和强化 PPT 展示的观点。

6. 封底

封底是用来告诉观众 PPT 演示到此结束。该页面可以由片尾动画、谢语、金句、问题启发等内容组成。有想法的封底亦可以升华主题，富有哲理，寄托满怀希望。

（三）学术幻灯片的制作流程

1. 构思幻灯片内容框架

在学术推广幻灯片讲演的过程中，演讲者传送信息的过程一般为：提出论点—引用证据—证明论点—建议受众采取行动；接收者的思路一般为：了解主题—产生兴趣—判断演讲者提供利益是否符合需求—要求证据—得出结论—采取行动。因此需要对幻灯片内容的每一部分的设计都匹配接收者的思路才会取得好的信息传递效果。这就需要在制作 PPT 之前，先画思维导图或者草图，梳理 PPT 的逻辑结构，避免内容遗漏。常用的逻辑梳理模式一般为总—分—总模式，有的时候也采用层层递进的模式进行推广内容的逻辑梳理。在构思 PPT 架构时，可以使用 5W1H 帮助整理思路：

What：PPT 要表达什么主题？什么内容可以支撑这些主题？

When：什么时候用这份 PPT？

Who：谁看这个 PPT，观众是谁？

Why：为什么要做这个 PPT，目的是什么？

Which：是否一定要用 PPT，有没有其他文件可以产生更好的效果？

How：怎样有效传达？

构思好 PPT 的框架之后，制作者还需要再通关框架的合理性和条理性，确保展现时每一部分要传达的内容衔接流畅。

2. 幻灯片的内容填充

PPT 有了框架之后，接下来就是填充内容，需要从内容的结构和形式两个方面来探讨如何进行幻灯片的内容填充。

（1）内容的结构。一个好的演讲内容设计首先要考虑以怎样的结构呈现给受众，常用的大纲结构有以下几种：

① 编年记事体。如抗生素的发展史、非小细胞肺癌的治疗药物研发过程及前景展望、某药物的研究开发在该疾病治疗领域的地位。

② 科学分类体。如临床常用抗肿瘤药的类别、从作用机制看疫苗的分类、有效缓解粒细胞缺乏的几种治疗方法。

③ 问题与解答体。如免疫抑制剂临床应用问题解析、糖尿病并发症患者的临床用药探讨、使用某产品缓解癌症患者疼痛临床应用要点分析。

④ 对比体。如喹诺酮类抗生素与 β 内酰胺类的药物经济学比较、抗抑郁剂的作用机制

与临床应用案例对比。

⑤ 优劣分析体。如头孢曲松临床应用综合分析、某产品不同剂型临床应用综合解析等。

(2) 内容的呈现形式。幻灯片内容的呈现形式主要根据所掌握的信息素材来设计。如权威指南、产品适应证等可以直接采用文字呈现;一些临床诊疗案例、药物研发史等信息可以采用图片或者视频形式来呈现;如果信息中数据较多,需要列举多个数据进行阐述时,可以将信息制作成图表。

另外幻灯片的内容是否受人欢迎,多半源于内容是否切实有料,不空洞。因此幻灯片中呈现素材的选择,需注意与主题的相关性,一定要确定应用的素材能够帮助凸显主题,否则过多的修饰,会显得内容特别臃肿,让观众容易对幻灯片的讲授产生倦怠感。

幻灯片内容的逻辑结构和呈现形式多种多样,制作者在编写内容的时候可以相互结合、灵活使用。例如:企业推广内容需要突出一个最新的抗生素的改良优势,可以利用公司提供的相关资料向医生介绍抗生素的发展史(编年体)、新抗生素在作用机制和临床疗效方面优于现有产品的有说服力的引证资料(对比体)等。其中多中心临床试验结果、权威专家意见、统计资料等内容可以采用多种呈现方式:文字、图形、图表、照片、录像、多媒体动画等。

(3) 幻灯片的美化。

① 选用恰当的字体和字号。不同字体给人感觉是不一样的,所以选对字体很重要。通常来说,一个幻灯片最好使用一种字体,一些封面设计可以用其他字体,但尽量不要超过2种。在字体选用上,尽量使用识别性更强的无衬线字体,比如,中文的有微软雅黑、思源黑体、方正兰亭黑体等,英文有 Arial、Helvetica、din 等。强调一下,避免使用宋体等衬线字体(字形笔画在首位的装饰和笔画的粗细不同),因为识别性不太高。除非有些场合有固定的要求,否则保险做法就是别用宋体。

字体太小会增加参会客户的阅读难度,所以建议使用24号字体。每一页幻灯片最多使用三个字号,每一种字号分别对应不同的内容,标题选用大字号(建议36号字体);主要观点用中字号(建议24号字体);支持观点用小字号(建议16号字体)。

为了使整个幻灯片的版面整洁,还需要注意的一些做法有:无论如何不要使用项目符号;不要使用艺术字;破折号不要放在文本开头;尽量不使用下划线和斜体;在同一行中不要使用多种字体等。

② 选用高质量的图片。幻灯片要想做得高大上,需学会使用高质量图片素材。"一图胜千言"就是这个道理,因为光靠文字有时候会显得苍白无力。尤其是一些疾病的诊断、治疗过程、产品的使用示例等内容上,运用高质量的图片辅助说明就更加重要了。

好的图片素材对于幻灯片的内容展示有很大的助力作用:首先是展示的作用。比如一些新产品发布会,就会使用产品的图片;一些病例研讨会也会使用一些病例视诊的图片。其次图片可以有辅助文字进行解释的作用。有的时候我们需要用图片解释一些文字内容,让文字更形象,更便于观众理解。例如一些药物作用机制的讲解,在文字讲解的同时,形象的图片示例能够让观众更加容易听明白。另外图片可以增加视觉冲击力。相较于文字,观众更喜欢看图,图片更能够抓住观众的注意力,尤其是一些动图效果会更好。

需要注意的是:图片素材必须高清,不清晰的图片会起到相反的效果;图片需要与内容紧密相关,不要使用无关的趣图降低学术性;图片尽量原创,避免有水印的图片产生知识产权纠纷,非原创的图片必须获得授权并标明出处。

③ 幻灯片的配色、动画等整体效果统一。产品推广幻灯片一般采用公司统一的模板进行制作，在其中的配色过程中也要注意与产品主品牌色相一致，以体现产品在推广过程的品牌性。学术推广的幻灯片不易在切换和展示的时候加入过多的动画，频繁地切换会影响参会客户的观感，也切断了对内容理解的连贯性。

虽然很多医药公司产品推广幻灯片的制作是由医学部和市场部统一定制，有的时候也会由外部供应商负责完成，但这是医药营销人员的基本功，需要在实际工作中多多磨炼。

第四节 学术推广会议的演讲技巧

幻灯片承载着整个学术推广会议的内容，讲者演讲内容的视觉化冲击几乎完全来自于产品幻灯片，然而药品的相关推广信息往往以理论研究、临床数据图表为主，虽然可以使用一些技术手段增加演讲的生动性，但是过多绚丽的图像及过场转换反而会使表达适得其反。那么怎样才能将幻灯片中的这些枯燥内容讲解得引人入胜且让参会客户更加记忆深刻呢？本节内容将从演讲流程、内容演讲技巧及演讲中的注意事项等角度进行探讨。

一、以学术推广幻灯片为基础的演讲流程

一般情况下，幻灯片演讲分为开场、演讲过程中、结尾这三个环节。根据医药相关产品的推广实操，药品学术推广有以下几个演讲流程。

（一）学术推广幻灯片演讲的开场

开场白一般简单明了，时间控制在5分钟内为宜，可以选择开门见山式的开场白，但是如果想让与会者产生兴趣，就需要设计一下。

1. 欢迎与会者/自我介绍

热情而积极的欢迎与会者并进行自我介绍，可以调动与会者的情绪，并对讲者产生兴趣。

2. 说明演讲的议程和内容

对这个部分先行概述，可以让与会者有心理预期地听课，在遇到自己特别关注的知识点时也会更加留心倾听。

3. 进行利益阐述

如果时间允许，提前讲清楚与会者听完这个内容后对他们工作有什么帮助，可以让与会者联系自身利益点，听得更加专注。比如说一个病例分享，提前开场预设与会者在工作中也遇到这样的患者时，可以此作为治疗参考，医生就会更加感兴趣。

4. 激发兴趣的设计

开场白的主要目的就是吸引人，利用提问题、讲故事等方法进行开场白的设计，会对与会者的兴趣产生正向影响。例如讲者的演讲内容是产品的安全性的一些研究，开场的时候讲一个与产品安全性相关的小故事，让与会者感到产品安全问题的重要，就会有兴趣去认真听课。

（二）学术推广幻灯片演讲过程

在演讲时最重要的就是有逻辑的表达出幻灯片的内容，那么怎样能够让表达更有逻辑呢？我们可以在演讲中试一下这些方法：

1. 幻灯片之间的衔接过渡要自然

整个演讲过程中要求讲者对内容熟悉，表达准确、清晰流畅，通常使用“接下来”“但是”等表示递进或转折的关系词来表现出幻灯片之间的关系，这种方法能够使幻灯片的逻辑呈现更通畅，帮助听众对内容进行系统理解。

2. 段与段之间要有小结

在内容逻辑分段结束时，要适时对本段进行小结，然后再开启下一段的讲解。这样可以帮助与会者对前半部分内容的记忆回顾，也可以对下一段的引出有帮助。

3. 要强调重点内容

在演讲过程中，对于核心重点内容可以用复述、加强语气等方法进行强调。全部平铺式的宣讲会导致与会者抓不到重点，导致注意力分散。

4. 对重点内容适当使用产品的特征－利益转化技巧

在学习内容设计的时候提到过，听众接收信息的思路一般为：了解主题—产生兴趣—判断演讲者提供利益是否符合需求—要求证据—得出结论—采取行动。其中“判断演讲者提供利益是否符合需求”这个环节是听众能否集中注意力倾听的关键点，因此在讲解幻灯片内容的时候就不能一味地输出产品相关信息，需要将产品的特点转换成与听众利益相关的内容进行表述。这种信息表述方式我们称之为“特征利益转化”。

（1）特征利益转化技巧的使用步骤。我们以产品推广信息传递为例学习一下“特征利益转化”技巧的具体使用步骤：

第一步：描述产品特征（Feature）。特征指产品或服务固有的特点，不会由于使用情况或评估角度不同而改变。产品的特征是客观存在的，因此这部分内容只需陈述或者列举即可。

第二步：展示产品优势（Advantage）。产品的特征有很多，但相对于竞争产品不一定都具有优势，在学术推广的过程中可以强调出产品的优势相关的信息。这些优势是客户或患者可能从产品的使用中获得的价值。

第三步：渲染相关利益（Benefit）。人们往往只会关注对自己有利的内容，相关利益就是能够满足该客户明确需求的产品的相关优势，在这个步骤中需要强调相关内容会对与会听众带来什么样的好处，并对这个利益点进行渲染。例如你的演讲内容是关于某精神分裂症治疗药物的口崩片比原来的素片使用方法更简单，就可以在描述简单易操作的使用方法（特征）之后，强调一下该产品使用方便、可以防止患者拒服或者藏匿药物（优势），可以节省医患沟通时间、缓解医生的工作压力、提高患者依从性（医生相关利益），也可以用“工作环境更舒心”“有更多的时间陪伴家人”等渲染利益的手法来讲解，使与会听众产生共情，从而提高他们的兴趣，提高讲解效率。

（2）特征利益转化技巧使用的注意事项：

① 选择在重点内容上使用，不宜过多。FAB 需要提前设计并演练，讲演过程中呈现一两处即可，过多的 FAB 呈现会使内容重点散漫，也会有过度推广之嫌。

② 基于事实，不过分夸张。例如关于某流感疫苗有效率的描述：“用了我们的流感疫

苗，家长们再也不用担心孩子得流感了"，这就属于没有基于事实的夸大。

③ 符合医生客户的现时需求。比如在抗抑郁产品推广时，描述产品的副作用少、安全性好等特征优势，如果听众是神经科等综合科室的医生，可以用"减少医患纠纷"来渲染利益；如果听众是精神心理科专科医生，就可以用"提高患者服药依从性"来渲染利益。

（三）学术推广幻灯片演讲结尾

1. 首尾呼应

回顾开始时引发的思考。这样会使与会者产生一个逻辑的闭环，对于内容的记忆会更深刻。

2. 问题答疑

在内容结束后也可以收集一下与会者的问题进行解答，进一步的问题解答和阐释是对会议内容传递的很好补充。关于问题解答的流程，我们在下一个部分演讲技巧中进行学习。

二、学术推广内容的演讲技巧

无论是由医药企业内部人员还是医生担任讲者，都需要在演讲时注意以下一些技巧：

（一）非语言技巧

1. 始终面向观众

这不仅仅是表示尊重，也有助于建立信任。

2. 与观众进行眼神交流

可以让参会者感觉演讲者把他们当作一个个独立的个体，而不是一个大集体中的一部分。同时适当的眼神交流可以有助于在演讲过程中吸引与会者的注意力。

3. 站直身体

表明这次演讲对演讲者具有重要意义，而不是面对同行发表演讲时感觉到的无聊，同时也可以使自信心表现出来，获得与会者的认可。

4. 神情自然流露

演讲者神情表现得越是僵硬，看起来就越紧张，越不自信。通常人们在表情自然流露时会让他人感觉更舒服。可以在上台之前进行深呼吸来调整情绪。

5. 少用手势

手势不仅在视觉上使人分心，在文化上也不得体。将双手自然地放在讲台上或许是最好的，在必须使用手势时，整体手势幅度不宜超过肩宽。

6. 保持微笑

友好的人最具吸引力。演讲者想要和观众建立积极的关系，那么微笑是最好的方法，你会看到台下的参会人员也会呈现舒适的表情，并表现出对于你后面的演讲内容感兴趣。上台前把自己调整到微笑状态，也可以通过心理暗示方法来缓解紧张情绪。

（二）语言技巧

1. 说话不缓不急，语速适当

观众只有一次机会听懂演讲者所说，所以请给他们这个机会。过快的语速也会加重自

已的紧张感，同时会使参会人员的注意力难以集中；过慢的语速会产生拖沓感，也使听众难以集中精力。

2. 停顿以示强调

当演讲者稍作停顿时，观众会不自觉地思考其刚刚所说，因此停顿也会有助于强调演讲中的重要内容。

3. 自然发言，要有抑扬顿挫，避免语调过于积极亢奋或者过于平淡

学术演讲内容难免枯燥，因此演讲者演讲时，要像正常说话一样配合语气的起伏，否则只会让观众昏昏欲睡。

4. 始终对着麦克风说话

在大型会堂里面，尤其要注意这一点。如果演讲者在演讲时需要看屏幕，也要确保看屏幕时还是对着麦克风说话。

5. 避免填充词

“嗯……”“啊……”之类的语气词以及频繁的“然后呢”“但是呢”之类的口头语，容易让人分心，而且显得演讲者不自信、紧张、不知道自己要说什么，这对信息传递效果会产生负面影响。

6. 保持热情洋溢

有机会在会议上分享自己对于行业领域的观点，应该是演讲者感到高兴和自豪的事情，演讲者可以将情绪调整到饱满具有感染力，这有助于吸引观众的注意力。

（三）现场互动技巧

在会议现场，参会人员的状态是很难预知的，如果讲者面对现场提问该如何处理呢？可以从现场问题的处理策略和回答问题的流程方面来学习。

1. 回答问题的策略

（1）现场直接回答。如果现场问题涉及产品或者已经演讲过的幻灯片内容中的问题，需要现场作答，解除提问者的疑虑；如果问题涉及损害公司声誉的不实之词或者误会，会议的组织方也必须现场第一时间进行解答和澄清。

（2）推后回答。当与会者提前问到演讲中的内容时，可以先埋下伏笔，提醒提问者仔细聆听后面的内容；如果提问者提到了与本次演讲主题无关的话题，可以推请会议结束进行讨论；如果演讲者因为种种原因无法回答，都可以采取这种缓兵之计。

（3）请人回答。当医生讲者在演讲过程中遇到关于医疗政策、产品配送等企业相关问题时，可以烦请企业方作出回答；如果与会者提出学界没有统一意见、存在争议的学术问题时，也可以现场请教大会主席或者更高级的讲者来进行代答。

2. 回答问题的流程

演讲中遇到问题时，切忌急于给出答案或者搪塞过去，这样都会对讲者的威信有负面影响。遵从以下回答问题的流程，会更好地获得参会人员的信任。

（1）感谢。与会者能提出问题，说明他对于演讲的内容听进去了，并进行了思考，这是对讲者演讲效果的一种肯定，因此讲者需要先对提问者表示感谢。

（2）复述。对问题进行复述的目的是让所有与会者都能够听清问题，让其他与会者也能进行进一步思考；另外也是确认这个问题，防止自己没有听清而产生误解，导致答不对题；

最重要的是这个步骤可以给自己一个简短的思考时间。

(3) 评估。在心里快速评估:这个问题是自己回答,还是找他人帮忙;是现在直接回答,还是请提问者等待到会议结束后再回答。

(4) 回答。回答的过程语言要简练,直接切中问题重点突出。

(5) 确认。向提问者确认是否获得满意答案,不仅是对提问者的尊重,也是为结束此问题,继续进入到下一个环节做铺垫。

整个处理问题的过程最好不要超过五分钟,否则也会出现参会人员注意力分散,甚至开始私下讨论开小会的情况。

最后,请务必在正式演讲前多练一练。关于演讲技巧如何呈现,没有其他的方法,只能进行无数遍的练习,练得多了,就能充满自信地脱稿演讲。一开始,必须亲自完成讲稿,能清晰知晓需要说哪些内容。推广会正式召开时,会上发言切忌照本宣科,否则会让观众感到特别无聊。多练,记住想要说的,然后自然地向参会人员讲述自己的研究,终将赢得听者的尊重。

案例 1

小李是一名刚刚任职不久的市场部经理,近期他负责的产品领域在疾病诊断方面有了新的研究进展,作为一个上市十余年产品的营销人员,能够有新的信息带给客户,作为市场部的从业者来说还是很兴奋的,他马上决定要在近期召开一个全国性学术推广会,把这些新的研究进展推送给医生。他找供应商拟定了会议合同,初步确认了时间并预定了一个大会场,同时与医学部的同事展开合作进行资料的收集和翻译,准备轰轰烈烈打个漂亮仗。

思考:小李这样的做法有什么风险?你有什么更好的建议给他?

案例 2

小杨是一名资深的医药营销人员,他办事态度认真,为人勤快敬业,因此客情关系很好,客户们也都很信任他。有一次他的产品在一个科室的应用中出现了不良反应,患者家属不依不饶搞得主任很头痛,就暂时停了他的产品在该科室的使用。事件解决之后,主任放开了他的产品的使用,但是很多医生不太敢用他的产品了,使用量一直很少。小杨想举办一个科室会沙龙来改变医生的认知观念。

讨论:

1. 小杨的科室会在筹办方面你有什么建议?
2. 如果是你,你还可以通过什么方法改变医生对产品的认知观?

资料来源:以上两个案例来自医药企业一线员工访谈分享。

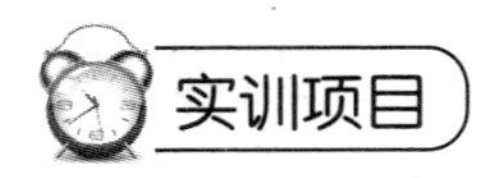

以班级为单位,每5～6人一组分组实地参与医药公司的学术推广会议,参与环节包括:

1. 筹备会
2. 现场彩排
3. 现场会务服务

4. 会后总结会

实训结束后结合理论内容完成一份实训报告。

1. 学术推广会议的定义？都有哪些类型？

2. 在学术推广会议的策划期需要注意哪些事项？

3. 在学术推广会议的筹备期需要注意哪些要点？

4. 学术推广幻灯片的制作原则是什么？

5. 在幻灯片制作前的构思阶段怎样整理思路？

6. 幻灯片演讲时的流程有哪些要素？每个部分需要注意什么？

7. 阅读《卫生计生单位接受公益事业捐赠管理办法(试行)》文件材料，分析医药企业赞助学术会议的合规性。

第八章　药品招投标

通过本章的学习，需要掌握标书的制作、“4+7”带量采购；熟悉药品招标的概念、药品投标的一般程序；了解我国药品招标发展的历程、药品招标的一般程序。

通过本章的学习，让同学们了解到我国药品招标制度的发展变迁，从不完善逐步走向完善，认识到党和政府为了我国卫生健康事业的发展以及解决人民看病难、看病贵、药品价格虚高等问题所做出的不懈努力，深刻理解中国共产党执政为民的根本理念。

“4+7”带量采购全面推广

2019 年 9 月 1 日，带量采购全国推广的官方消息，正式公布。

上海阳光医药采购网在官网发布《联盟地区药品集中采购文件》，文件指出，在国家组织药品集中采购和使用试点城市(以下简称“4+7”城市)及已跟进落实省份执行集中采购结果的基础上，国家组织相关地区形成联盟，依法合规开展跨区域联盟药品集中带量采购。联盟地区包括山西、内蒙古、辽宁、吉林、黑龙江、江苏、浙江、安徽、江西、山东、河南、湖北、湖南、广东、广西、海南、四川、贵州、云南、西藏、陕西、甘肃、青海、宁夏、新疆(含新疆生产建设兵团)，联盟地区“4+7”城市除外。从扩面范围来看，集采扩面涉及 25 个省，加上早已主动跟进“4+7”的福建和河北，27 个省级行政区域都已纳入带量采购范围中。

此前，带量采购对中标企业的影响已经显现：科伦药业的百洛特(草酸艾司西酞普兰片)，在“4+7”带量采购中标后，迅速覆盖了 11 个重点城市的 200 多家三级医院，对整体销售增长促进明显，上半年销量较同期增长 97.14%。

京新药业的中标品种京诺(瑞舒伐他汀钙片)销售 3.95 亿元，同比增长 16%；吉易克(左乙拉西坦片)销售 0.48 亿元，同比增长 253%。

华海药业是第一批带量采购最大的赢家，因为原料制剂一体化的成本优势，有 6 个产品中选“4+7”。2019 年上半年净利润 3.35 亿元，同比增长 45.95%。

此次，带量采购政策进一步升级，范围扩大，涉及全国的药品市场，符合条件的药企或可通过此次机会抢占更大的市场份额，进一步压缩非中标企业的市场空间，使行业集中度不断提升。此外，独家中标规则的改变，也一定程度上改变了企业单纯以价格竞争的局面。

资料来源：根据《新京报》2019 年 9 月 4 日相关报道整理。

第一节　药品招标概述

一、药品招标的概念与方式

（一）药品招标的概念

药品招标是指招标采购机构发出药品招标通知，说明采购的药品名称、规格、数量及其他条件，邀请药品投标人（卖方）在规定的时间、地点按照一定程序进行投标的一种交易行为。招标的药品一定要先按照国家有关规定履行项目审批手续，取得批准招标，在一定范围内公开采购药品的条件和要求，邀请众多投标人参加投标，并按照规定程序从中选择交易对象。

（二）药品招标的方式

药品招标的方式分为公开招标和邀请招标。

公开药品招标是招标人通过药品招标公告的方式邀请不特定的法人或者其他组织投标。公开药品招标也称竞争性药品招标，即由招标人在报刊、电子网络或其他媒体上刊登药品招标公告，吸引众多企业单位参加投标竞争，招标人从中择优选择中标单位的招标方式。

邀请招标是指招标人以投标邀请的方式邀请特定的法人或其他组织投标。邀请招标，也称为有限竞争招标，是一种由招标人选择若干供应商或承包商，向其发出投标邀请，由被邀请的供应商、承包商投标竞争，从中选定中标者的药品招标方式。

二、我国药品招标发展历程

药品市场关乎民生。然而“看病难、看病贵”的民生问题长期得不到解决，药价虚高问题已成“顽疾”。在此背景下，我国推出药品集中采购。药品集中采购即在一定区域内，医疗机构通过药品集中招标采购组织，以招投标的形式采购药品。其目的是挤压药品价格水分、破除以药养医的不正之风、整顿药品流通秩序，保障药品安全和有效供应。

然而，在药品招标流程中，出现了许多不规范的行为和问题，包括商业贿赂、采购紊乱、量价失衡等，甚至出现了价格越招越高、低价药品频频断货的现象。为了药品招标能够更好地服务于我国卫生事业的发展，政府对药品招标进行了不断的探索与改革。

总体上我国药品集中采购改革历程主要分为三个阶段，包括探索期—发展期—成熟期。

（一）探索期（20 世纪 90 年代～2004 年）

我国各省市的药品集中采购始于 1993 年，河南省卫生厅发布《关于成立河南省药品器材采购咨询服务中心的通知》，开创了以省为单位进行药品及医疗器械集中采购的先河。

以国家为单位的药品集中采购源于 2000 年，国务院办公厅发布《关于城镇医药卫生体制改革的指导意见》，要求由卫生部牵头，联合国家经贸委和药监局共同开展药品集中采购试点。

然而，在药品集中采购的试点中，存在过分追求低价药品，忽略药品质量的问题，对人民的用药安全造成了巨大的威胁。

因此，2004 年，国家卫生部印发《关于进一步规范医疗机构药品集中招标采购的若干规定》，要求在招标过程中，严格遵循"质量优先、价格合理、行为规范"三大原则，从药品质量上保障人民的用药安全。

（二）发展期（2005～2014 年）

2010 年 11 月，国务院办公厅出台《建立和规范政府办基层医疗卫生机构基本药物采购机制的指导意见》，鼓励"双信封"招标模式。

"双信封"意味着投标人将报价、合同款等单独密封于报价信封中，将技术、商务文件密封于另一个信封中。招标人首先对技术信封进行评审，其次按价格评标。这种兼顾质量与价格的评标模式避免了"劣药驱逐良药"的恶果。

此外，《指导意见》还提出基本药物实行"以省为单位、集中采购、统一配送"，由此以省为单位形成了各具特色、求同存异的招标模式。

（三）成熟期（2015 年至今）

随着我国药品集中采购的发展，新的问题开始涌现。各省市间"同药不同价""二次议价"等问题表明旧的规则已无法适应新的形势要求。

针对这些顽疾，2017 年，国务院办公厅发布《进一步改革完善药品生产流通使用政策的若干意见》。《意见》强调进一步完善药品采购机制以及国家药品价格谈判机制，首次提出带量、带预算采购，为开展带量采购指明了方向，理清了思路。

2018 年底，随着国家大部制改革，新成立的国家医保局在探索了全国各地集中采购经验基础上，发布《4＋7 城市药品集中采购文件》，以 11 个城市为试点，统一执行药品集中采购竞标结果。

2021 年 1 月 28 日国务院办公厅印发《关于推动药品集中带量采购工作常态化制度化开展的意见》，药品集中带量采购是协同推进医药服务供给侧结构性改革的重要举措。党的十九大以来，按照党中央、国务院决策部署，药品集中带量采购改革取得明显成效，在增进民生福祉、推动三医联动改革、促进医药行业健康发展等方面发挥了重要作用。

我国药品集中采购的改革历程简要归纳如表 8-1 如示。

表 8-1　我国药品集中采购的改革历程

政策名称	出台单位	时间	主要内容
《关于成立河南省药品器材采购咨询服务中心的通知》	河南省卫生厅	1993 年	成立河南省药品器材采购咨询服务中心
《关于城镇医疗卫生体制改革的指导意见》	国务院卫生厅	2000 年	规范医疗机构购药行为，开展药品集中采购工作试点
《医疗机构药品集中招标采购工作规范（试行）》	国务院卫生厅	2001 年	药品正式进入集中采购阶段
《关于进一步规范医疗机构药品集中招标采购的若干规定》	国家卫生部	2004 年	明确药品采购"质量优先、价格合理、行为规范"三大原则

续表

政策名称	出台单位	时间	主要内容
《进一步规范医疗机构药品集中采购工作的意见》	国家卫生部	2009 年	提出以省为单位开展药品集中采购
《建立和规范政府办基层医疗卫生机构基本药物采购机制的指导意见》	国家卫生部	2010 年	提出“以省为单位、集中采购、统一配送”,鼓励使用双信封招标模式
《完善公立医院药品集中采购工作的指导意见》	国务院办公厅	2015 年	提出运用“招采合一、量价挂钩、分类采购”的采购手段
《落实完善公立医院药品集中采购工作指导意见的通知》	国家卫计委	2015 年	允许探索符合自身特色的地市级采购模式
《进一步改革完善药品生产流通使用政策的若干意见》	国务院办公厅	2017 年	提出带量、带预算采购模式
《关于推动药品集中带量采购工作常态化制度化开展的意见》	国务院办公厅	2021 年	提出应采尽采,所有公立医疗机构参与,集中带量采购常态化

第二节 药品招标主流模式

我国现阶段药品招标主流模式主要有公开招标采购模式、第三方集团采购模式、跨区域联合采购模式、“4+7 带量采购”、集中带量采购常态化模式等。

一、公开招标采购模式

公开招标采购模式即“省级挂网、市级议价”。首先由省级药品招采平台审核药品质量,确定挂网资格;随后由市级药品招采平台、医联体和医疗机构确定采购价格。俗称为:省级拥有准入权,市级拥有定价权。

然而,该模式的弊端也十分明显,主要体现在招采分离和二次议价。招采分离导致负责招标的主体与负责付款的主体不统一。

二、第三方集团采购模式

第三方集团采购模式主要依托集团采购组织(Group Purchasing Organizations,GPO)。通过将数个医院的药品采购量整合,集团采购组织与供货商进行谈判,确定药品价格。

在这种规模效应下,集团采购组织往往能获得更大的价格让利,为医疗机构降低了费用,提高采购效率。而医药企业由于能拿到更大的订单,也乐意下调价格,最终实现双赢。

但其弊端亦十分明显:由于 GPO 权力过大,一旦监管不力,容易造成人为垄断的结果。

三、跨区域联合采购模式

跨区域联合采购是在 GPO 的基础上,将采购主体由数个医院扩展至跨省市联盟体。比如三明联盟、“四省一市”联盟、京津冀联盟等。

以三明联盟为例，截至2018年底，三明联盟成员已覆盖21个市、32个县，遍布全国15个省份。

数量众多的联盟成员强化了议价能力，使降价不足的药品真正实现了“带量采购，以量换价”。而药品耗材生产企业需满足联盟内成员的采购需求，严格遵守“两票制”的要求，即从生产企业至联盟成员当地配送企业到医疗机构。

然而，该模式亦存在弊端，在药品价格大幅下调后，由于医疗机构并未严格执行规定的用量，造成医药企业利润的下滑，最终部分医药企业拒绝加入，导致药品供应短缺与不足。

四、“4+7”带量采购

2018年11月15日，经国家医保局同意，上海阳光医药采购网正式发布了《“4+7”城市药品集中采购文件》。文件规定将北京、天津、上海、重庆和沈阳、大连、厦门、广州、深圳、成都、西安11个城市作为试点城市，指定目前已有生产厂家通过仿制药一致性评价的31个品种(指定规格)的药品作为试点药品，在约定采购量的基础上进行带量采购。本次试点实行的“4+7”集中采购作为真正意义上的带量采购，对我国未来药品集中采购发展产生深远的影响。

“4+7”集中采购与一般集中采购的区别主要在于三个方面：

(一) 带量采购

以往的药品集中采购中，中标企业仅是获得了药品在某一地区的销售资格，而药品具体销售仍依赖于企业营销。这是导致药品企业在集中采购招标时价格有所保留，同时也是导致医院药品灰色收入产生的重要原因。而“4+7”集中采购明确了药品具体的采购使用数量，阻断了药品销量与企业营销之间的联系，既从源头切断医疗机构灰色收入，又进一步压缩企业的保留价格，最终正确发挥集中采购“以量换价”的作用。

(二) 单一质量层次

由于我国仿制药质量参差不齐的客观现象长期存在，所以以往一般药品集中采购为确保采购药品质量，防止“劣币驱逐良币”现象出现，集中招标采购时采取多质量层次的方式，将相近质量的药品置于同一竞价分组中进行价格竞争。但由于缺乏科学合理的质量评价标准，分组竞价无法很好地实现在确保药品质量的前提下压低药品采购价格的目的。而“4+7”集中采购选取的试点药品品种已通过仿制药一致性评价，其质量与原研药、参比制剂等优质药品已无区别。在确保了药品质量的前提下，采用单一质量层次的采购方式既可加大仿制药企业的竞争以获取更低的价格，又可迫使原研药、参比制剂等高价药品降价。

(三) 跨区域联合采购

以往的药品集中采购多以省级采购平台为单位，实现省内药品采购量的集中，但是近年来也有部分省份开始逐渐试点跨区域联盟采购的形式，以期实现更大的药品采购量从而压低药品价格。“4+7”集中采购正是在借鉴了各省份优秀经验的基础上，采取了跨区域联合的形式进行药品集中采购，进一步扩大集中采购“以量换价”的作用。

五、集中带量采购常态化模式

在《关于推动药品集中带量采购工作常态化制度化开展的实施意见》印发后，为推动各省药品集中带量采购工作常态化制度化开展，引导药品价格回归合理水平，着力减轻群众用药负担，促进医药行业健康发展，围绕破解药品招标采购“招而不采、招采分离”、药品招标采购和医保支付联动不够、公立医院参与药品招采改革积极性不高、营商环境不优等突出问题，部分省份再出“实招”，提出针对性举措。

（一）在集采药品的范围方面

国家药品集采范围为原研药、参比制剂及过评超 3 家的仿制药，为临床使用量大、采购金额较高、符合临床诊疗规范、竞争较为充分的临床常用未过评药品。

（二）在构建分层集采格局方面

药品集采工作细分为 3 个层次：积极参加国家集中带量采购；常态化组织省级集中带量采购，积极探索长三角区域药品联盟采购；有序推进市级集中带量采购。

（三）在中选药品严禁“二次议价”方面

中选药品按中选价格挂网，医疗机构按中选价格采购，患者按中选价格使用。医疗机构对中选药品必须网上采购，按照集中带量采购中选价实行“零差率”销售，不得进行“二次议价”。

（四）在规范平台“阳光采购”方面

要求医疗机构、药品生产经营企业必须执行平台采购、配送、入库全部流程，公立医疗机构均需在省医药集中采购平台采购药品，严禁网下采购。

第三节　药品招投标程序

一、药品招标程序

（1）办理招标委托。

（2）建立项目实施工作小组。

（3）编制实施计划。

（4）组织编制招标文件。

（5）刊登招标公告。

（6）发投标邀请函。

（7）出售招标文件。

（8）标前答疑会。

（9）组织投标。

（10）建立评标委员会。

（11）公开开标、评标、定标。

（12）发中标通知书。

（13）备案、归档。

二、药品投标程序

投标是与招标相对应的概念，投标的基本做法：投标人首先取得招标文件，学会招投标程序。认真分析研究后，编制投标书。投标书内容必须十分明确，中标后与招标人签订合同所要包含的重要内容应全部列入，并在有效期内不得撤回标书、变更标书报价或对标书内容作实质性修改。为防止投标人在投标后撤标或在中标后拒不签订合同，招标人通常都要求投标人按比例提供一定金额的投标保证金。

1. 投标前的准备工作

(1) 产品在各省物价备案。非国家发改委和非市场调节价的政府定价产品，应每年做好本省物价公示后，在各省招标前 3 个月做物价备案手续，河南、山东、重庆、湖南、黑龙江市场调节价产品也需办理物价公示后方可参与投标，且河南、山西和山东的物价有效期均为一年，重庆和湖南物价有效期为两年。

(2) 招标目录的增补。上年度中标结果和招标目录没有的品种需要提前 3 个月通过客户找医疗机构申请增补，了解增补产品所需的资料要求准备资料跟进增补进度，重点品种至少要找 3 个不同的客户去办增补手续，特别须提前做好增补的省份：江苏、安徽、天津、重庆、甘肃、青海、宁夏、福建、浙江、山东、湖南。

(3) 针对各项目提前做好政策解读。尤其是评标和议价的产品，需要与评标议价、卫生厅、招标办、纠风办等相关部门提前沟通，做好政策解读工作，避免出现报价时限价、议价、建议、价低和评标落标的后果。

2. 各省确立招标组织机构和招标采购平台

每日及时关注网上招标采购平台信息，做好相应的进度跟进工作。

3. 下载招标公告和标书，关注各个关键时间

打印出标书中的招标日程安排，单独存放在一个文件夹内，每天及时翻阅，重点关注的时间点：购买标书领取账号密码时间、增补目录的时间、报送全套投标资料时间、网上申报截止时间、信息确认时间、澄清补充时间、初次报价时间、报价解密时间、竞价时间、议价时间、公布中标结果时间、选择配送商时间、领取中标通知书和签订采购合同时间、中标品种医院勾标时间。

4. 报名领取投标序号、账号和密码，纸质或电子标书

递交报名资料(通常是全套企业资质，至少应含许可证、营业执照、经办人授权书)。

产品报名时应注意：报价如以最小口服制单位如丸、粒来报价或以最小包装规格为代表品报价的，不同包装按照差比价换算中标价，如果该市场还没有销售的情况下，建议只投大包装规格，否则小包装差比价后会降低大包装的中标价。

经办人的选择原则：优先本省最大的客户指定的经办人，若有多个产品省代理商时，应选择临床销售最重要的代理商。

5. 投标方的确认

目前除上海、青海仍然可以选择商业公司为投标人外，其他省份只能由国内生产企业投标或进口药品企业国内总代理投标。从地方政策和评标因素考虑，上海选择商业投标更有利，转配送的权力都在生产厂家，中标服务费一般也是厂家支付；青海不建议选商业投标，因为一般商业都不给转配送。

6. 按照要求制作全套标书(依据各省标书或实施方案)

标书一般由投标人资质、产品资质和相关投标格式文件组成。

企业资质、各个品规产品资质封面和封底最好采用230g彩色皮卡纸,应单独装订成册,左侧打孔后用皮杆夹装订,投标人应将装订好的投标文件按顺序装入包装盒(最好是档案盒,如果文件较多,可以使用多个包装盒)内进行递交。包装盒封面必须用碳素笔标注以下信息:

(1) 投标人网上登录用户名。

(2) 投标人名称。

(3) 投标文件盒总数-在总盒数中的排序数(如总共3盒资料,本盒为第2盒,则标注为:3-2)。

(4) 本盒中的文件册数(按照独立装订册计算)。

投标人标书材料及药品生产企业产品信息材料参见表8-2、表8-3。

表8-2 投标人标书材料一览表

装订顺序	材料名称	材料要求	特殊要求
1	封面	打印	
2	企业基本情况表	打印	
3	投标品种汇总表	打印	
4	法人授权书		附件
5	供货承诺函	原件	附件
6	配送承诺函	原件	附件
7	对投标药品承担质量责任的声明	原件	附件
8	《药品生产许可证》副本	复印件	
9	营业执照副本	复印件	
10	上年度单一企业财务纳税报表	复印件	
11	提供报名前两年内无生产假药记录的证明材料	原件	
12	其他相关文件材料		

表8-3 药品生产企业产品信息材料

装订顺序	材料名称	材料要求	特殊要求
1	药品信息表	打印	
2	《药品注册批件》	复印件	
3	质量标准	复印件	
4	产品说明书	原件	

续表

装订顺序	材料名称	材料要求	特殊要求
5	药品质量层次相关证明文件	复印件	省级药监部门盖章
6	药品最新批次在效期内的全检报告书	复印件	
7	包装备案	复印件	
8	药品本位码打印		

7. 网上企业和产品信息申报

最好在邮寄纸质投标资料前，完全按照纸质内容在相应的各省采购平台进行网上申报，如申报系统中找不到招标目录内的品种，应及时向招标采购中心书面反馈。填写完整信息后再检查一遍，无误后保存提交。

8. 信息确认

尤其应注意的字段“基准价/参考价/限价、质量层次、产品名称、规格、转换比、包装单位、零售价、厂家名称”，还有商品名、剂型和其他相关信息。信息无误后，按照标书要求进行网上信息确认或打印确认表盖章，现场进行信息确认。如有交投标保证金或品规报名服务费的项目，一般是信息确认前交款。

9. 初始报价

一般初始报价的作用为分流，哪些产品为竞价，哪些产品为议价。

10. 不竞价不限价直接挂网目录

广东、山西、新疆、湖北、广西、江西、河南、贵州、江苏设有不竞价不限价目录，一般多为口服日费用低于1元，针剂日费用低于3元廉价普通药品，也有少部分临床急救药品。

11. 竞价

同一品规同竞价组厂家数量超过3家(含)的，通过1至3轮竞价分批次淘汰，后轮报价不得高于前轮报价，报价为0视为放弃。最后按照规定的中标数取中标厂家。

竞价时需要注意：多收集同组其他厂家其他省份各轮竞价结果和最终中标结果，结合本厂产品底价和实际能够销售的价格，争取最理想的价格中标，重要市场可以以能中标销售为前提保中标。

另外注重各省各轮次竞价结果的收集，为来年竞价或新的省份竞价做参考。

12. 议价

同组两家以内的产品制定限价，限价依据为本省原挂网中标价格，没有挂网的取各地市最低中标价或平均中标价，还要参考其他省份的平均中标价或最低中标价。议价注意事项：如果是议价品种，要以全国的中标价为重，尽全力确保各省中标价差幅在3%或5%以内。

13. 中标

中标结果公示后及时收集本厂和同组竞争对手厂家的信息。

14. 配送商确认

产品中标后，按照各产品市场情况选择配送商，如果是空白市场应提前做好配送商的选择准备，备选的配送商应为当地配送能力排名前十的商业公司。

15. 医院勾标

中标结果公布后的2个月内为医院勾标选品种的黄金时间，因此空白市场招商工作应在招标公告开始前就做好准备，找到合适的代理商为中标产品勾标打下良好的基础。湖北、河南、新疆可以通过网上系统及时查看医院勾标情况，如果省代理商开发医院进度不理想，可及时取消其省代资格，按照目标医院重新找代理商。

第四节 招标文件

药品投标是个复杂过程，在拿到招标文件时，如何从上万字的标书中过滤有效信息是投标开始的关键。

一、标书组成

(1) 投标邀请函。
(2) 投标日程表。
(3) 工作流程简图。
(4) 招标人名录。
(5) 招标药品名称一览表。
(6) 投标人须知及前附表。
(7) 通用合同及前附表。
(8) 资格证明文件装订顺序。
(9) 标准标书文件的样式下载。

二、阅读程序

1. 先看邀请函

一般邀请函的内容都会和招标公告一致。主要是资料截止日期和开标日期，要招哪类药。

2. 看日程表

主要是看资料截止日期、信息确认日期、报价起止时间、开标日期。剩下的日期、议价谈判日期、签合同日期，一扫而过即可。

3. 工作流程简图

一扫而过即可。

4. 招标人名录

一扫而过即可。

5. 招标药品名称一览表

看招标规定，若没有限制增补，就不用管了；有限制，要及时增补，增补工作要做在前面。

6. **投标人须知及前附表**

(1) 附表中内容。

① 各个工作时段的详细时间,附表里应该是最清楚的。

② 评标标准:要仔细看。一般都不会详细说什么字段,但会列出质量分、服务信誉分都会包括哪项,都占多大比例。要根据分数项提供相应的资质。一般的地方招标在这里列出就会执行的。

③ 药品购销合同签订及缴纳招标代理服务费:知道该怎么给中介交费,但一些中介都是套话,以实际约定为依据。

(2) 须知正文。

① 要看集中招标采购当事人中"合格的投标人"的规定:一般会规定药品是一投还是多投。在中标药品的配送里会规定本次招标对配送商的规定。

② 正文中要详细过滤本次招标对资质文件的要求,一般中介都会在标书中列个附表。

③ 评标标准要看,里面会说几个入围,几个中标。

7. **通用合同**

产品中标后,中标企业需要签订相关合同。通用合同是本次中标品种签订合同的样本,中标企业和集采中心、医疗机构需要根据实际情况,对通用合同进行逐条核对,在不违背合同主体内容下,经过协商约定增减条款和内容。

8. **资质证明文件装订顺序**

资质证明文件装订顺序按照招标文件要求的顺序装订。首页为材料的封面页,第二页一般为材料的目录页,后面是按顺序排列的资质证明材料,将其装订成册。

9. **标准标书文件的样式下载**

标准标书文件必须在本次招标文件指定的下载地址下载,防止其他地址下载的标书样式发生改变。

三、标书的关键问题

(1) 招什么类别药?目录怎么增补?

(2) 药品区分为几个质量层次进行评价?

(3) 按剂型招标还是按规格招标?

(4) 允许一药几投?

(5) 需要提供哪些附加的资质文件,来回应评标标准,以便不丢分?

(6) 质量分和价格分的比例是多少?常规是 2∶1。

(7) 对于中标后转配送是怎么规定的?

(8) 对于产品资质是如何要求的?证、照、批件、药检、物价、质量标准、说明书等。

"4+7"全面铺开,国产药时代降临

"4+7 带量采购"向全国铺开,这也就意味着国产药替代的日子来了。

国家推行仿制药一致性评价的目的就是替代原研药,仿制药替代既是国际规则和管理,也是国办发(2018)20号文的要求,通过质量和疗效(与原研药)一致性评价的仿制药,正是中国医保实施战略性购买的重要"筹码"。似乎,跨国药企也提早嗅到了政策的变化,开始纷纷剥离仿制药业务。今年7月,全球最大的制药企业辉瑞对外宣布称,将旗下专利到期品牌和仿制药业务部门——普强与全球最大的仿制药企迈蓝合并,成立一个新的跨国制药企业。辉瑞在首批"4+7"带量采购中,两大重磅产品立普妥(阿托伐他汀钙片)与络活喜(苯磺酸氨氯地平片)均落标,导致丢掉了不少市场,由此也冲击到公司自身的业绩。2019年二季度,辉瑞中国区销售额下滑了20%。正大天晴乙肝药"润众"以大降九成成为11个试点城市公立医院的独家供应商,而葛兰素史克(GSK)将其直接的竞争对手贺普丁(拉米夫定)连同苏州工厂100%股权以2.5亿元出售给复星医药。

随着国产产品代替进口产品的趋势明显,失去专利的原研产品高溢价优势已不复存在。而更为关键的是,当这些重磅品种失去了市场之后,大批医药代表将面临跳槽。众所周知,中选药品是不需要做临床的,没中选的也要降价拼一下带量采购外的市场份额。随着带量采购全国铺开,相关药品根本没有空间,也不需要雇佣和往常一样多的医药代表,医药代表将面临着职业规划的转变。

资料来源:人民网 2019-09-27.

讨论:

1. "4+7"带量采购对国产仿制药有什么影响?
2. 带量采购全面铺开,对医药代表有什么影响?如何去面对?

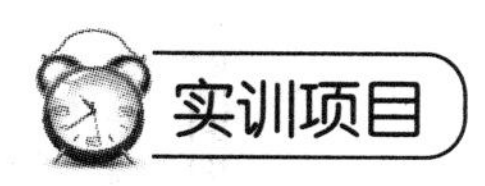

药品投标训练

一、目的和要求

了解医药投标运作中必须准备的各种资质证明、投标文件,熟练掌握投标运作的基本步骤和报价技能。

二、情景

在本模块实训课题的模拟情景中,上海阳光医药采购网公布的国家组织药品联合采购办公室关于发布《全国药品集中采购文件(GY-YD2021—2)》的公告,

网址:http://www.smpaa.cn/gjsdcg/2021/06/02/10091.shtml 附表采购品种目录中品种:布地奈德吸入剂,你作为阿斯利康制药公司中国代理商的一位业务员,经理让你全权负责对此次药品投标工作。

三、训练步骤

第一步:在招标通知或招标公告规定的期限内,到某招标代理公司索取招标文件。

第二步:点开网址,阅读《全国药品集中采购文件》,按招标文件的规定和要求准备好各种资质证明文件。

一般来说,需要准备好下列内容的证明文件:

(1) 中国代理商的各种资质证明文件:

营业执照的副本复印件。

药品经营许可证复印件。

GSP证书复印件(2019年12月30日前未换许可证企业)。

阿斯利康制药公司对中国代理商的代理授权书。

进口口岸检验报告书复印件与进口药品注册证复印件。

证明代理商的能力、质量、信誉、售后服务等情况的文件，比如：代理商的人员数量、仓储和运输条件、准销证明、信誉保证等。

代理商负责配送的承诺书。

生产厂家的各种资质证明文件

阿斯利康制药公司的基本情况，比如：公司的全球规模、科研开发实力、世界权威机构的质量认证证书复印件、我国权威机构及人员的评价资料的复印件、在我国的销售区域和销售总金额等。

(2) 投标药品的有关证明文件：

药品的基本情况，比如：名称、剂量、包装、药品使用说明书等。

近期的药品质量检验报告书复印件。

物价部门核准的最近期物价批文复印件。

原研制药品专利期证明复印件。

(3) 实际综合上报资料：

资格证明材料(投标人主体册、产品册、配送商册)、(生产企业及产品册)。

投标产品基本情况汇总表(产品)。

投标人基本情况(投标)。

配送商基本情况汇总表(配送)。

配送商配送承诺书(配送)。

生产企业基本情况(生产)。

生产企业(代理商)对经营企业的授权书(配送)。

产品资格证明文件(产品)。

投标函(投标)。

纸质备用投标报价表(投标)。

入网信息确认函(投标)。

法定代表人授权书(给投标经办人委托书)(投标)。

物价批文(产品)。

投标产品多包装基本情况汇总表(产品)。

购销合同(产品)。

第三步：报价和售后服务决策。

招标人是按照“同质低价者优先，同质同价售后服务好者优先”的原则评标的。如果报价较高，可能会失去中标的机会，但如果报价较低，则会影响企业的利润。所以，报价决策必须在调查研究的基础上慎重进行。

首先，调查了解在此次招标采购中，哪些药品供应者可能会参加投标，他们可能投标哪些药品品种，他们的优势和劣势是什么。在调查研究的基础上，估计出他们在每一种药品品种上可能会报什么价、能够提供什么样的售后服务。

然后，根据竞争者所提供产品的质量、可能报的价格、可能提供的售后服务，考虑到本公司的定价政策和利润目标，决定所提供的销售服务和每一种药品的价格。

第四步：密封并递交投标书，并且交纳投标文件费和投标保证金。

将编制好的投标文件及时密封,并且注意保密。

将密封好的投标文件在规定时间内送达w市医药招标采购服务中心,同时要求招标委托人签收,以证明其已接到投标文件。

交纳投标文件费和投标保证金。

第五步:等待开标。按照招标文件上载明的时间和地点参加开标,以便及时知道评标的结果。

第六步:若中标,即与之签订合同,同时领取投标保证金。当然,若未中标,也会收到被退还的投标保证金。

四、操作要点及注意事项

1. 编制好投标文件

投标书的封面、内容、格式均按招标说明的要求进行制作。尤其要注意:投标书的制作要正确、规范;投标药品名称应标示正确,注明药品的通用名、商品名、剂型、规格、单位、包装、产地等;投标文件的重要部分应该由计算机打印,以便开标时唱标人员能一目了然,正确无误地唱标。

2. 投标报价应注意的问题

(1) 投标药品的报价与相应的药品包装应当一致。

(2) 不要误把折扣率作为报价投标,使原本可中标的药品落标。

(3) 切忌张冠李戴。

(4) 报价切勿涂改,否则将造成开标时不能确认其真正供价,影响中标。

(5) 投标报价要合理。

3. 调查了解有关情况,协调重要社会关系

(1) 注意了解招标单位的资质信誉情况、公正程度,以及招标采购主管人员及其他相关情况。

(2) 如果委托代理机构是当地卫生行政部门,那么卫生局的有关领导对中标结果有着很关键的作用。以企业的诚信、品牌、质量和价格,加上与招标委托代理机构真诚有效的合作,方能在招标采购中立于不败之地。

(3) 受聘的药品招标评审专家主要为相关医疗机构的专业人员,也有来自代理机构及其他方面的专家。投标企业应当想方设法让评审专家了解企业的信誉、品牌、质量和价格优势,取得专家权威人士的认可与推荐。

实训项目

请按提供给你的有关线索,通过网络、相关报纸等途径关注你所在省市的药品招标采购公告。请以你所在地某医药批发公司的名义,根据某个公告要求,在调查研究的基础上,对药品的报价和销售服务方案作出决策,并制作一份投标文件。

《医药营销实务》实验报告

实验内容:医药的产品招商标书的资料收集、整理、制作的模拟。

实验目的:通过实验课掌握医药的产品招商资料的收集与整理的一般程序与知识。

实验要求:通过查询、收集有关资料,按实验报告的要求,进行分析、整理、填报实验报告。同时,制作一份标书。(填写一套表格)

备选产品:按产品资料夹给出的素材,结合自己收集的资料予以补充。也可以自己选择产品。

建议程序:上海阳光医药采购网 SFDA 网站——基础数据查询——品种国家食品药品监督管理局——. htm(www. sfda. gov. cn)用有关搜索工具(如电脑中没有,可以上网下载,如雅虎、Google)收集追踪品种有用的信息,最新产品价格可以查询政府有关物价网站(××省物价网、招标网等),竞争品种的信息,需要你根据有关线索追踪,对进行信息分类,整理有用的部分、按实验报告的要求填写。

建议技巧:在最近的招标信息中,能找到同类、同种的厂家、最新报价。药品的知识可以查阅三九健康网—网站导航. htm 等网站。资料夹中已经给你准备了一套真实的备用文件,可以使用。

注意:

(1) 每人独立完成。实验报告在实验课后一周内以纸质上报,由班学习委员收齐后,交给教师。填报有关表格,(制作一份标书)以电子文件实验课后一周内发到任课教师邮箱。请以附件粘贴方式,文件标题"班级+姓名+□□□的实验报告一"。作为成绩考核依据。

(2) 如有资料不足的,请列出需补充的资料清单。

(3) 因实验室的电脑使用人较多,为了你的资料的安全,请离开时,存入你的 U 盘,或发到你自己的电子邮箱。

(4) 实验结束时,请按程序要求,关闭电脑,整理实验台卫生。

复习思考题

1. 什么是药品招标?
2. 药品招标的主要方式有哪些?
3. "4+7"集中采购与一般的集中采购相比较,主要区别有哪些?
4. 投标时药品生产企业基本信息材料主要包括哪些?
5. 投标时药品生产企业产品信息材料主要包括哪些?
6. 阅读《关于推动药品集中带量采购工作常态化制度化开展的意见》。

第九章　药品营销商务谈判与合同签订

通过本章学习，掌握合同、购销合同、代理协议的概念，药品交易合同的类型，药品交易合同的内容；熟悉商务谈判的概念，合同的效力；了解商务谈判的原则、作用、形式以及合同的形式。

通过本章学习，让同学们了解合同的签订、合同的基本内容，特别是合同的法律效力、合同的严肃性。帮助同学们树立起诚实守信的理念。

终止合同的代价

誉衡药业2020年1月13日晚间公告，公司1月10日与Bioton S. A.（下称“Bioton”）及Scigen PTE. Ltd.（曾用名：SciGen Limited）签订了意向性终止协议。

此前在2015年，誉衡药业与Bioton及SciGen Limited签订了《供销协议》。根据该协议约定，公司取得Bioton的RHI及其相关产品在中国区域的独家销售权以及“SciLin（重和林）商标”的使用权。Bioton的RHI和相关产品包括精蛋白胰岛素注射液、精蛋白胰岛素预混注射液等。《供销协议》自2016年1月1日正式生效，有效期为10年。

此番誉衡药业为何要剥离与Bioton及SciGen Limited的供销线？誉衡药业表示，根据各方前期签署的《供销协议》约定，公司预计2020～2025年将累计支付至少约1.38亿美元采购款。然而近年来，国家医药卫生体制改革持续深化，带量集中采购、医保控费改革等政策全面实施，给医药企业带来较大挑战。鉴于国家政策、市场形势等客观环境发生变化，公司判断未来胰岛素产品的市场价格及市场格局将出现较大的波动，公司前期预测的相关销售数据将不再适用。如果继续履行《供销协议》及相关协议，公司将承担较大损失。因此，为最大程度降低经营风险，经各方友好协商，一致同意签订意向性终止协议，终止各方前期签署的《供销协议》及相关协议。

终止《供销协议》也是有代价的，誉衡药业需要进行赔偿。根据意向性终止协议约定，誉衡药业需向Bioton支付900万美元，用以解决各方因《供销协议》及相关协议产生的所有争议。具体安排为，公司将在意向性终止协议生效后的10个工作日内首先支付Bioton

300 万美元,并在 2020 年 2 月 16 日之前支付 Bioton 600 万美元,而意向性终止协议所述赔偿金将计入公司 2019 年度营业外支出,预计将减少 2019 年度利润总额约 6278.58 万元。

资料来源:界面新闻 2020-01-14。

第一节　药品营销商务谈判

一、商务谈判的概念、原则以及作用

(一) 商务谈判的概念

商务谈判(Business Negotiations),是买卖双方为了促成交易而进行的活动,或是为了解决买卖双方的争端,并取得各自的经济利益的一种方法和手段。

(二) 商务谈判的原则

在社会主义市场经济条件下,商务谈判活动应遵循以下原则:

1. 双赢原则

一场谈判的结局应该使谈判双方都有"赢"的感觉。因此,面对谈判双方的利益冲突,谈判者应重视并设法找出双方实质利益之所在,在此基础上应用一些双方都认可的方法来寻求最大利益的实现。

2. 平等原则

商务谈判是双方在地位平等、自愿合作的条件下建立的合作关系。谈判桌上任何企业之间都要平等对待、平等协商。

3. 合法原则

商务谈判所涉及的交易项目要合法;谈判双方本身行为要具有合法性。

4. 时效性原则

商务谈判要讲时效性原则,在一定的时间内做出最高的谈判价值,是商务谈判所追求的。守时高效,只有这样才能带来更大的利润价值和需求满足,从而使谈判顺利化、有效化。

5. 最低目标原则

谈判的目标有:最优期望目标、实际需求目标、可接受目标、最低限度目标。而最低限度目标就是通常所说的底线,是最低要求,也是谈判方必定要达到的目标,如果达不到,谈判一般会放弃。最低限度目标是谈判方的机密,一定要严格防护。

(三) 商务谈判的作用

1. 是企业实现经济目标、取得经济效益的重要途径

在市场竞争条件下,企业的营销工作受各种主客观条件的制约。企业商品的畅销,除了商品要适销对路、质量过硬、价格合理、包装美观等外,在很大程度上还要依赖于营销人员做好商务谈判工作。商务谈判是达成商品交换关系的前提,每一笔交易的价格、数量和其他交易条件都要通过谈判来确定。如果谈判不成功,商品销售困难,就会造成商品积压、资金短

缺、经济效益下降、企业的经济目标无法实现，久而久之，企业就会面临破产的危险。

2. 有利于企业获取市场信息为企业的正确决策创造条件

市场信息是反映市场发展和变化的消息、情报、资料等。商务谈判是获取市场信息的重要途径。谈判双方在谈判前通过对对方的资信、经营等一般状况的调查了解，在谈判中通过各自观点陈述了解对方的交易需要，这些活动本身就反映了市场的供求状况。同时谈判中相互磋商，常常使当事各方得到有益的启示，从中获得许多有价值的信息，从而提高经营决策的科学性，使企业在市场竞争中立于不败之地。

3. 是企业开拓市场的重要力量

每一个新市场的开发，每一次新客户关系的建立都需要通过商务谈判来实现。

二、商务谈判的形式

（一）面对面谈判

1. 一对一谈判

小型项目的商务谈判往往是“一对一”式的，出席谈判的各方均只有一个人。“一对一”谈判往往是一种最困难的谈判类型，因为双方谈判者只能各自为战，得不到助手的及时帮助。

2. 组团谈判

一般较大的谈判项目，情况比较复杂，各方有几个人同时参加谈判，各人之间有分工有协作、取长补短，各尽所能，可以大大缩短谈判时间，提高谈判效率。谈判小组成员一般包括：商务代表、技术代表、法务代表、财务代表以及其他工作人员。

（二）函电往来谈判

函电往来谈判，是指通过邮政、电传、传真等进行磋商，寻求达成交易的书面谈判方式。函电往来谈判方式与电话谈判方式有相同之处，也有不同之处：两者都是远距离、不见面的磋商，但一个是用文字表达而另一个则是用语言表达。函电往来谈判方式在国际贸易的商务谈判中使用最普遍、最频繁，但在国内贸易的商务谈判中则较少使用。

（三）电话谈判

电话谈判是借助电话通讯进行沟通信息、协商，寻求达成交易的一种谈判方式。它是一种间接的、口头谈判方式。

三、商务谈判的一般程序

（一）谈判准备阶段

谈判准备阶段是指谈判正式开始以前的阶段，其主要任务是进行环境调查、搜集相关情报、选择谈判对象、制定谈判方案与计划、组织谈判人员、建立与对方的关系等。准备阶段是商务谈判最重要的阶段之一，良好的谈判准备有助于增强谈判的实力，建立良好的关系，影响对方的期望，为谈判的进行和成功创造良好的条件。

（二）谈判开局阶段

开局阶段是指谈判开始以后到实质性谈判开始之前的阶段，是谈判的前奏和铺垫。虽然这个阶段不长，但它在整个谈判过程中起着非常关键的作用，为谈判奠定了一个良好的氛围和格局，影响和制约着之后谈判的进行。因为这是谈判双方的首次正式亮相和谈判实力的首次较量，直接关系到谈判的主动权。开局阶段的主要任务是建立良好的第一印象、创造合适的谈判气氛、谋求有利的谈判地位等。

（三）谈判摸底阶段

摸底阶段是指实质性谈判开始后到报价之前的阶段。在这个阶段，谈判双方通常会交流各自谈判的意图和想法，试探对方的需求和虚实，协商谈判的具体流程，进行谈判情况的审核与倡议，并首次对双方无争议的问题达成一致，同时评估报价和讨价还价的形势，为其做好准备。摸底阶段，虽然不能直接决定谈判的结果，但是它却关系着双方对最关键问题（价格）谈判的成效；同时，在此过程中，双方可通过互相摸底，不断调整自己的谈判期望与策略。

（四）谈判磋商阶段

磋商阶段是指一方报价以后至成交之前的阶段，是整个谈判的核心阶段，也是谈判中最艰难的，是谈判策略与技巧运用的集中体现，直接决定着谈判的结果。它包括报价、讨价、还价、要求、抗争、异议处理、压力与反压力、僵局处理、让步等诸多活动和任务。磋商阶段与摸底阶段往往不是截然分开的，而是相互交织在一起的，即双方如果在价格问题上暂时谈不拢，又会回到其他问题继续洽谈，再次进行摸底，直至最后攻克价格这个堡垒。

（五）谈判成交阶段

成交阶段是指双方在主要交易条件基本达成一致以后，到协议签订完毕的阶段。成交阶段的开始，并不代表谈判双方的所有问题都已解决，而是指提出成交的时机已到。实际上，这个阶段双方往往需要对价格及主要交易条件进行最后的谈判和确认，但是此时双方的利益分歧已经不大，可以提出成交。成交阶段的主要任务是对前期谈判进行总结回顾，进行最后的报价和让步，促使成交，拟定合同条款及对合同进行审核与签订等。

（六）协议后阶段

合同的签订代表着谈判告一段落，但并不意味着谈判活动的完结，谈判的真正目的不是签订合同，而是合同的履行。因此，协议签订后的阶段也是谈判过程的重要组成部分。该阶段的主要任务是对谈判进行总结和资料管理，确保合同的履行与维护双方的关系。

四、药品营销商务谈判中需要关注的具体问题

有很多医药经销商或代理商（以下简称经销商）在产品谈判时，不经意中疏忽了一些关键性的细节，从而导致与供货商合作的不愉快：要么是市场运营时，暗礁迭出障碍重重；要么是虽然勉强完成合约，却被供货商牵着鼻子走；更有甚者，被供货商告上公堂，最终反目成仇。

要想破除这些壁垒，杜绝谈判时留下“后遗症”，确保与供货商关系融洽、合作愉快，经销商在医药产品商务谈判时，必须步步为营，环环相扣，把握好谈判的每一个流程的每一个细节。

（一）初次谈判要全面了解供货商及产品

1. 了解供货商与产品的关系

供货商有两种情况，一是产品的直接生产者（即厂商），二是产品的代理者（总代理商为了扩大产品销量通常也会寻找区域经销商）。如果是厂家，则其后期的配合会更积极，支持会更到位，信息反馈也更直接；假如是代理商，就意味着多了一个中间环节。总的来说，与厂家合作比与总代理商合作更具优势。了解这一点，对后面的谈判将有很大帮助。

2. 了解供货商的基本情况

第一，是供货商的地理位置、固定电话、法人代表、开户行及账号、经营期限这些信息。这些可以从对方提供的名片、营业执照、税务登记证等资料上摘录，经核实后将其存档，便于业务联系。

第二，是供货商的规模实力。如生产工艺水平、质检设备、资信等级、在当地的营销网络分布情况等。

第三，是供货商的经营范围。本产品是否在核定的经营范围之内，即是否合法经营。

第四，是供货商的性质。是国有、外资，还是民营，这也在很大程度上影响着产品的整体市场运营策略的实施。

3. 了解产品的基本情况

第一，产品的类别。是 Rx 类药物，还是 OTC 类药物；是新药还是普药；是针剂还是片剂；是国产还是进口，等等。

第二，产品的竞争对手情况。同类品种的多少及其销售情况；与同类品种相比较，产品的卖点特色何在，是否具有竞争力和市场前景。

第三，产品的价位。包括出厂价、供货价、含税批发价、零售价以及不同销售层次的不同价位扣率。价位决定着利润空间的大小，利润空间又直接影响着市场运作投入的力度。

了解这些基本情况，有利于对产品进行准确的定位，并制定合适的渠道推进计划：是主攻 OTC 终端，还是开发医院渠道。

4. 约定再次谈判

了解到以上信息后，约定再次谈判的时间，并提出两点要求：带来有关供货商、产品和业务接洽人的相关证件资料（可以是复印件，但必须加盖单位红章）；带来一定数量的样品。

（二）再次谈判要收验相关证照以及收查样品

1. 收验证照

资料齐全系合法经营者，继续谈判；否则，终止谈判。具体的证照、资料包括以下方面：

（1）供货商的证照资料。主要有《药品生产企业许可证》（或《药品经营企业许可证》）、企业法人营业执照。这两项通常被业内人士称为“证照齐全”，它是一个医药企业存在的最基本条件。从中，可以获取一些关于厂家“生产（经营）范围、资金实力、经营期限”等方面的基本信息。

（2）主要的产品资料：《药品生产批文》：生产新药或已有标准的药品，都应经药品监督管理部门批准，并发给药品批准文号。

《药品质量标准》：在生产批文中，通常会注明生产该药品应执行国家标准还是地方标准。

药品价格材料:药品企业自主定价或药品招投标中标挂网价格材料。

《药品检验报告书》:一般有三份,分别由生产厂家、生产厂家所在地的药品检验所以及销往市场当地的药品检验所出具;如果是进口药品,还应有口岸药品检验所出具的《进口药品检验报告书》。

《进口药品注册证》:进口药品应由国家药品监督管理部门审查,发给《进口药品注册证》,在境内注册,非进口药品不存在此证。

《国家新药证书》(非新药不存在此证)。

(3) 接洽人员的证照资料。主要有单位介绍信、本人身份证、药品购销员资格证、供货商出具《区域经销授权(委托)书》等。

2. 收查样品

在收查样品时,尤其要关注包装,做到“两看”:

(1) 看药品包装、标签以及说明书是否符合《药品管理法》和《药品说明书和标签管理规定》。

首先,包装上文字应清楚易辨,不得有修改和补充。

其次,包装上必须注明药品的通用名称、成分、规格、生产企业、批准文号、产品批号、生产日期、有效期、功能主治或适应证、用法用量、禁忌证和注意事项。

最后,包装上不得印有“国家级新药”“中药保护品种”“GMP 认证”“监制”“荣誉出品”“获奖产品”“保险公司质量保险”等字样。

(2) 看包装是否适宜入库储存、运输,能否有效防潮、防震、防裂,不致产品变质。

(三) 实质性谈判前的调查与取舍

通过收验证照以及查看样品后,符合要求者留下样品,让业务人员带上样品进行市场摸底调查,并进行分析,做出取舍决策。

(1) 供货商是否在同一区域市场寻找多家经销商;如果有,给其他经销商的政策又是怎样的,相比之下是否公平? 市场上是否已有该产品在销售? 抢占目标市场的难易程度如何?

(2) 同类品种的相关情况:供货价位、促销方式及政策、是畅销还是积压。

(3) 销售商对本产品的态度如何,是欢迎还是拒绝等。

(4) 分析调查信息,依据利弊、优劣决定取舍。

首先,了解其关于供需双方的分工。结合分工,供货商又能从人、财、物上分别提供哪些支持。这样,就不会给对方留下不履行相应义务的把柄。

其次,了解其具体的营销计划。主要是市场拓展计划。

最后,进行取舍决策。取,约定实质性谈判;舍,告之原因,并退回样品。

(四) 实质性谈判,签订协议

1. 表明合作诚意

虽然关卡重重手续繁多可以显示经营的“正规”,但如果次数过多过频,亦易引起供货商反感。所以在这个时候必须强调合作的诚意,给供货商吃一颗“定心丸”,介绍己方可以为产品的市场运作所提供的各项保障,进一步增强对方信心。

2. 提出合作条件,协商后签订合同

以法律形式明确那些比较敏感的条款,包括:价格;授权经销区域(全国总经销或是一个

指定的省级市场或地级市场)；授权销售期限；保证金(买断)；首次订货量；任务考核；退货规定；解决纠纷方式(地点、方式)；交(提)货方式、地点及运费承担方法；商品验收、损耗计算的方法；货款具体的结算价格及付款方式；双方的权利和义务。

3. 签约后行为

依据合约，在供货商履行了相应的义务(如产品的证照、宣传资料提供到位，广告配合及时)之后，召集业务人员，宣讲产品的市场操作事宜。

(1) 必须达到多大的市场覆盖率，这个主要以市场占有率来衡量；

(2) 不同类别终端售点的供货数量；

(3) 不同渠道环节的供货价格；

(4) 回款期限；

(5) 综合投入力度，等等。

只有严格遵守、执行合同条约，才不致失信于人。

(五) 反馈问题，协商对策，调整合作

首先及时向供货方反馈在市场运作过程中所出现的问题。因为市场是瞬间万变的，很多问题在协议之初，并不能全部预见。然后依据产品的销售态势等综合市场行情以及整个医药行业的动态，与供货商协商对策。及时调整合作方式，或者终止合作(合同)。

第二节　药品交易合同的主要类型及内容

双方通过谈判就交易条件达成一致后，即可签订商务合同。合同是双方履行义务以及享受权利的基础。药品交易合同的类型有很多，主要有药品购销合同、药品代理协议书、销售确认书等。不同类型的合同，其所包含的合同内容有所不同。我们这里主要介绍药品购销合同以及药品代理协议书这两个最主要的合同类型。

一、合同的概念

合同是民事主体之间设立、变更、终止民事法律关系的协议。依法成立的合同，受法律保护。广义合同指所有法律部门中确定权利、义务关系的协议。狭义合同指一切民事合同。

二、合同的形式

合同的形式，是指作为合同内容的合意的外观方法和手段，是合同当事人意思表示一致的外在表现形式。我国《民法典》规定：当事人订立合同可以采用书面形式、口头形式或者其他形式。

(一) 书面形式

书面形式是合同书、信件、电报、电传、传真等可以有形地表现所载内容的形式。书面形式有利于安全交易，重要的合同应该采用书面形式。书面形式又可分为下列几种形式：

(1) 由当事人双方依法就合同的主要条款协商一致并达成书面协议，并由双方当事人的法定代表人或其授权的人签字盖章。

(2) 格式合同。指全部由格式条款组成的合同,格式条款是当事人为了重复使用而预先拟定,并在订立合同时未与对方协商的条款。

(3) 双方当事来往的信件、电报、电传等。

(二) 口头形式

当事人只有口头语言为意思表示订立合同,而不用文字表达协议内容的合同形式。口头形式的优点在于方便快捷,缺点在于发生合同纠纷时难以取证,不易分清责任。口头形式适用于能即时清结的合同关系。

(三) 其他形式

包括公证形式、鉴证形式、批注形式、登记形式等。

三、合同的效力

(一) 合同的效力的含义

合同的效力,是指已经成立的合同在当事人之间产生的一定的法律约束力,也就是通常说的合同的法律效力。依法成立的合同,自成立时生效,但是法律另有规定或者当事人另有约定的除外;依照法律、行政法规的规定,合同应当办理批准等手续的,依照其规定。

(二) 合同生效是指合同产生法律约束力

合同生效后,其效力主要体现在以下几个方面:

(1) 在当事人之间产生法律效力。一旦合同成立生效后,当事人应当依合同的规定,享受权利,承担义务。当事人依法受合同的约束,是合同的对内效力。当事人必须遵循合同的规定,依诚实信用的原则正确、完全地行使权利和履行义务,不得滥用权利,违反义务。在客观情况发生变化时,当事人必须依照法律或者取得对方的同意,才能变更或解除合同。

(2) 合同生效后产生的法律效果还表现在对当事人以外的第三人产生一定的法律约束力。合同的这一效力表现,称为合同的对外效力。合同一旦生效后,任何单位或个人都不得侵犯当事人的合同权利,不得非法阻挠当事人履行义务。

(3) 合同生效后的法律效果还表现在,当事人违反合同的,将依法承担民事责任,必要时人民法院也可以采取强制措施使当事人依合同的规定承担责任、履行义务,对另一方当事人进行补救。

(三) 合同的一般生效要件

我国《民法典》第一百四十三条规定,民事法律行为应该具备下列条件:

(1) 行为人具有相应的民事行为能力;

(2) 意思表示真实;

(3) 不违反法律、行政法规的强制性规定,不违背公序良俗。

以上三点是合同的一般生效要件。

四、药品购销合同

购销合同是最常见的药品交易合同,其主要内容一般包括:当事人的名称或者姓名和住所；标的；数量；质量；包装方式、检验标准和方法；价款及结算方式；履行期限、地点和方式；违约责任；解决争议的方法；合同使用的文字及其效力等条款。

示例1 药品购销合同范本

甲方：（医疗机构）

乙方：（中标人或者配送企业）

根据《中华人民共和国药品管理法》《××省公立医疗机构网上药品集中采购实施方案（试行）》《××省公立医疗机构药品集中采购监督管理暂行办法》的规定，为确保药品网上交易的顺利进行，明确交易双方的权利和义务，特订立本合同。

第一条 甲方须根据乙方在××省药品集中采购交易平台上所提供的药品信息，以网上采购的形式采购临床需要使用的药品，甲方通过交易平台向乙方发送电子订单通知，乙方据此供货；双方确认后的电子订单为本合同的重要组成部分。

乙方对甲方通过交易平台发出的电子订单通知，自甲方发出电子订单通知起一个工作日内必须确认。

中标人与药品经营企业签订的委托配送协议书为本合同的重要组成部分。

第二条 乙方须按甲方采购药品订单向甲方供应药品。

第三条 乙方应保证甲方在使用药品时免受第三方提出的有关专利权、商标权或保护期等方面的权利的要求。

第四条 乙方所供应药品的质量应符合国家药品相关标准，药品包装、质量及价格须与交易平台上中标（挂网）药品的信息一致，不得更改，按甲方要求提供相应的药检报告书，并将药品送到甲方指定地点。

第五条 供货期限。乙方应自确认甲方订单通知起一个工作日内交货，最长不超过48小时；急救药品乙方应在4小时内送到。

第六条 供货价格与货款结算。

（一）供货价格：按交易平台所公布的中标（挂网）药品价格执行，该价格包含成本、运输、包装、伴随服务、税费及其他一切附加费用；合同履行期间，如遇政策性调价，按平台更新后的价格执行，包括尚未售出的药品。

（二）货款结算：甲方在收到配送药品之日起按合同约定的时间进行货款结算。

第七条 药品验收及异议。甲方对不符合质量、有效期、包装和订单数量要求的药品，有权拒绝接收，乙方应对不符合要求的药品及时进行更换，不得影响甲方的临床应用。甲方因使用、保管、保养不善等自身原因造成产品失效或质量下降的，自行负责。

第八条 甲方的违约责任。

（一）甲方违反本合同的规定，通过交易平台以外途径购买替代中标（挂网）药品，承担违约责任。

（二）甲方无正当理由违反合同规定拒绝收货或违约付款的，应当承担乙方由此造成的损失。

以上两种情形，乙方有权向当地药品集中采购联席会议办公室举报。

第九条 乙方的违约责任

（一）乙方确认甲方发出的订单通知后拒绝供货的，应承担违约责任。

（二）乙方所供药品因药品质量不符合有关规定而造成后果的，按相关法律规定处理。

以上两种情形，甲方有权向当地药品集中采购联席会议办公室举报。

第十条　合同当事人因不可抗力而导致合同实施延误或不能履行合同义务，不承担误期赔偿或终止合同的责任。在不可抗力事件发生后，合同双方应尽快以书面形式将不可抗力的情况和原因通知对方。除另行要求外，合同双方应尽实际可能继续履行合同义务，以及寻求采取合理的方案履行不受不可抗力影响的其他事项。不可抗力事件影响消除后，双方可通过协商在合理的时间内达成进一步履行合同的协议。

第十一条　合同的变更及解除。由于药品生产企业关、停、并、转的原因造成合同不能履行的，乙方应及时向甲方通报并提供省级以上药监部门证明，双方可以解除就相应药品的购销合同，合同如需变更，须经双方协商解决。

第十二条　本合同未尽事项，按《湖南省公立医疗机构药品集中采购实施方案》和《湖南省公立医疗机构药品集中采购监督管理办法(暂行)》执行。仍然无法确定的，经双方共同协商，可根据以上两个文件及相关法律法规的规定签订补充协议，补充协议与正式合同具有同等法律效力。

第十三条　因合同引起的或与本合同有关的任何争议，由双方当事人协商解决；协商或调解不成，当事人可依照有关法律规定将争议提交仲裁，或向人民法院起诉。

第十四条　本合同自双方签订之日起生效，自本合同生效之日起在合同期内发生的有关网上交易的各项事宜，均受本合同的约束。

第十五条　本合同有效期从××××年××月××日起，至××××年××月××日止。

本合同一式两份，甲、乙双方各持一份。

甲方(盖章)　　　　乙方(盖章)
注册地址：　　　　注册地址：
法人代表(签名)　　　　法人代表(签名)
签章日期：　　年　　月　　日　　　　签章日期：　　年　　月　　日

五、药品代理协议书

药品代理是由药品生产企业与药品经营企业，通过合同或契约的形式，委托药品经营企业在一定区域内实行垄断或独家经营，代理销售药品或完成其他经营行为的一种组织形式，其中受委托方被称为代理商，获得代理权。

药品代理协议书主要内容一般包括：委托方与代理方的基本信息、代理标的、价格、质量、权利与义务划分、违约责任；解决争议的方法；合同使用的文字及其效力等条款。

示例 2　药品代理协议书

甲方：____________________

乙方：____________________

经甲乙双方协商，就甲方产品的代理销售事宜达成如下协议：

一、代理产品：________

二、代理区域：________省(市)________地区(市)

三、考核时间：______年_____月_____日至______年_____月_____日

四、产品价格(元)

名称	产品规格	单位	包装规格	代理价

甲方对乙方代理区域有广告覆盖或其他促销行为及国家统一物价调整时，甲方有权调整代理价。乙方不得低于最低出货价销售。

五、任务量

乙方按代理价现款提货，在规定代理期间完成销售量不得少于________件，且签订协议后首批提货不少于________件。

六、质量标准

(1) 甲方保证提供符合国家标准的产品，如产品出现质量问题，责任在甲方，由甲方对不合格产品实行无偿退还，退货费由甲方负责承担。

(2) 乙方在经销甲方产品期间，如遇有关部门对甲方产品进行检测，乙方应及时通知甲方。并保证甲方不失行政复议申请权和向人民法院的起诉权，否则由此产生的一切法律后果均由乙方承担。

(3) 市场预订金：为了更好地维护市场秩序，更好地保护甲、乙双方的利益，乙方缴纳市场预订金________元后，甲方暂时保留乙方代理区域独家经销权，待乙方全部货款到账后，乙方享有地区独家代理权。

七、发货

(1) 乙方货款到达甲方账户后，甲方须在七个工作日内发货，如遇特殊情况不能按时发货，需提前向乙方书面说明。为保证货源充足，乙方如需大额提货，应提前十天通知甲方。

(2) 甲方负责将货物送达________________(指车站、行包处)，费用甲方承担，如需加急快件，超过正常运输费用标准的费用由乙方承担。

(3) 乙方在货到后对产品现场验收，如发现破损、错发等问题应向承运部门提出，并取得承运部门证明，同时在提货之日起五日内以传真或书面方式通知供方，如系承运部门责任，而乙方未履行本款约定，其损失由乙方自行承担。

八、区域保护

(1) 甲方在本合同生效后，不得在乙方代理区域销售该代理产品，如属甲方刻意窜货(冲货)，即甲方在乙方代理区域内向其他代理商发货，经调查核实后，乙方有权按窜货(冲货)量3倍向甲方索赔。

(2) 乙方超出代理区域销售，甲方有权将乙方二次提货款扣留，并要求乙方将冲货地区的产品收回，并单方终止乙方代理权，在乙方收回冲货后三个月内，将乙方提货款返回，如果乙方不按照规定将冲货收回，则甲方用乙方提货款自行收货。乙方代理区域内商业客户配货产品的跨区域流通，乙方应事先书面声明，否则按冲货数量从乙方的回款中扣除，作为被冲货区域的任务量，相应的返利同时取消。

(3) 乙方在签订本协议的同时，必须明确告知甲方不进入任何批发市场，并且乙方不是批发市场的任何单位和个人,如有隐瞒,乙方承担违约责任,同时甲方可以单方终止本协议。

九、退货保证

(1) 在本合同有效期内,如乙方无违约记录,且自愿放弃代理资格,则乙方可在最后一次进货之日起三个月内将包装完整无损的货物退回,由乙方承担退货费用。

(2) 甲方收到退货后,将按不高于乙方最后一批进货量的原则按代理价给予乙方退货。

(3) 乙方终止代理产品时,必须将甲方所提供的各项文件资料及授权委托书退还给甲方。

(4) 退货所需产品运输和保险费由乙方承担。甲方在收到退货产品及证件并核实无误后,在 15 个银行工作日内将退货产品的货款汇入乙方指定的银行账户。

(5) 如退货产品发生质变或超过约定有效期或包装有所损坏,甲方有权拒绝退货请求。

十、终端要求(据代理品种确定本协议执行下列第________条)

(1) 本协议经甲乙双方签字后生效,有效期 1 年。

(2) 乙方应自觉维护甲方形象,遵守商业信誉。

(3) 乙方签约 7 日内未向甲方交纳保证金或全额首批进货款,视为乙方违约本协议自行中止。

(4) 乙方未按时完成各阶段任务包括回款、终端铺货等,甲方有权终止本协议。

(5) 甲方根据乙方需要开具发票,普通发票由乙方按照所开金额的 6%承担税收;增值税发票由乙方按照所开金额的 7%承担税收。

(6) 每年 12 月 31 日前,双方商定第二年销售任务并书面确定。

(7) 双方在履行合同过程中发生纠纷,应当协商解决,协商不成的由甲 方所在地人民法院管辖。

(8) 其他约定:本合同一式两份,双方各执一份。本协议之附件及传真与本协议具有同等法律效力。

甲方:	乙方:
地址:	地址:
电话:	电话:
委托代理人(签章):	委托代理人(签章):
签订日期:	签订日期:

案例分析

欧盟对阿斯利康的诉讼

2021 年 4 月 23 日,欧盟委员会正式起诉阿斯利康制药公司,理由是该公司没有能够履行新冠疫苗交付义务,欧盟 27 个成员组织一致支持欧盟委员会的决定。据欧盟内部市场委员会布雷顿透露,2021 年第一季度和第二季度欧盟向阿斯利康公司订购的疫苗数量分别为 1.2 亿剂和 1.8 亿剂,但该公司在第一季度仅交付了 3000 万剂疫苗,在第二季度的预计交付量为 7000 万剂。

资料来源:每日经济新闻,2020-03-20。

讨论：

1. 本案例中阿斯利康违反了合同的什么条款？
2. 阿斯利康需要承担怎样的法律责任？

药品合同签订实训

本实训目的是让同学们通过模拟商务谈判的过程，对商务谈判有一个直观的认识，并通过签订合同，使得同学们对合同的内容有所了解。

一、操作步骤

1. 全体同学进行分组。按照 60 人的自然班分成 10 组，每组 6 人左右，10 组中 5 组作为卖方（厂商），5 组作为买方或代理商。

2. 每组同学通过网络查找信息给予本组一个虚拟身份，比如某厂商、某经销商、某代理商。

3. 各组自由配对，进行谈判，并签订完整的销售合同或是代理合同。

二、操作要点及注意事项

1. 合同内容要完整、具体，包括合同名称、编号、双方信息、标的、数量、价格、付款方式、包装与运输、不可抗力、争议的解决等方面。

2. 规范使用药品名称。

3. 药品价格力求真实、准确。可以通过网络查询相关药品的信息，包括生产厂商、价格等。

1. 什么是商务谈判？
2. 商务谈判的主要形式有哪些？
3. 什么是合同？
4. 如何理解合同的法律效力？

第十章　医药营销人员

学习完本章的内容应该熟悉医药营销人员的分类；熟悉常见的“时间陷阱”；理解时间管理的基本原则；掌握时间管理的方法，能够根据自己的实际情况进行时间管理；掌握医药代表的概念，熟悉医药代表的职责及医药代表备案制；了解医药代表的职业生涯方式。

通过本章的学习，使同学们认识到医药代表职业身份转变的大趋势，同时认识到从业人员必须具备较强的职业素养，将正确的职业观、价值观、人生观根植于同学们的大脑，帮助同学们树立良好的医药营销职业精神和职业道德，培养学生的问题意识，提升独立分析判断的能力。

孙尚是一家企业的销售人员。他每天看上去都很忙，身心疲惫，但是所取得的成就却不显著。无奈之下，他只好向一位成功的前辈请教：“为什么会这样？”

前辈问：“你每天忙些什么？”

孙尚答：“太多了。为了更好地说服客户，每次拜访客户之前，我都要事先了解客户企业的情况，包括企业的发展历史、战略规划、产品线、营销策略、目前急需解决的问题，甚至包括客户的个人喜好等，以便准确地把握客户的需求点，并且预测沟通过程中可能发生的各种情况，制定应对方案。”

“问题就出在这里。”前辈解释道，“你做得太多，却不得法。”

“什么意思？”孙尚不解地追问。

“了解客户企业的情况，对于销售员来说，当然是必需的。但最重要的是你的产品。”前辈进一步解释道，“你要熟知产品的种种信息，如它的功能、特点、优势等，并在此基础上找到产品和客户的契合点。你对客户的情况再了解，当客户问及产品时，如果你一知半解，那么，销售也是不可能成功的。”

你是否曾为这样一个问题困惑呢？明明比别人更有能力，更努力，却总是收效甚微？每个销售人员都希望在同一时间能够完成更多的工作，使得时间效益最大化，那么你就必须有效开展时间管理，把时间用在最该付出的地方。

案例来源：培杰．销售冠军都是时间管理高手[M]．北京：文化发展出版社，2019：194.

随着市场经济发展和经济全球化进程，现代企业在各方面竞争都十分激烈，医药企业也不例外。“4+7带量采购”大大降低药品流通环节的费用，加上政策的变化，对一线的医药营销人员提出了更高的要求。

医药营销工作相对独立、分散、自由，更多的时候只能依靠有限的个人力量操作区域市场，因此医药营销人员的自我管理就至关重要。通过自我管理不断发现问题、改进工作、提升能力，是每一个医药营销人员所面临的重要课题。

第一节　医药营销人员的自我管理

医药营销工作对医药营销人员的个人素质，以及为公司创造价值的能力提出了巨大的挑战。自我管理将自我成功与为企业创造价值紧密地结合起来。清晰明确的目标是医药营销人员进行自我管理、实现成功的关键；积极的心态和信仰、坚定的态度帮助医药营销人员审视自身、应对压力、专注工作；自我管理、实现成功是持续一生的过程，保持积极的心态是一种长期的投资，它可以帮助医药营销人员应对生活和工作中的各种挑战。从某种意义上来说，管好自己是最高的管理。

一、医药营销人员分类

（一）依据医药营销人员的行为功能分类

1. 医药代表

医药代表有广义和狭义之区分，前者指所有药品营销人员，后者专指从事药品临床推广工作的医院代表。后者的医药代表分布在医药生产企业，具有医药市场推广能力，主要以正确使用和普及药品为目的，代表药品上市许可持有人在中华人民共和国境内从事药品信息传递、沟通、反馈的专业人员。本教材提及的医药代表为后者。

2. 销售代表

销售代表集中分布在纯销型的药品经营企业，药品生产企业也有分布，具有销售行为能力，承担一定的销售指标。他们主要从事与医院院长、药剂科主任、仓储人员、财务人员、医生等客户关系的维护；以及与经营企业的商务谈判，后续销售服务；保证缺货及时补充、购货资金及时返还及其他事项。

3. 物流配送代表

物流配送代表主要分布在大型药品经营企业，辅助市场和销售行为，主要承担药品的仓储配送工作。

（二）依据医药营销人员的工作内容分类

1. 医院代表

医院代表也有称医药代表、临床代表、学术代表、医学联络人。这类人员主要是处方药自营模式的临床代表，受过医、药学专门教育，具有一定临床理论知识及实际经验的医、药专业人员，经过市场营销知识及促销技能的培训，从事药品推广、宣传工作的市场促销人员。通常情况下，医药企业派出医药代表，通过开展访问活动，向客户传递产品信息，说服其使用本企业产品。他们的促销对象是医院的临床医药人员，这些人具有较高的文化知识层次，较严谨的科学态度，在药品消费中起主导作用。因此医院代表经常通过组织各种形式的产品推广会并授课，对临床医药人员进行专业化的面对面拜访开展工作。2020年9月30日，国家药监局发布了《医药代表备案管理办法(试行)》公告。公告指出，本办法所称医药代表，是指代表药品上市许可持有人在中华人民共和国境内从事药品信息传递、沟通、反馈的专业人员。

2. 商务代表

商务代表也称渠道营销代表，主要分两类。

一类是处方药自营企业流通及配送工作的处方药商务人员，相当于药品营销队伍中的稳定工作者。相对“纯销”所说的“商销”，其核心工作职能是计划、发货和回款，确保处方产品的正常流通和合理的渠道库存，主要与医药配送商业打交道，这个工种相对比较稳定和安逸，因为自营处方药的大企业居多，与商业间纯属合作关系，所以工作难度不大，是很多销售人眼中的“美差”。

另一类是OTC和普药企业的渠道流通与分销人员，他们实际上就是普药企业的“销售队伍”，主要负责一级商业的维护、二三级商业的分销及渠道促销等。因为他们每天都在和商业打交道，所以更像“商人”，也比较精明，很多人也在经营所在区域工作多年，比较稳定；借助公司资源，营销渠道较多，为营销生涯打下坚实基础。鉴于这种情况，一般经营区域多年的普药商务人员多不愿换市场甚至回总部高升。

3. 医药招商人员

医药企业为了提高产品销售量，会派专人联系大宗的客户，如批发商、代理商等，从而有了医药招商人员。医药招商人员主要是和医药代理商或经销商对接，负责开发新的代理商(经销商)以及代理商(经销商)的关系维系，不仅要求具有良好的专业知识，掌握良好的商业技能，同时还需要负责招标、医保、物价等政府事务工作。

4. 终端直供营销人员

终端直供营销人员主要针对第三终端开展业务。第三终端是除医院药房、药店(包括商超中的药品专柜)之外的，直接面向消费者开展药品及保健品销售的所有零售终端，主要阵地是在广大农村和一些城镇的居民小区，如社区和农村的个体诊所、企业和学校的医疗保健室、乡村医生的小药箱、农村供销合作社及个体商店中的常用药品销售小柜等。终端直供营销人员也是深入基层市场的工作人员，由于基层市场比较分散、交通不够便利，通常工作比较辛苦，有时候还需要营销人员自己送货。

(三) 依据医药营销人员的促销手段分类

在目前行业状况下，根据医药营销人员的促销手段可将医药代表分为三种类型：

1. 医药信息沟通专员

医学信息沟通专员是指专门做医生工作的医药营销人员。这类营销人员面对面拜访医生，将宣传、推广药品知识作为唯一的推广工作，不承担销售指标。如中外合资西安杨森制药有限公司的医药营销人员，这家企业从1995年始，坚决取缔医药代表在推广药品的过程中向医疗机构有关人员给回扣的做法，公司一旦发现医药代表在药品推广过程中有给回扣的现象，就立即将该医药代表除名。

2. 学术专员

学术专员，是指专门负责学术推广会工作的医药营销人员。这类人员通过举办学术会议实行药品推广工作，会前、会中、会后以学术为导向，跟进服务于医生。这种类型的医药代表主要从事与医疗机构、医学会、药学会等部门洽谈学术会议召开形式的工作，组织、筹备、召开学术会议，制作、申报学术会议内容。

3. OTC 专员

OTC 专员，是指专门做零售药店营业员工作的人员。这类人员主要与零售药店营业员沟通，获得信任后，通过介绍产品卖点，联合用药方法，调整产品陈列位置，协助药店开展促销活动等从而达到产品促销目的。

二、医药营销人员的时间管理

彼得·德鲁克说："管理不好时间，我们就管理不了任何事。"研究表明，那些善于管理时间的人更有控制力、更快乐、更放松。当然，严格来说，我们不能"管理"时间，我们只能管理自己的选择，学会如何使用可用时间。

在实践当中，我们经常听到医药营销人员说"太忙了！""我的时间怎么总是不够用！""我晚上还要拜访医生。""做医药销售太累啦！"，等等。的确，医药营销人员的劳动强度大、时间紧，但也可能问题出在了时间管理上。

（一）警惕时间陷阱

为什么你总觉得自己的时间不够用，其实不是时间不够用，而是你没有能够很好地管理和利用时间，在一些无意义的事情上将宝贵的时间浪费了。研究发现，工作和生活中有很多"时间窃贼"。

1. 拖延症

浪费时间的罪魁祸首是拖延症，又被人们称为"五月病"，因为在五月春暖花开的日子，人难免变得慵懒起来。但一旦成为习惯就不会只在五月发作了。做任何事情都想着时间还够用，稍稍拖延一下还是能够按时完成的，结果可用的时间就会越来越少，时间也从最开始的充足变成了不够用。

2. 仪式感

在绝大多数情况下，仪式感是一个好东西，但偏偏对于时间来说，仪式感是个糟糕的伙伴。为了具有仪式感需要花费大量的时间，不管是出门、吃饭、穿衣还是工作。在工作当中具有仪式感，往往会导致你为工作做好了万全的准备工作，信心满满开始工作时，却发现时间已经流逝了很多。

3. 找东西

在工作和生活中我们会发现，自己经常会在找东西上浪费很多的时间。及时扔掉无用的东西，对有用的东西，如客户资料，分门别类进行保管能够有效帮助我们减少浪费在找东西上的时间。

4. 事无巨细，不懂授权

所有的工作都只相信自己，所有的工作都觉得要自己完成才放心，不懂得充分利用团队或下属的力量，无法充分授权也是导致时间不够用的原因之一。

5. 缺乏理解就匆忙行动

缺乏对任务或目标的清晰认识，在片面理解的情况下就开始行动，结果南辕北辙，花费了大量时间和精力却无法达到效果。

6. 消极情绪

消极的心态会打击我们工作的积极性，使我们失去工作的动力，遇到障碍时容易产生畏难情绪，停滞不前，这些都会导致工作效率低下，浪费使时间。

7. 事无轻重缓急

把所有工作的时间要求和重要性都看作一致的，无法对工作进行时间分类。当然，还有很多研究也提出了导致时间不够用的“元凶”，如承诺太多、喜欢开会、夸夸其谈、迎来送往、应酬过多、电话干扰、缺乏目标、没有时间期限、缺乏资源等。

（二）时间管理的原则

1. 确立明确的目标

时间管理本质上是管理自己的行为，要让自己的行为有效率和有效果，前提条件就是目标的确立。无论设定怎样的目标，它都应该是一个体系的，不仅包括横向的目标设计体系，如工作的、家庭的、健康的等，还应包括纵向的，如短期的、中期的、长期的。

2. 明确工作的轻重缓急

在工作分析的基础上，将实现目标的任务进行时间分类，按照工作的重要程度和紧急程度进行分类，对不同的工作任务进行时间排序。

3. 二八原则

在管理中普遍存在的二八原则也同样适用于时间管理。避免将时间花在琐碎的多数问题上，因为就算是花了80%的时间，也只可能取得20%的成效。因此，对工作做好规划，总是确保最关键的20%的活动具有最高的优先级。

4. 适度授权

现代社会是一个高度分工的时代，每个人都有自己的专业和擅长的事务。对于工作非常繁杂的医药营销人员来说，不可能依靠个人的力量完成所有的工作，适当的将工作授权给下属和伙伴，通过合作分工可以很好地提高工作效率。

5. 学会拒绝

在我们的工作和生活中总是有很多的突发事件影响任务的开展，可能是同事的某个要求、可能是下属的求助信息、也可能是一封邮件，这些突发的、琐碎的、并不重要的事件可能会成为时间的杀手，不仅消耗了我们的时间，还影响了我们的专注力，导致工作效率低下。因此开展时间管理的时候，必须学会拒绝，拒绝那些不是我们本质的工作，拒绝我们不擅长的工作，确保我们能够更专注于那些重要且紧迫的任务。

三、医药营销人员的时间管理方法和技巧

时间管理的研究已有相当历史。犹如人类社会从农业革命演进到工业革命，再到资讯革命，时间管理理论也可分为四代。

第一代的理论着重利用便条与备忘录，记录下工作的重点，在忙碌中调配时间与精力。

第二代强调行事历与日程表，反映出时间管理已注意到规划未来的重要。这时候的时间管理方法更注重计划性，利用各种手段来安排工作事项。

第三代是讲求优先顺序的观念。即依据轻重缓急设定短、中、长期目标，再逐日制订实现目标的计划，将有限的时间、精力加以分配，争取最高的效率。这种做法有它的可取之处，但过分强调效率，一味把时间绷紧，反而会产生反效果，使人失去增进感情、满足个人需要以及享受意外之喜的机会。正因如此，许多人放弃这种过于死板拘束的时间管理法，恢复到前两代的做法，以维护生活的品质。

第四代的理论与以往截然不同之处在于，它根本否定"时间管理"这个名词，主张关键不在于时间管理，而在于个人管理。与其着重时间与事务的安排，不如把重心放在维持产出与产能的平衡上。强调重要的事先做，兼顾重要性与紧迫性，追求多方面的平衡，改变开展时间管理的思想而不仅仅是行为。

（一）时间的"四象限"法

四象限理论是美国著名的管理学家史蒂芬·柯维提出的时间管理理论。这个理论陈述起来很简单，就是说我们在安排工作时间的时候，应该有重点地把主要精力和时间集中放在处理那些重要但不紧急的工作上，未雨绸缪，防患于未然。

该方法以时间的紧迫性和事件的重要性两个维度对工作进行分析（图 10-1）。

	紧急的	不紧急的
重要的	Ⅰ第一象限 危机;急迫的问题;有期限压力的任务	Ⅱ第二象限 防患未然;改进产能;建立人际关系;一种健康生活方式;发掘新机会;规划、目标管理
不重要的	Ⅲ第三象限 不速之客;某些信件、电话;某些会议;某些必要但不重要的问题	Ⅳ第四象限 繁琐的工作;浪费时间的事;有趣的活动

图 10-1　时间管理矩阵

在运用四象限管理时间法则之前，首先需要树立一个可量化、可拆分的明确目标，有了明确的目标之后，就可以是否有助于目标的实现为依据，对要做的事情进行分类和归纳。

工作对于我们而言永远是多任务的，我们总是同时面临各种不同的任务。心理学家卡罗尔·卡博勒-斯卡伯勒和杰伊·林奎斯特的一项研究就发现了两种不同的工作方式："多元时间模式"和"单一时间模式"。有的人喜欢多元时间模式，即一次性完成多项任务，而有的工作者则更喜欢按照顺序一项一项执行。偏好单一时间模式的工作者在制订计划的时候更在意细节，但实际上却很难按照计划开展工作，因此经常被突发事件等打断。如果我们在工作时会被时不时地打断，我们该如何进行时间的分配和管理呢？

（1）对于那些非常紧急而且非常重要的事情或者很紧急而且并不花时间的事情（第一象限），是需要立即处理的。在处理之前也需要判断是否有可能向第二象限转移，如果可以，我们就可以为这一事务争取更多的时间，时间越久，我们就越能掌握主动权。

（2）有些事情很重要但时间压力却不大（第二象限），如果你知道需要花更多的时间解决这件事,那么重新给它规划一个时间,适当延后。第二象限的事务对我们未来的工作发展影响可能是最大的,往往是已经提前做好计划和充分准备去展开的工作,但却经常受到第一象限和第三象限事务的挤压和阻拦。

但处理那些紧急但不重要的事务而挤压了重要事务是不明智的,所以对待这个象限的事务,我们应该保证工作的时间和精力,从而保证第二象限事务的工作质量。这个象限的工作质量也是最能体现时间管理质量的。

(3) 有些事情比较紧迫但是重要性却不高(第三象限),这类事务很容易导致我们在工作的时候纠结,因为它是紧急的,所以自然觉得应该先处理,但它又不重要,所以极有可能是突发的、附加的。这时候可以适度的授权,寻找合适的人来完成这项工作,所以面临这类问题,委派他人来做是一种很好的提高效率的方法。

(4) 对于那些既不重要也不紧迫的事情(第四象限),你可以考虑不做,比如超过半数进入你邮箱的邮件可能都是垃圾邮件,你完全可以直接把它们删除,而不需要在这些邮件的处理上浪费时间。通常而言,被归类在第四象限的事务,往往是被当作工作和生活中的调剂来看待的。由于它们既不重要也不紧迫,因此处理起来自由度很高,我们可以根据自己的价值取向来自由调整和规划,当然不能因为这类事情影响到我们正常的生活和学习。

(二) 二八原则

每个营销人员都希望在同一时间内,能完成更多的工作,使得时间效益最大化,这就要求你把时间用在最该付出的地方。这就涉及意大利经济学家帕累托提出的 80/20 原则,即要把 80%的时间花在能产出最大效益的 20%的事情上。

二八原则运用到时间管理,就是凡事要分清楚轻重缓急,设计优先顺序,再来分配时间。20%重要的、会产生高价值的事情需要用 80%的时间来完成,80%不重要不紧急的事情,用 20%的时间来完成,这是高效工作的捷径。

其次二八原则关键的问题就在于你是否找对了那 20%的产出最大效益的事情,当一天的工作结束我们可以思考以下几个问题:

(1) 今天哪些工作使我更接近我的目标呢?

(2) 今天效率最低的事情、效率最高的事情,分别是什么?

(3) 如果再有一次机会,我会在哪些地方做得更好?

(4) 做哪些工作,能够给我最大的满足感。

仔细考虑这些问题后,你就能确定你是否找到了 20%的要事,是否合理地安排时间,在最好的时间做最重要的事,让工作更有效率,产生了更大的效益。

(三) GTD 法

GTD 是 Getting Things Done 的缩写,来自于 David Allen 的畅销书《尽管去做:无压工作的艺术》。GTD 法的核心理念在于只有将我们心中所想的所有事情都写下来,并且安排好下一步的计划,我们才能够心无牵挂,全力以赴地做好目前的工作,从而提高效率。使用 GTD 方法需要把我们大脑中的所有任务都记录下来从而不再让头脑被各种事务塞满,可以集中精力于手头的工作。

GTD 法主要包括收集、整理、组织、回顾与执行五个步骤。

1. 收集

就是将你能够想到的所有未尽事宜统统罗列出来,放入收集箱中,这个收集箱既可以是用来放置各种实物的实际的文件夹或者篮子，也需要有用来记录各种事项的纸张或 PDA（Personal Digital Assistant，掌上电脑）。收集的关键在于把一切赶出你的大脑，记录下所有的工作，尽可能使工作具体。

2. 整理

将待办事项放入收集箱之后，就需要把收集的工作任务整理分类。在整理的时候需要遵循三个基本原则：一是按照顺序处理，二是一次只做一件事，三是永远不要把任务再放回收集箱。在处理每一个清单的时候，要把需要处理的事情转化为独立的清晰的任务。然后就需要对任务进行判断，这件事情两分钟内是否可以完成，如果可以就立即去做；如果委派他人效果更好，那么就委派其他人完成。对于无法转为具体行动的事情就按照垃圾、酝酿、参考资料的原则进行分类。垃圾信息扔掉，酝酿事件列入未来任务清单。

3. 组织

组织是 GTD 中最核心的步骤，组织主要分成对参考资料的组织与对下一步行动的组织。对参考资料的组织就是一个文档管理系统；而对下一步行动的组织则一般可分为：下一步行动清单，等待处理的清单，未来处理清单和日程表。

（1）下一步清单是具体的下一步工作，而且如果一个项目涉及多步骤的工作，那么需要将其细化成具体的工作。GTD 对下一步清单的处理与一般的待办事项最大的不同在于，它作了进一步的细化，比如按照地点（电脑旁、办公室、电话旁、家里、超市）分别记录只有在这些地方才可以执行的行动，而当你到这些地点后也就能够一目了然地知道应该做哪些工作。

（2）等待处理清单主要是记录那些委派他人去做的工作，比如你需要别人整理资料、做产品 PPT，它会影响你下一步的行动，所以尽管委托给他人完成，仍需要记录和跟踪。

（3）未来处理的清单则是记录延迟处理且没有具体的完成日期的未来计划、电子邮件等。

（4）日程表记录的就是每天哪个时间段要具体完成的工作。

4. 回顾

回顾也是 GTD 中的一个重要步骤，如果你建立了清单，却没有及时的回顾和更新，那清单就无法达到效果。一般需要每周进行回顾与检查，通过回顾及检查你的所有清单并进行更新，可以确保 GTD 系统的运作，而且在回顾的同时可能还需要进行未来一周的计划工作，每周回顾就是更新和完善清单的过程。

5. 执行

执行就是按照计划，完成具体任务的过程。根据时间的多少、精力情况以及重要性来选择清单上的事项开展行动。

（四）番茄工作法

长时间投入一件工作，尤其是难度较高的工作是非常艰难的事情。长时间的压力让我们变得工作效率低下，在任务面前退让、拖延。番茄工作法是简单易行的时间管理方法，是由佛朗西斯科·西里洛于 1992 年创立的一种相对于 GTD 更微观的时间管理方法，虽然简单，但对于提高工作效率非常有效。

使用番茄工作法，你只需要一支笔、一张纸、一个计时器（钟表、手机）就可以了。选择一个待完成的任务（比如筛选客户信息，寻找潜在客户），设定一个番茄时间（如 25 分钟），在番茄时间内专注工作，中途不允许做任何与该任务无关的事，直到番茄钟响起，然后在纸上画一个记号，记录下来。停止工作，设定一个番茄休息时间，短暂休息一下。休息结束后，新的阶段开始。每四个番茄钟后，休息25分钟。一直持续下去，直到任务完成，将任务从列表中删除。结束一天的工作后，根据记录对当日的工作学习情况进行复盘，同时可以对第二天的时间进行规划。

需要注意的是，想要彻底地执行番茄工作法，必须列出今日待办事项，并且对它们进行有限次序的排列。在25分钟内，必须专注的工作，而短暂的休息则可以让大脑和身体得到放松，保障在下一个番茄时间能快速地集中注意力。

番茄工作法其实就是把每天的时间分成若干个小段，然后督促自己在每个时间段心无旁骛地专注于手头的工作。而回顾自己每阶段完成的任务，又可以激励自己更加专注和努力。

（五）计划管理

在实际的工作当中，我们会看到很多忙碌的营销人员，他们非常努力，筛选客户资料、寻找潜在客户、拜访客户、组织会议，可是业绩却并不理想，原因可能是他们的行动是盲目的，缺乏恰当的计划。

计划对于任何人而言都是非常重要的。它不仅设立我们工作的目标，而且还可以提高工作的执行效率。如果缺乏计划，很容易造成方向迷失和时间的浪费，从而导致忙忙碌碌却效率低下，甚至是无意义的瞎忙。开始工作前，把每天需要处理的事情都列出来，然后按照轻重缓急的顺序进行排列，分析每件事情的工作步骤，就可以实现对时间的统筹管理。当然无论计划多么完美，永远都可能会有突发事件，因此理想的计划应该是弹性的，量力而为，并考虑好应对突发事件的措施，来确保计划的有效实施。

医药营销的工作涉及事务繁多，且很琐碎，如果我们所有的事务都仅仅是保存于头脑中，那么必然将事情弄得一团乱，浪费时间。回顾无计划的营销人员的工作，不难发现他们的“忙碌”实际是将时间浪费在了无目的、无意义的活动上，把时间和精力浪费在了不重要的地方，而真正重要的事情却没做多少。

在现实生活中，很多营销人员之所以没有做计划，一方面可能源自于对工作比较自信，觉得自己一定能干好；另一方面是得过且过的心态，认为只要完成要求就可以了，并不积极主动，但这些对于营销工作的开展与个人的成长都是不利的。

很多成功的营销人员都有事前制订计划的习惯，可能会是日计划、周计划、月计划。通过计划的制订，梳理待办事项，确立每日、每周、每月的工作目标，根据重要程度和紧急程度进行分类，确定工作的优先顺序。良好的计划为营销人员提供了明确的工作指导，清晰地知道下一步该做什么，目标是什么，即使遭遇突发状况也能从容应对。

第二节　医药代表

在20世纪80年代，中国的改革开放为跨国制药公司进入中国提供了有利条件，随着以西安杨森、上海施贵宝、天津史克公司为代表的合资公司率先在国内创建药品生产基地，西方先进的管理理念和营销经验也开始进入中国医药市场，国内的医药代表(Medical Representative)于是首先在这些合资公司孕育而生。1988年，南方一家合资制药公司最先为社会

“培养”出了一批医药代表。其他药企竞相效仿，医药代表如雨后春笋般涌现。本节内容涵盖医药代表的概念、职责、备案制、职业生涯方式和对医药代表的错误认知等。

一、医药代表的概念

医药代表是负责相关药品的推广工作的人员，有些负责医院，客户为医生，有些负责药店，客户为经销商。随着医药事业的发展，国家医药相关法律法规、政策的规范化，一些医药相关企业通过医药代表借助学术推广的方式进行群体销售，通过各种会议与其他群体集中的形式向目标客户传达医学信息，加强医药产品对客户的积极影响，从而促进产品销售的营销活动。比如通过医院科室会、学术沙龙会、学术研讨会、产品上市会议等开展医药推广活动。

2006年10月，中国化学制药工业协会颁布了《医药代表行为准则》，规定医药代表的基本职能为“科学地向医生和医疗机构推广药品，正确地宣传药品的安全性、有效性，辅助医疗机构合理用药；收集所推广药品的不良反应，及时向生产企业反馈，提出有效措施及处置办法，认真了解临床需求，提供科学的药学服务”。

根据《“国际制药企业协会联盟”医药代表宪章》，医药代表是隶属医药品生产或经营公司，以正确使用和普及医药品为目的，代表公司与医疗人员接触，提供有关医药品的质量、有效性、安全性等信息服务并负责信息收集、传递等工作的业务人员。

2015版《中华人民共和国职业分类大典》指出，医药代表是“代表药品生产企业，从事药品信息传递、沟通、反馈的专业人员”，明确的工作任务包括：

(1) 制定医药产品推广计划和方案。

(2) 向医护人员传递医药产品的相关信息。

(3) 协助医护人员合理用药。

(4) 收集、反馈药品临床使用情况。

2020年国务院办公厅《关于进一步改革完善药品生产流通使用政策的若干意见》明确：“食品药品监管部门要加强对医药代表的管理，建立医药代表登记备案制度，备案信息及时公开。医药代表只能从事学术推广、技术咨询等活动，不得承担药品销售任务，其失信行为记入个人信用记录。”

《上海市医药代表登记管理试行办法》明确规定，医药代表是“代表药品生产企业从事药品相关信息传递、沟通、反馈的专业人员”和“进口药品总代理商、上市许可持有人中从事相关工作的专业人员”；“医药代表负责制定药品(重点是新药)的学术推广计划和方案，向医务人员传递药品相关信息，协助医务人员合理用药，收集、反馈药品临床使用情况、药品不良反应信息等。”药品生产企业则需要“落实企业主体责任”“应负责所聘医药代表的管理”“与医药代表签订正式劳动合同”“确保医药代表从业行为符合相关规定”。

在2000年版《中国职业分类》中，医药代表未列其中。对医药代表的类型划分目前尚没有一个统一的标准。一般根据医药代表的工作方式和社会认同度，可划分为四种类型。

(1) 社交专员：约占40%。这类医药代表更像专职社交公关人员，其工作方式基本是纯粹的社交活动，医师从其获得的企业及产品信息很有限。

(2) 药品讲解员：约占50%。在医药市场竞争中，企业逐渐认识到要提高销量，必须通过专业化的宣传，普及产品知识，让医师更多地了解产品。

(3) 药品销售专家：约占8%。在市场竞争中，企业认识到销售技巧在医药代表工作中的重要作用,加强了对医药代表的专业销售技巧训练。

(4) 专业化的医药代表:约占2%。这类医药代表是罕见的营销精英,他们具有丰富的医药学知识和上乘的推广技巧,善于运用市场学知识开发潜在市场,创造需求,使医师接受产品而不产生对推销的反感,在推广产品的同时,又培育产品的支持者。

综上所述,基于国家的法律法规,本书认为医药代表是指代表药品上市许可持有人在中华人民共和国境内从事药品信息传递、沟通、反馈的专业人员。从管理归属来说,药品上市许可持有人对医药代表的备案和管理负责;药品上市许可持有人为境外企业的,由其指定的境内代理人履行相应责任。

对医药代表,国家已经明确其职业定义、职业标准、行为规范、权益保护等内容。社会应该统一以下几点认识:

(1) 医药代表是列入国家《职业分类大典》的公开合法的社会职业。其职业代码是2-06-07-07,代码意义是专业技术人员-经济和金融专业人员-商务专业人员-医药代表。

(2) 医药代表是医学进步、药学发展不可或缺的科技中介人员。医药代表是医和药两大行业发展进步的共同需要。从职业代码可知,医药代表并不是一般的商品营销人员,而是商务专业人员,其核心任务是代表药品研发、药品生产企业给医生传递最新药品资讯,并向医生收集临床使用反馈。专业知识是成为合格医药代表的重要条件之一,相对于其他商品的销售,药品消费使用的专业知识要求更高。

(3) 医药代表是药品生产企业派出的学术代表而非经营代表。这是由医药代表的职业性质决定的。代表药品生产者听取药品使用消费后的情况反馈,以改进药品的研发生产,这不能由药品生产企业以外的其他药品经营主体派出。

(4) 医药代表和派出企业有各自的权利和义务。医药代表必须在派出企业的授权范围内工作。以授权范围为限,范围内工作的责任由派出企业承担;超越授权范围,由医药代表承担责任。但派出企业也要承担相应的领导和管理责任。

(5) 医药代表的工作应当受到社会的监督。药品安全是全社会受惠、全社会参与的事,医药代表也要接受全社会的监督。国家明确:"食品药品监管部门要加强对医药代表的管理,建立医药代表登记备案制度。"上海市规定:医药代表的信息登记,"由其受聘的药品生产企业负责审核、录入,并对所登记信息的真实性负责","与医药代表签订正式劳动合同、给予明确的授权",信息"除身份证号与联系电话外,其他可通过网站向社会公开"。

因此,医药代表是一种职业,是药品生产企业的派出学术代表,具有相应的权利和义务,需要接受全社会的全方位监督。

二、医药代表的职责

医药代表是一份正当的职业,不仅需要具备中药学、药学、制药工程、化学等相关专业知识,而且需要具备较好的人际沟通能力、语言表达能力及专业学习能力。医药代表的岗位职责:

1. 制定本地区相关产品的学术推广计划

(1) 分析本地区相关产品治疗领域的市场趋势,如市场容量、增长趋势、竞争产品和公司产品的市场份额等。

(2) 学习并掌握相关疾病知识、竞争产品知识;深刻了解本公司产品的特点、定位、核心推广信息。

(3) 进行相关产品准确的 SWOT 分析，并制定出相应的市场竞争策略。

(4) 确定工作目标和行动计划。

2. 负责本地区相关产品市场计划的执行

(1) 负责本地区计划内各级市场会议，如科室会、城市会等，以及活动的执行。

(2) 确定重点医院和重点科室，并与相关部门同事密切合作，进行一对一拜访和组织科室会议，这是日常工作中的中心内容。必须保证合适的频率，并高质高效执行。

3. 建立良好的客户关系

(1) 建立本地区相关产品学术带头人档案。

(2) 建立并保持与本地区相关产品学术带头人的良好关系。

(3) 密切与核心专家的接触，更好地了解专家对公司产品的观点，并反馈到市场等相关部门。

(4) 在本区学术带头人内，培养相关产品的讲者。

(5) 确定学术推广的重点目标医院，维护与相关医院的专家和目标医生之间的关系。

(6) 及时并准确回复客户对公司产品的问题。

4. 与其他职能部门密切合作，完成需要跨部门合作的任务

(1) 定期举办代理商代表培训。

(2) 定期开展办事处内部人员产品培训。

(3) 完成公司布置的相关产品的市场调研。

5. 信息采集和反馈工作

及时将日常工作中收集到的市场信息、竞争产品信息、客户问题和建议反馈到市场等相关部门。

6. 费用管理和监控

负责本地区相关产品学术推广活动预算的制定、分配、跟踪和管理，做到合理分配和使用预算，保障市场活动高质高效进行。非特殊情况，无上级批准不得超预算。

7. 负责本地区市场学术资料、礼品、学分的申请、管理和分发

医药代表是沟通药品企业与医生的桥梁，作为药品企业派出代表需要履行好医药代表的职责。

三、医药代表备案制

《中华人民共和国药品管理法》是以药品监督管理为中心内容，深入论述了药品评审与质量检验、医疗器械监督管理、药品生产经营管理、药品使用与安全监督管理、医院药学标准化管理、药品稽查管理、药品集中招投标采购管理，对医药卫生事业和发展具有科学的指导意义。

《中华人民共和国药品管理法》于 1984 年 9 月 20 日，第六届全国人民代表大会常务委员会第七次会议通过，自 1985 年 7 月 1 日起施行。2015 年 4 月 24 日，十二届全国人大常委会第十四次会议第二次修正。2018 年 10 月 22 日，药品管理法修正草案提交全国人大常委会审议，草案将全面加大对生产、销售假药、劣药的处罚力度。2019 年 8 月 26 日，新修订的

《中华人民共和国药品管理法》经十三届全国人大常委会第十二次会议表决通过，于2019年12月1日起施行。

《中华人民共和国药品管理法》第五条规定："国家实行药品上市许可持有人制度（Marketing Authorization Holder，MAH），药品上市许可持有人对药品安全、有效和质量可控承担法律责任。"MAH使得上市许可与生产许可分离，可在产权制度层面，鼓励药物研发创新、保障药品供应、遏制低水平重复建设、促进生物医药产业发展。

MAH需对药品研制、生产、经营、使用全生命周期过程中药品的安全性、有效性和质量可控性负责。《医药代表备案管理办法》本质上是贯彻落实《中华人民共和国药品管理法》中，MAH对药品全生命周期的责任中与药品推广相关的部分。在MAH下，医药代表属于药品知识产权所有人，天生具有学术推广的属性。因此，必须有医药代表这个职业的存在。

医药代表的存在是合理的，但是医药代表的行为需要合规（Compliance）。"合规"是医药代表必须要遵守的一些规范，以及经过核准地使用一些资源。

《医药代表备案管理办法（试行）》是为规范医药代表学术推广行为，促进医药产业健康有序发展，由国家药监局于2020年9月22日发布，自2020年12月1日起施行的。医药代表是指代表药品上市许可持有人在中华人民共和国境内从事药品信息传递、沟通、反馈的专业人员。

《医药代表备案管理办法（试行）》具体内容如下：

第一条　为规范医药代表学术推广行为，促进医药产业健康有序发展，根据中共中央办公厅国务院办公厅印发《关于深化审评审批制度改革鼓励药品医疗器械创新的意见》和国务院办公厅印发《关于进一步改革完善药品生产流通使用政策的若干意见》，制定本办法。

第二条　本办法所称医药代表，是指代表药品上市许可持有人在中华人民共和国境内从事药品信息传递、沟通、反馈的专业人员。

医药代表主要工作任务：

（一）拟订医药产品推广计划和方案；

（二）向医务人员传递医药产品相关信息；

（三）协助医务人员合理使用本企业医药产品；

（四）收集、反馈药品临床使用情况及医院需求信息。

第三条　医药代表可通过下列形式开展学术推广等活动：

（一）在医疗机构当面与医务人员和药事人员沟通；

（二）举办学术会议、讲座；

（三）提供学术资料；

（四）通过互联网或者电话会议沟通；

（五）医疗机构同意的其他形式。

第四条　药品上市许可持有人对医药代表的备案和管理负责；药品上市许可持有人为境外企业的，由其指定的境内代理人履行相应责任。

第五条　药品上市许可持有人应当与医药代表签订劳动合同或者授权书，并在国家药品监督管理局指定的备案平台备案医药代表信息。药品上市许可持有人应当按照本办法规定及时做好医药代表备案信息的维护，按要求录入、变更、确认、删除其医药代表信息。

第六条　备案平台可以查验核对备案的医药代表信息，公示药品上市许可持有人或者医药代表的失信及相关违法违规信息，发布有关工作通知公告、政策法规。

备案平台由国家药品监督管理局委托中国药学会建设和维护。

第七条　药品上市许可持有人应当在备案平台上提交下列备案信息：

（一）药品上市许可持有人的名称、统一社会信用代码；

（二）医药代表的姓名、性别、照片；

（三）身份证件种类及号码，所学专业、学历；

（四）劳动合同或者授权书的起止日期；

（五）医药代表负责推广的药品类别和治疗领域等；

（六）药品上市许可持有人对其备案信息真实性的声明；

提交完备案信息后，备案平台自动生成医药代表备案号。

第八条　药品上市许可持有人应当在本公司网站上公示所聘用或者授权的医药代表信息。如本公司没有网站的，应当在相关行业协会网站上公示。

药品上市许可持有人应当公示下列信息：

（一）医药代表备案号；

（二）药品上市许可持有人的名称、统一社会信用代码；

（三）医药代表的姓名、性别、照片；

（四）医药代表负责推广的药品类别和治疗领域等；

（五）劳动合同或者授权书的起止日期。

第九条　医药代表备案信息有变更的，药品上市许可持有人应当在30个工作日内完成备案信息变更，并同步变更网站上公示的信息。

境外药品上市许可持有人变更境内代理人的，由新指定的境内代理人重新确认其名下已备案的医药代表信息。

对不再从事相关工作或者停止授权的医药代表，药品上市许可持有人应当在30个工作日内删除其备案信息。

第十条　药品上市许可持有人被吊销、撤销或者注销药品批准证明文件或者《药品生产许可证》的，药品上市许可持有人应当在行政机关作出行政处罚或者行政决定后30个工作日内删除其备案的医药代表信息。

第十一条　医药代表在医疗机构开展学术推广等活动应当遵守卫生健康部门的有关规定，并获得医疗机构同意。

第十二条　药品上市许可持有人不得有下列情形：

（一）未按规定备案医药代表信息，不及时变更、删除备案信息；

（二）鼓励、暗示医药代表从事违法违规行为；

（三）向医药代表分配药品销售任务，要求医药代表实施收款和处理购销票据等销售行为；

（四）要求医药代表或者其他人员统计医生个人开具的药品处方数量；

（五）在备案中提供虚假信息。

第十三条　医药代表不得有下列情形：

（一）未经备案开展学术推广等活动；

（二）未经医疗机构同意开展学术推广等活动；

（三）承担药品销售任务，实施收款和处理购销票据等销售行为；

（四）参与统计医生个人开具的药品处方数量；

（五）对医疗机构内设部门和个人直接提供捐赠、资助、赞助；

（六）误导医生使用药品，夸大或者误导疗效，隐匿药品已知的不良反应信息或者隐瞒医生反馈的不良反应信息；

（七）其他干预或者影响临床合理用药的行为。

药品上市许可持有人应当对所聘用或者授权的医药代表严格履行管理责任，严禁医药代表存在上述情形。对存在上述情形的医药代表，药品上市许可持有人应当及时予以纠正；情节严重的，应当暂停授权其开展学术推广等活动，并对其进行岗位培训，考核合格后重新确认授权。

第十四条　药品上市许可持有人或者医药代表给予使用其药品的有关人员财物或者其他不正当利益的，依照《中华人民共和国药品管理法》《中华人民共和国反不正当竞争法》等相关法律法规进行调查处理。

第十五条　医疗机构不得允许未经备案的人员对本医疗机构医务人员或者药事人员开展学术推广等相关活动；医疗机构可在备案平台查验核对医药代表备案信息。

第十六条　行业（学）协会等社会机构应当积极发挥行业监督和自律的作用；鼓励行业（学）协会等社会机构依据本办法制定行业规范及其行为准则，建立监督机制、信用分级管理机制和联合奖惩措施。

第十七条　本办法自2020年12月1日起施行。

医药代表备案信息表（样式）

备案号：No.

姓名		性别		照片
证件种类及号码				
学历				
专业				
所代表的药品上市许可持有人名称				
统一社会信用代码				
合同（授权）起始日期		合同（授权）终止日期		
授权推广的药品类别和治疗领域				
药品上市许可持有人对信息真实性的声明	本单位保证上述内容不存在任何虚假情况，并对上述内容的真实性、准确性承担全部责任。			
备案平台提示	（医药代表信用记录等）			

打印日期：　　年　　月　　日

（医药代表备案平台网址：https://pharmareps.cpa.org.cn.）

从《医药代表备案管理办法（试行）》来看，医药代表的定位非常明确，一方面是负责学术推广，另一方面是绝对禁止有药品销售行为。

四、医药代表职业生涯路径

职业生涯中需要三种基本形式的职场素养，即可迁移技能、有意义的经验和持久的关系。具备深厚的基本技能有利于自身在职业生涯中能够胜任各种更强大的角色。

可迁移技能是指在职业生涯中获取并拥有的各种基本能力。可迁移技能不仅是帮助你完成当前工作的技术知识和行业术语，而且是当你从一份工作换到另一份工作，从一家公司换到另一家公司，甚至是从一个行业换到另一个行业时都能依靠的能力和基础。可迁移技能构成了职业技能组合的基础。

有意义的经验是指为累积各种各样的职业技能的经历。多样性的背景经验，有助于职场人拥有适应性和灵活度。不仅需要接触到品牌塑造和用户体验等商业"软技能"，而且也是需要具备利润管理、数据分析等"硬技能"。软技能和硬技能都是有意义的经验，从而成为职业生涯中的复合型人才。无论是创业、第二语言、跨国工作、志愿者项目，还是一段电子商务的经历，一系列有意义的经验可以建立起更坚实的职业生涯。

持久的关系是指职业生涯中与自身相关的联系人、专家团、关键同事和支持者之间建立的关联性，共同组成职业生态系统。职业生态系统在纵向上有许多层次，横向上更是远超自身当前的职位和上司。

职业生涯规划(Career Planning)也叫"职业规划"，是指个人与组织相结合，在对一个人职业生涯的主客观条件进行测定、分析、总结的基础上，对自己的兴趣、爱好、能力、特点进行综合分析与权衡，结合时代特点，根据自己的职业倾向，确定其最佳的职业奋斗目标，并为实现这一目标做出行之有效的安排。

对于医药代表来说，职业生涯路径有四种，即营销领域路线、研发领域路线、生产管理领域路线和其他路线。

（一）营销领域路线

在营销领域不仅工作具有挑战性，而且时间自由，可以获得社交、物质等方面的满足，医药代表在营销领域的职业发展路线里主要有七个：

发展路线1:(初、中、高级)医药代表—主管—地区经理—大区经理—全国销售总监—营销总经理。这种专业学术路线对专业背景要求比较高，需要医药学或临床经验等。

发展路线2:商务代表—商务经理—全国商务总监。成为商业流通领域管理人员，或创业成立商业流通公司，或向自由代理商方向发展挣取产品差价。

发展路线3:招商代表—招商经理—全国招商总监。进一步，可向OEM总代理方向发展。

发展路线4:(初、中、高级)医药代表—产品经理助理—产品经理—市场部经理—咨询领域产品策划、顾问。产品经理需要具备专业素养，具有医药学、市场营销、EMBA或MBA等专业教育背景。

发展路线5:内勤或销售助理人员—(初、中、高级)医药代表—销售行政助理或内勤—销售行政经理或向其他方向发展。

发展路线6:(初、中、高级)医药代表—销售经理或产品经理—培训专员助理—培训专员—培训经理—专业培训师或咨询师。

发展路线7:医药代表或经理—地区医药代理商—总代理—OEM虚拟经营。

（二）研发领域路线

走研发领域路线需要具备一定条件：较好的医、药学教育背景，或研发报批、临床验证工作背景和经验，同时要熟悉新药注册政策和报批程序及业界新动态。具备很强的专业素质，热爱专业的人士在研发领域的发展路线主要有两个：

发展路线1：进入药检部门、制药公司、研发公司（所、机构、院校），先从做研发员（报批专员）开始，做职员、自行创业或与他人合伙创业。

发展路线2：研发员（报批专员）——临床验证方向。研发项目更倾向于选择学术推广性比较强、有技术和专利或中药行政保护的项目。

（三）生产管理领域路线

生产管理领域发展路线：相关教育背景毕业生一进入生产型企业一生产主管一生产厂长或生产总经理一生产管理咨询顾问或合伙创业。

生产管理领域路线需要有与生产管理相关的教育背景，工作后可再研读MBA或进修其他管理课程，为日后开一家医药生产管理咨询公司或合伙创业做经验和学识的积累。

（四）其他路线

其他路线包括从事医药网站（招商、招聘、广告、信息出售、各类群发）、药交会招商杂志、开单体药店、展会经营者、药剂师（药店、医院）、政务公关部（企业的政府公关部门）等工作。

职业生涯规划对于不同类别的医药代表都非常重要，要认真剖析自身现状，制定出符合自身发展的职业生涯规划。首先，需要清楚了解个人情况，包括个人健康状况、生活习惯、个人爱好、特长、专业、工作经验、资本状况、关系资源等；其次，需要认真分析环境状况，包括行业状况、企业条件、职位情况、地区条件、社会条件、市场条件等。在职业生涯规划时，要注意全球医药企业发展趋势和科研进展对行业的影响，用“世界观”发展医药代表事业。

在职业生涯规划中，发展路线选择时要充分发挥可迁移技能、有意义的经验和持久的关系三种职业素养的作用。

五、医药代表错误认知

基于医药代表工作总结，发现医药代表存在九种错误认知：

（1）医药代表把自己放在患者之前。

（2）医药代表不尊重忙碌的医生。

（3）医药代表谈论其他医生的处方。

（4）医药代表与医生只谈生意。

（5）医药代表常说竞品的坏话。

（6）医药代表急着套近乎。

（7）医药代表回避产品的不良反应和缺点。

（8）医药代表对医生缺乏后续支持。

（9）医药代表拜访拙劣，有时候会没完没了的拜访。

六、医药代表重新定位

在《医药代表备案管理办法（试行）》颁布后，医药代表职能发生了转变。医药代表需要重新定位自身：

（一）从社交性拜访转变为学术性拜访

社交性拜访主要围绕非专业化和学术化的话题展开，更多是用情感推进客户行为改变。

医药代表应考虑如何以产品特性和临床价值为核心，开展学术性拜访，实现客户价值最大化。

（二）从会议活动组织转变为学术会议组织

部分“学术会议”在筹备时将讲者、地点、环境等作为“卖点”，主要目的是利益输送而非学术传播。医药代表组织学术会议时应从医生的临床实际需求出发，增强会议内容的学术性，并将产品融入到临床诊疗知识中，潜移默化实现信息传播。

（三）从服务医生个人转变为服务临床诊疗

临床医生必须不断学习新的医学技术和用药知识，才能跟上医学发展的步伐。医药代表可以帮助医生收集最新的医药学信息，使医生为患者提供更好的临床服务。此外，医药代表还可以协同临床试验，帮助医生进行疾病追踪，检验药品的安全性和有效性。

（四）从关注医生短期利益转变为提升医生的技能和知名度

在医患信息不对称时，患者往往更看重医院的品牌，但如今，医生的个人品牌价值被互联网迅速放大，将会通过多种渠道为医生带来实际利益。医药代表可以通过扩大医生知名度、帮助医生提供个性化医疗服务等形式协助医生打造个人品牌。

此外，医药代表还可以作为患者用药和医疗的助手，提供用药指导和患者教育，为患者提供购药服务等；当企业药品学术营销的能手，保证药品营销的合规合法；当药店药品销量的推手，医药代表可以成为药店的营销合伙人或店员的合作伙伴，为药店提供实时、透明的信息流。

临床推广中的“攻心术”

某年五月份，推销人员甲被分配到一家新目标医院做临床推广工作，目标客户为A、B、C、D四位内科医生。由于甲推销的产品刚刚上市，医生都不了解该药药理上的优越性，所以拒绝使用，都使用Hi公司的同类产品。

五月初，甲拜访医生A，恰巧遇见Hi公司的推销人员乙在邀请医生A看《星球大战》。A表示对影片感兴趣，但是每天出门诊太累，下班还要陪伴家人，没有额外的时间去看电影。通过医生A的谈话，甲觉得A是一位热爱家庭的人，享受家人陪伴的温馨时光。于是第二天中午下班前，甲送给A电影光盘，A很高兴。

五月初，甲拜访B医生，细心地发现其科室里茶叶快用完了。考虑到B医生很喜欢喝茶，又要经常和患者交流，所以喝茶是必备的，于是甲赶紧前往超市买了茶叶送给B，并致以关心的言辞。冷酷的医生B很是感动，并和甲愉快地交流如何判断茶叶的用处。通过交流，甲得知医生B喜欢品茶，并弄清了他喜欢的茶叶品种，为下一次访问奠定了基础。

五月中旬，医生C联系甲赞助学术会议，甲坦言个人无法承担10000元费用而婉拒，建议C联系乙。乙最近很少跑医院，无法拒绝只好答应赞助。甲在活动前一天特地拜访医生C，并送每位医生必备的水、笔记本和笔。活动后甲得知，由于乙组织服务不周，医生普遍不满，反而对甲的细心认真留下很好的印象。

五月下旬，甲了解到医生D在做一个课题，便买了一本相关课题的书送给他。一次夜间甲去拜访时，发现D正为次日的学术会议忙着准备资料，甲即主动帮助其复印资料，并且在休息时间为D购买夜宵，让D感觉十分温暖。

结果，六月中旬，甲发现四位医生已经接受本公司产品并将其作为首选用药。乙在其公司主管的训斥下长叹："曾经有4块美味的蛋糕摆放在我面前，可是我没有好好珍惜啊！"

资料来源：道客巴巴。

讨论：

1. 试分析甲成功的原因及乙失败的原因。
2. 案例为医药代表的工作带来哪些启示？

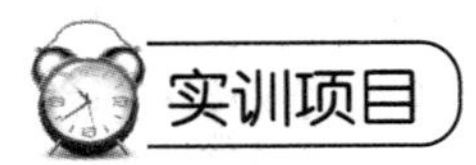

医药营销人员A的时间管理

周日晚上某医药营销人员A要制定下周工作计划，下面是下周A需要做的事情：

(1) A的背部皮肤有点儿过敏，想去医院看看；

(2) 周五前A需要对客户的资料进行整理并归档，这个工作大约会花费3个小时；

(3) 周三A需要拜访一位重要的医生，可能需要2.5小时；

(4) 上周的部门会议中，A遗漏了会议资料，需要找同事复印；

(5) 周二下午有一个小型的药品介绍会议，将有6位医生出席，会议时间只有30分钟，但是A需要提前准备好相关资料；

(6) 销售经理在周四上午召开例会，预计1.5小时，A需要参加；

(7) 下周五A需要参加一个资格证考试；

(8) 上周A收到了朋友发来的邮件，但是还没有回复；

(9) A搬了新家，邀请朋友温居，但是家里还没有准备食物；

(10) 周一下午有一个在线培训A必须参加并完成测试，时间大约2小时；

(11) 上周老板留言请A这周上班后尽快找他；

(12) A需要在这周把三个小礼品寄给三位客户；

(13) 本周有一次午餐会，与A的工作密切相关；

(14) 在单位图书馆借的书周二到期需要归还；

(15) 女朋友的生日快要到了，需要给女朋友准备礼物。

A的工作时间是每天的9:00～17:00，中午可以休息1小时。

实训要求：请对A的一周事务按照轻重缓急进行排序，并帮助A制定一周工作计划表。

1. 简述医药营销人员的分类。
2. 列举医药营销人员时间管理的方法。

第十一章　医药营销人员拜访礼仪与技巧

通过本章节学习，要求学生能够掌握：

1. 医药营销人员拜访客户的基本礼仪，包括仪容仪表礼仪、会面礼仪、言谈礼仪、举止礼仪等。

2. 医药营销人员拜访准备内容，包括熟悉拜访对象、制定拜访计划、充分的心理准备、资料准备、拜访前预练习等。

3. 医药营销人员拜访客户的技巧，包括正确使用名片、激发客户兴趣、正确使用促销资料、探询与聆听技巧、拜访电话和接听电话等。

在本章的内容中，医药营销人员拜访客户前要做好拜访准备，并且在拜访过程中展示和讲解产品资料，其目的是让客户对产品和营销人员留下比较深刻的印象。在这里要提醒学生，拜访客户前的准备工作里不宜向客户准备礼品，展示和讲解产品资料时也不宜赠送样品。医药营销人员应保持良好的职业道德操守，与客户建立正当的关系，不能以任何形式向客户提供不当利益或贵重物品。

医药营销人员拜访

场景一

医药营销人员：王主任吗？我是A公司的代表小刘，我来是想了解一下A产品的使用情况。（趁患者出来时直接进入，考虑时间紧，直接介绍）

王主任：对不起，我现在没有时间，以后再说吧，好吗？（这时患者进入，门口仍有患者等候）

医药营销人员：嗯。（陷入尴尬，进退两难）

王主任继续看病，医药营销人员离开诊室。

场景二

医药营销人员：王主任吗？我是A公司的代表小李。上次您说想看看A产品的临床研究资料，我今天刚拿到《中国医学内科杂志》第三期增刊，上面刊登有广州“呼吸道疾病研究

所”钟南山教授发表的有关研究文章，所以我立刻给您送来了。（引起兴趣和好感）

王主任：谢谢你，你真有心。（面带笑容，接过杂志，这时下一位患者进入，门口仍有患者等候）

医药营销人员：您的患者真多，打扰您真过意不去。（以退为进）

王主任：你还有事吗？

医药营销人员：是的，您现在先忙，您看今天上午什么时候能给我5分钟时间，我再了解您使用我公司A产品的情况？（进入主题）

资料来源：根据 https://www.zhihu.com/question/429590932 相关内容改编。

第一节　医药营销人员拜访礼仪

礼仪是一个人内在素养的有力体现，是塑造个人形象、公司形象的一种重要手段和工具。医药营销人员拜访客户时，仪容仪表、言谈举止等十分重要，直接影响拜访的第一印象。本节介绍的基本礼仪主要包括仪容仪表礼仪、会面礼仪、言谈礼仪、举止礼仪。

一、仪容仪表礼仪

仪容仪表通常指人的外观、外貌。仪容仪表礼仪是医药营销人员拜访客户应掌握的重要礼仪，它反映出一个人的精神状态和礼仪素养，是人们交往中的第一形象。仪容仪表礼仪关键要做到符合“美”的要求，做到美观整洁、自然大方、得体，具体内容包括着装、仪容、表情等。

（一）着装

着装是一个人最直观的体现。我们可以从某个人的着装来感知他的性格、态度、职业素质等。所以当医药营销人员站到客户面前时，着装应该干净、整洁、得体大方。

1. 着装原则

(1) 总体原则：

一是要符合需要。跟客户打交道时要尽量职业化，正式场合尽量着正装，非正式场合可以着职业休闲装，但也要结合具体的时间、地点和场合。时间、地点和场合是穿着打扮的三条准则，医药营销人员掌握了这三条准则，易于与对方建立良好的关系。医药营销人员要根据产品和顾客等诸多因素随时更换合适的着装，更能够唤起对方的好感与共鸣，这样才能体现出恰如其分的礼貌。

二是要符合身份。一个人的着装要和他的社会角色相匹配，医药营销人员的穿戴，应该从实际出发，力求干净整洁、利落大方，不可过于前卫和时髦。忌过于鲜艳、杂乱、暴露或透视。

三是要合体。忌过于松弛、短小、紧身。

(2) 男性职员着装原则。在坚持总体原则的基础上，男性职员着装的基本原则主要包括：衣服不要太新潮；领带紧贴领口，系得美观大方；西装平整、清洁；西裤平整，有裤线；皮鞋光亮，深色袜子；白色是一种基调，整套服装颜色的搭配，最好是三种以内，太多反而难以达到协调一致的效果。

(3) 女性职员着装原则。在坚持总体原则的基础上，女性职员着装的基本原则主要包括：着装端庄稳重、大方得体；裙子长度适宜；肤色丝袜，无破洞；鞋子光亮、清洁；全身三种颜色以内。

2. 服装的类型

医药营销人员拜访客户的服装类型，通常分为职业正装和职业休闲装。

(1) 职业正装。男士正装。通常是西装套装、衬衫、领带、袜子、皮鞋。男士的套装一定要笔挺，以深色、单色为主，不可有大的方格、条纹，款式要讲究，面料要考究。衣服扣子完好，并扣整齐。口袋禁放过多物品。男士衬衫在穿着的时候，袖口多出西装袖口 2～3 厘米为宜，白色、浅色的比较安全，蓝色、灰色、黑色有时也可考虑，不要穿太花的衬衣，领口与袖口应保持洁净；不挽起衬衣的袖子。领带应注意季节性穿戴，夏季，多为丝和绸等材质的轻软型领带，领带结也要打得比较小，给人以清爽感；秋冬季要以暖色为主，暖色调在视觉上就会产生温暖的感觉；春夏季节以冷色调为主，暖色调为辅。鞋子应该与服装相匹配，并保持干净。

女士正装。通常是商务套裙、长筒丝袜、皮鞋（不露脚趾）。丝袜不能脱落或脱丝，高跟鞋不能过高或过厚。拜访客户时，沙滩鞋、拖鞋很忌讳。

穿着正装应注意以下几点：① 拆除衣服上商标、熨烫平整；② 扣好纽扣、不卷不挽；③ 慎穿毛衫，巧配内衣；④ 少装东西。

(2) 职业休闲装。除了正式场合的正装，很多时候穿职业休闲装也可以。职业休闲装通常最主要的要求是上衣要有领子，衬衫、T 恤、针织衫或羊毛衫均可，夹克衫或单件西装也可以。裤装应是熨烫平整的棉布裤、正装裤，女性的裙装也可以。

无论男、女医药营销人员，在服装穿着上都应该避免与客户服装的差异太大，应巧妙地根据时间、地点、场合的不同，穿戴不同的服装以获得良好的第一印象。

（二）仪容

仪容主要指人的外在容貌，是仪表的重要组成部分。这一部分主要介绍男女医药营销人员拜访客户时的仪容礼仪。

1. 女士仪容

女营销人员拜访客户时，妆容应以淡妆为主，自然的淡妆包括眼影、眉毛、口红、腮红以及接近肤色的粉底，不能浓妆艳抹或者不化妆，浓妆易引起客户反感，不化妆给客户不尊重的感觉，也是很不职业的体现。

头发应梳理整齐，干净无异味，无头皮屑，不染奇异的颜色，不留怪异的发型。饰品应是小而精美的，忌夸张、前卫。香水应以清新自然为主，忌刺鼻。牙齿洁白，口腔清新无异味。指甲应短而干净，可以使用透明指甲油，忌艳色的指甲油。夏季时女士要注意对腋毛的清理。

2. 男士仪容

男营销人员拜访客户时，应保持干净清爽不油腻的仪容。应修剪鼻毛和剃胡须，以保持面部的清洁。头发应保持干净整洁，且前不遮眉，侧不过耳，后不及领，应适当作定型处理使人看起来更精神。牙齿洁白，并保持口气清新，拜访前不应吃带有刺激性气味的食物，如大蒜、洋葱、韭菜等。指甲应短而干净，忌长或脏的指甲。

（三）表情

面部是人体表情最丰富的部分，它表达人们内心的思想感情，表现人的喜、怒、哀、乐。微笑和眼神是表情的重要内容。

1. 微笑

医药营销人员应始终面带微笑，微笑是礼貌与修养的外在表现和谦恭、友善、含蓄、自信的反映。微笑给人明朗、心情愉悦的感觉，它是一种“情绪语言”。微笑的美在于文雅、适度，亲切自然。微笑要诚恳和发自内心，做到“诚于中而形于外”，切不可故作笑颜，假意奉承，做出“职业性的笑”，更不要狂笑、奸笑、傻笑、冷笑。

2. 眼神

眼神是面部表情的核心，是心灵的窗口。眼神是一种深情的、含蓄的无声语言，可以表达有声语言难以表现的意义和情感。不同的眼神表示不同的含义，如相互正视表示坦诚专注；瞪眼相视表示敌意；斜眼扫视表示鄙视；白眼表示反感；双目大睁表示吃惊；行注目礼表示尊敬等。医药营销人员拜访客户时，应敢于礼貌地正视客户，这是一种坦荡、自信的表现，也是对他人尊重的体现。用目光注视客户时，应自然、稳重、柔和，而不能死盯住客户某部位，或不停地上下打量，这是极失礼貌的表现。

二、会面礼仪

会面礼仪是医药营销人员拜访客户时应遵循的基本礼节规范和行为准则。主要包括介绍礼仪、称呼礼仪、握手礼仪等。

（一）介绍礼仪

医药营销人员拜访客户时，通常是医药营销人员进行自我介绍。自我介绍基本包括姓名、职业、公司名称等内容；介绍时要自然大方，表达清晰，同时要把握好介绍的分寸，尽量简洁明了；若公司名称较长，要注意第一次介绍时使用全称，以后才可以用简称。

（二）称呼礼仪

医药营销人员拜访客户时，称呼要求庄重、正式和规范。在称呼客户时应使用尊敬的衔称，一定不要直呼客户姓名。医务人员的称呼通常有：院长、主任、教授、博士、医生等，当客户有多种尊称时，一般是“就高不就低”。

（三）握手礼仪

医药营销人员拜访客户时，也应掌握握手礼仪。一般情况下，握手要用右手，彼此间保持一步左右的距离，手掌略向前下方伸直，右手四指并拢，拇指自然向上，握住对方的手，同时注意上身稍向前倾，面带微笑地注视对方。

握手时不能用力过猛，尤其对女性；握手时间不宜过长，一般在3秒至5秒左右；几个人同时握手时，注意不要交叉，应等别人握完手后再伸手；不要戴着手套与人握手，这样不礼貌，握手前应脱下手套；当手有污渍时，应事先向对方声明示意并致歉意；握手时一般是上下摆动，而不是左右摇动。

三、言谈礼仪

言谈礼仪指医药营销人员拜访客户时语言沟通的礼仪规范，应注重言谈礼仪，掌握恰当的言谈，避免不良的言谈。恰当的言谈有助于拜访的进展，而不良的言谈则不利于拜访的顺利进行。

（一）合适的言谈

合适的言谈主要包括以下几个方面：

一是说话声音要适当。交谈时，音调要明朗，吐字要清晰，语言要有力，语速应适中，语音应亲切，尽量使用普通话与客户交谈。

二是要礼貌用语。医药营销人员与客户交谈时一定要讲文明、讲礼貌，态度要恳切，神情要专注。礼貌用语十分重要，通常“请”和“谢谢”是与客户交谈时最重要的礼貌用语，是人际交往中的“黄金语句”。

三是语言要通俗易懂、言简意赅、条理清楚。通俗易懂的语言容易被客户所接受，因此，在与客户交谈的过程中，销售人员应注意语言的通俗易懂。语言还应言简意赅，表达清楚，条理清晰，有助于与客户顺畅交谈。

四是把握说话的分寸。与客户交谈时，不宜口无遮拦。在交谈时，有些敏感的雷区是要小心避免的，把握好说话的分寸应注意以下方面：不可与客户谈论容易引起争执的话题，以免产生冲突；说话时避免引用低级趣味的例子，以免令客户感到尴尬；不可在客户面前谈论他人的缺陷和隐私，这样会让客户对你失去信任；要注意客户的禁忌，不谈论客户不愿意交谈的话题。

五是重在聆听，积极呼应。当客户谈兴正浓时，要倾心聆听，不与客户抢话头；在客户说话时，不要轻易打断或插话，让客户把话说完。如果要打断客户讲话，应用商量的口气询问：“请等一等，我可以提问吗?”，这样避免对方产生误解。如果客户讲完了，也要积极呼应。

（二）不良的言谈

不良的言谈主要包括以下几个方面：

一是神态紧张，口齿不清。医药营销人员如果在拜访客户时神态紧张、口齿不清，客户容易认为拜访人员缺乏能力和经验，也可能使客户产生某些猜疑。

二是讲话时夹带不良的口头语。如果医药营销人员在与客户交流时无意中夹带一些不良的口头语，就会使拜访结果大打折扣，因为这是一种陋习，极不文明。

三是谈论客户隐私、伤感、厌恶之事。这样会使客户失去信任感，也会对客户心理造成伤害。无论有意与否，都将带来不好的影响。

四是自我吹嘘、夸夸其谈、大声喧哗、乱开玩笑。这样容易导致行为失礼，也会让客户感觉拜访人员目中无人。

四、举止礼仪

医药营销人员拜访客户时，坐姿、站姿、行姿等举止行为很大程度上能够反映出其自身的素养，也与拜访成功与否紧密相关，因此医药营销人员拜访客户时应做到举止有度、礼仪得当。

（一）恰当的举止

1. 坐姿

女士正确的坐立姿势：入座要轻而稳，女士着裙装要先轻拢裙摆，而后入座。双膝并拢或交叉，做到自然美观。面带笑容，双目平视，嘴唇微闭，微收下颌。立腰、挺胸、上体自然挺直。

男士正确的坐立姿势：双腿靠拢或者可稍分开与肩同宽，双手平放于膝上或将小臂平放于扶手上。至少坐满椅子的2/3，脊背轻靠椅背。

无论女士还是男士，坐姿都应端正，挺胸端坐，上身保持正直，腹部微收，两腿自然弯曲，双脚齐平，坐下后不要左摇右晃，不跷二郎腿、抖腿，不左顾右盼。

2. 站姿

女士正确的站立姿势：头正，双目平视，嘴唇微闭，下颌微收，面部平和自然，面带微笑。双肩放松，稍向下沉，身体有向上的感觉，呼吸自然。躯干挺直，收腹，挺胸，立腰。

男士正确的站立姿势：双臂放松，自然下垂于体侧，手指自然弯曲。双腿并拢立直，两脚跟靠紧，脚尖分开呈60度。站立时，双脚可分开，但不能超过肩宽。

无论女士还是男士，良好站姿的要领是挺胸、收腹，身体保持平衡，双臂自然下垂，不要东倒西歪。忌歪脖子、斜着腰、挺腹、含胸、抖腿、重心不稳、两手插兜。

3. 行姿

行姿是一种动态的姿势，可以展现人的动态美。正确的行姿能够体现一个人积极向上、朝气蓬勃的精神状态。行走时，上身应挺直，头部要保持端正，微收下颌，两肩应保持齐平，挺胸、收腹、立腰。双目也要平视前方，表情自然，精神饱满，充分显示自信的魅力。步履轻盈、步幅适中、步速稳健，行进速度应该是保持平稳、均匀，过快过慢都不合适，双手和身体随节律自然摆动，身体各部位之间要保持动作和谐，显得优美自然。

（二）不良的举止

不良的举止主要包括以下几个方面：

一是坐姿不端正。如双脚叉开、前伸，人半躺在椅子上，这样显得非常懒散，而且缺乏教养，对客户不尊重。

二是客户讲话时，医药营销人员东张西望，或打哈欠、伸懒腰，显得无精打采，这样会让客户觉得你精神不佳或不耐烦。

三是说话时眼睛不看客户。医药营销人员说话时眼睛不看客户主要是因为存在胆怯心理，尤其是初出茅庐者，拜访时害怕眼神正视对方，仿佛是在自言自语。这不仅有失礼貌，而且容易使客户认为营销人员讲话不真实。所以，拜访客户时，一定要克服畏惧心理，讲话时要用自然的眼光看着对方。

四是在客户面前抽烟。医药营销人员拜访客户时最好不要随便抽烟，除非客户也是“烟民”。因为烟雾是一种公害，在一个不吸烟的客户面前吸烟是一种不尊重对方的行为，而且医院提倡保持无烟环境。

五是行姿不良。如行走时摇头晃脑，摆着“鸭子”步；弓背弯腰，六神无主；双手乱放，插在衣服口袋中，双手叉腰或倒背双手；东张西望、左顾右盼、勾肩搭背等，均是不良表现。

医药营销人员拜访客户时，一定要重视基本礼仪，这既是自我修养的体现，也是对他人的尊重。仪容仪表应美观得体，言谈举止应文明得当，只有做到言谈举止有度、礼仪得当，才会受到客户的欢迎，为成功拜访做好铺垫。人们常说“细节决定成败”，在拜访客户时，一个小小的不良动作，或者一句不适当的话语，都可能使拜访工作陷入僵局。

第二节　医药营销人员拜访准备

医药营销人员拜访客户前的准备工作十分重要，关系到拜访成功与否。本节将从熟悉拜访对象、制定拜访计划、充分的心理准备、资料准备、拜访前预练习五个方面介绍拜访准备工作。

一、拜访对象的大致情况

医药营销人员在拜访之前需要明确拜访对象，拜访的主要对象是医院的医务人员，需要充分搜集拜访对象的信息，熟悉医院基本情况和医务人员情况。

（一）医院及相关科室

医院的基本情况主要包括：医院名称、医院地址、总机号码、级别、专长、病床数、住院率、患者平均住院天数、平均每天门诊量、药品的购进额、科室分布、医院发展历史、医院曾经发生过的重大事件等。

产品招标进入医院前及中标进入医院后，医药营销人员均应持续保持对相关科室的拜访。相关科室主要包括：临床科室、药剂科、药事管理委员会、库房、采购部门等。临床科室是诉求对象的主体，也是使用产品的主体，临床科室经了解产品、产生兴趣后，提交申购报告。药剂科经了解产品，取得科室报告后，向分管院长或者采购委员会或者药事委员会请示采购。药事管理委员会负责审定本院用药计划。库房负责药品的保管。采购部门负责采购计划的拟订。

（二）相关科室医生

1. 临床科室成员

临床科室成员由临床科室主任、主任医生、主治医生、住院总医生、住院医生、护士长、护士等组成。

2. 充分了解医生

医药营销人员在拜访之前，应充分了解医生，建立医生信息资料档案，包括医生的姓名、性别、联系方式、地址、教育背景、科室、团队成员、职务职称、专长、坐诊信息、用药习惯、个性风格、兴趣爱好等。联系方式包括手机号码、办公室座机、E-mail、微信、QQ等；坐诊信息包括门诊时间、查房时间、最佳拜访时间等；用药习惯包括使用过的产品及使用量，重点关注本公司产品和竞争公司的产品。做好每次的拜访记录，形成拜访历史记录册，具体记录每一次拜访时该医生的态度、反应、目前处方情况，质疑或者要求进一步了解的信息等，以更好地了解医生，并有助于开展下一次拜访。

了解医生的途径有很多，可以通过医院官方网站、报刊、学术网站、文献、公司资料等途径搜集有关医生的资料。通过护士了解医生是比较好的信息渠道，如可以向护士了解某位医生是否已经使用公司产品，使用的频率如何，目前医生对该产品的使用量如何，该产品在科室使用情况如何等。也可以向护士了解什么时间段拜访某位医生比较方便，了解医生的兴趣爱好等。可见与护士保持稳固关系是十分有用的，可以更好地了解医生及其工作。而且，拜访医生时，医生桌上的陈列、书籍、期刊，医生的行为、神态、谈话的速度与内容均可为我们了解医生提供线索。注意这些细节，知道的信息越多，就越能了解其需求，满足其要求的机会也就越多。

3. 充分了解产品

医药营销人员需要充分了解产品的市场优势。详细了解产品的相关医药知识，如药品名称、特点、功效、作用机制等。同时，医药营销人员也需要提前了解产品目前的市场动态，像是产品定位、产品潜力、同类产品动态等信息都是其所需掌握的。只有充分认识需要推广的产品，医药营销人员才能高效地传递产品信息，有激情、有信心地开展后续的推广活动。

二、拜访计划的制订

好的计划是成功的一半，医药营销人员拜访客户前应制定相应的拜访计划。应制定每周、每月的拜访计划，然后再根据计划的内容制定每日访问客户计划表。对于每天的访问计划，要养成提前一天制定好的习惯。走访客户时应考虑面谈对象，拜访的目的、原因、时间、地点、内容以及拜访的方法。

拜访计划主要包括确定拜访对象、拜访时间、拜访地点、拜访路线、拜访方式、拜访目标，以及如何实现拜访目标等。

拜访对象要具体到医生；拜访时间应至少精确到小时，提前到达拜访地点，没有预约的拜访也应有时间计划；拜访地点和拜访路线提前查询，以免错过拜访时间。拜访方式包含实地拜访、电话拜访等，尽量争取实地拜访。

设定拜访目标应遵循 SMART 原则，即 specific 具体的、measurable 可衡量的、achievement 可实现的、realistic 现实的、time-based 有时限的。拜访医生的目的主要包括介绍产品、临床试验、扩大处方量、了解竞争产品、售后服务、建立友谊等。在设定目标时，应确定实际可行的目标，不切合实际的目标意义不大，如：一个医生不可能接受某公司所有的产品，也不太可能对所有具备产品适应证的病人都使用某公司的产品。医药营销过程就是一系列微小的许诺，每一个许诺都建立在前一个的基础上，使得医生从一名非使用者，转变到部分使用者，再到大量使用者。如何实现拜访目标贯穿拜访过程的始终，拜访最终的目的就是实现拜访目标。

三、充分的心理准备

医药营销人员无论拜访新客户还是老客户，都应有充分的心理准备。

首先，应有良好的职业心态。应认识到自己是职业的医药营销人员，具备职业性和专业性，能够提供准确的、有帮助的信息；医药营销是在传递医药相关信息，是在为社会的健康事业提供帮助。

其次，保持足够的自信。自信能大大提高拜访成功率，相信公司的实力，相信产品的优势，相信自身魅力，拥有一颗自信心，是拜访成功的重要前提。自信不一定使每一次拜访都能获得成功，但是，如果没有自信，那么拜访成功的希望就很渺茫，客户看到一位没有自信的营销人员，信任度也会减弱。

再次，保持一颗平常心。拜访成功了，不过喜；拜访失败了，不过悲。营销之路没有永远的成功和失败，重在总结成功的经验，吸取失败的教训。而且，不要怕被拒绝或有畏难情绪，营销大多是从遭到拒绝开始的。

四、资料准备

资料准备是医药营销人员拜访准备的重要内容之一，医药营销人员拜访客户前应整理好产品的整套促销资料，用于支持产品的推广。产品促销资料的形式有电子促销资料和纸质促销资料，现在大多数公司使用的是电子促销资料，纸质的促销资料在一对一拜访中用得比较少，在会议中有时会使用。下面主要介绍产品促销资料的准备。

（一）电子宣传册

产品的电子宣传册要求制作精美，主要构成包括封面页、特性和效果页、总结页等。封面页通常有一张合适的照片及一个标题，将产品进行合适的定位。特性和效果页，通常由功效开始，安全性、方便性的内容紧随其后。功效部分主要着重于产品的作用机制、快速起效（或长期起效）的能力试验中已获得证明的结果，功效通常是用从临床试验数据中提取的图表和图形来进行说明的。但是，如果同类其他产品的副作用比较明显，该产品在同类产品中副作用比较少，则应该先展示该产品的安全性，例如，当前治疗某些类别疾病的药品可能会有一个特别常见的不良反应（或副作用），如恶心，如果试验显示，你推广的产品导致恶心的比例很低的话，那么在促销资料的安全性内容部分请用大标题强调这一事实。方便性方面主要指药品的剂量和服用方法。总结页则突出显示前面所呈现的关键信息。

（二）临床研究资料

临床研究资料是产品有效性和安全性的有力证明。每种药品在上市销售前必须经过一系列严格的测试或“临床试验”（从最初的实验室动物测试到广泛的“四期”临床试验，其中涉及数百或数以千计的人体试验）。即使在一个产品成功问世后，药品制造商也会投资数亿元进行药品对比试验。在这些试验中，一种药品直接与另一种有竞争力的产品展开比较，以确定哪种产品起效更快（或作用时间更长）、副作用更小、治愈率更高等。这些研究大多数会发表在医学期刊上，这些研究资料的复印件就是高度有效、可靠的促销资料。临床研究资料可以给客户提供临床上可靠的数据、统计上真实客观的数据。

（三）药品说明书

每一种产品都有药品说明书，涵盖了产品的具体临床信息，包括化学构成、作用机制、临床药理学、药品动力学、适应证、禁忌证、临床研究总结、副作用介绍、警告和预防措施、药品相互作用、剂量和服用方法及药品包装等内容。

（四）核心要点

在准备以上促销资料的基础上，应重点梳理以下核心要点：

一是产品怎么用，促销资料应明确药品正确使用的剂量，包括在临床工作中如何逐渐加量的时机、加大药品剂量的幅度、最大用药量、食物是否干扰药品的吸收，以及每天使用药品的恰当时间等。所有这些信息都会影响临床用药的疗效和安全性。有研究显示，由于产品促销资料对某种药品的使用剂量和剂量范围不确定，可能会影响医生考虑使用这种药品。

二是产品的适应范围，明确药品最适宜用于哪些患者，明确国家药品监督管理局批准的适应证，如果药品的适应证介绍不清楚，医生可能会选择另一种适应证更明确的药品。

三是产品的不良反应。药品大多数会有不良反应，整理促销资料时，重点是明确药品发生不良反应后应如何处理,如是否需要减少剂量,将剂量分次使用,还是添加治疗不良反应的药品,或者使用解毒药等。一般情况下医生不使用某种药品不是因为这种药品有不良反应,而是不知道发生后应该如何处理。

四是其他医生的产品使用经验。医生们通常对其他医生使用产品的临床经验、对产品在其他国家使用的临床情况也同样有兴趣,可以将他们的临床使用经验作为参考。

五是最新临床数据。医生们都很重视产品使用的临床试验情况,希望掌握最新的临床数据或者临床研究,与医生分享最新的信息,以使医生确认和加强对于药品的信心。

六是有关费用。整理促销资料时应明确某种药品是否可以报销,以及属于哪种医疗保险和报销范围,需要患者自费的比例等。药品的优势不一定是最便宜,而是最具价值或极具竞争力的价格。

五、拜访前预练习

医药营销人员拜访前进行预练习,根据拜访目标提前演练拜访过程,是拜访准备充分的重要因素之一。

拜访前明确本次拜访的目标是什么,根据目标,演练准备提出的问题。熟记客户的基本信息,根据不同客户的个性风格等,选择合适的着装。准备合适的开场白,并反复多练习几次。提前预设客户可能会有哪些异议,你将如何解决这些异议。牢记产品信息,并明确重点。将准备好的产品资料、笔、本子等提前放入公文包中,出发前仔细检查一遍。

在拜访出发之前,医药营销人员需再次确认以下“八个如何”准备好了吗?一是如何说第一句话;二是如何让医生对你的话题产生兴趣;三是如何说服医生用你的产品;四是如何真的对患者有利;五是如何让医生乐于接受;六是如何消除医生的异议;七是如何帮助医生更快更好地获得使用你推荐的产品的经验;八是如果时间只有30秒,你将如何进行拜访。

机会是留给有准备的人,拜访前的准备工作具有重要意义。拜访前准备充分,可以使医药营销人员拜访客户时更有信心、表现更出色,使有限的拜访时间发挥更大的价值。

第三节　医药营销人员拜访技巧

医药营销人员拜访客户时应掌握一定的技巧,以更好地实现拜访目标。本节主要从正确使用名片、激发客户的兴趣、正确使用促销资料、拜访电话和接听电话几个方面介绍拜访技巧。

一、名片的正确使用方法

名片是自身形象的延伸,是彼此互相认识、自我介绍的快捷有效的方法。它是一种自我的“介绍信”和“联谊卡”。

名片上面一般印有个人的姓名、地址、电话号码、邮箱、单位名称、职业、职务等。名片一定要纸张质地好,字迹清晰,设计符合职业形象、行业特点,外观要保持良好,不能脏兮兮或有污渍。在拜访过程中,应注意名片的放置、名片的递交、递交的次序、名片的接受、接过名片后重视等事项。

作为医药营销人员，拜访客户时应正确使用拜访名片，主要遵守以下几个规则：

一是专门存放。名片应有专门的名片夹存放，名片夹最好是放置在衬衣左侧口袋或西装的内侧口袋，不要将名片放在长裤的口袋。

二是先给名片。医药营销人员应先把自己的名片主动给医生，以显示尊敬之情。

三是递交名片时应当站立。即使已经坐下，在递交时还是应该站起来。用大拇指和食指握住名片，用双手或者右手递出名片，将名片正面面向医生，调整到最适合医生看到的位置，同时还要轻微鞠躬，即头微微低下，并边介绍边递出："我是某某公司的×××，从今天开始由我负责这一区域的业务，还请您多多给予指教。"

四是接受名片时应当站立，十分恭敬地用双手接住。

五是交接名片时应遵循亲手交接的准则。医药营销人员切勿把名片放在对方的桌上，同时，接受名片时也应该主动热情地接过来。

六是接受名片后不要马上将名片收起。没有仔细地端详就迅速地收放入名片夹中，是极不礼貌的，应该仔细端详对方名片，以示尊重。医药营销人员应时刻牢记名片是自己和他人的化身，举止就会慎重。

二、客户兴趣的激发

要想激发客户的兴趣，医药营销人员首先需要给客户留下良好的第一印象。仪容仪表要得体，应巧妙地根据时间、地点、场合的不同，搭配不同的服装和妆容。言谈举止应得当，礼貌交谈，举止有度，保持微笑。

其次，要准备完整、简洁且有新意的开场白。一个良好的开场白是一次有效拜访的开始，能够抓住医生的注意力，赢得医生的好感，建立融洽和谐的气氛，促使拜访顺利进行。开场时，思考什么能与客户产生共鸣，最能引起他们的兴趣。言语上，使用科学有力的语言；情感上，有情感地展开拜访；理性上，使用事实和临床研究。

再次，充分地了解客户，以客户的兴趣和需求为话题导向。交谈客户感兴趣的话题，尽可能激发客户的兴趣，满足客户的需求，这是成功销售的前提。

医药营销人员拜访医生时，除了可以从以上几个方面激发客户兴趣外，还应让医生充分了解产品、医药公司和医药营销人员。一是让医生了解产品。医药营销人员拜访医生，最主要的目的是推广企业的产品，让医生了解产品是必不可少的。通过与医生的交谈，可以挖掘医生对于产品的需求，如给药方案简单，药品的副作用更小，高血压患者也可以安全服用的药品等。如果医药营销人员的产品正好符合医生的需求，则会吸引医生的兴趣。如果对于医生的需求不是很明确，可以向医生陈述自己产品的优势。二是让医生了解医药公司。应站在医生的角度去考虑，如果医生不了解医药公司的情况，则难以产生对产品的需求愿望。故医药营销人员应该让医生更多地了解其所在的医药公司，了解公司的实力和信誉。只有这样，才能打开销售之门。三是让医生了解医药营销人员。当医药营销人员想了解医生时，医生也想了解医药营销人员。医生想知道医药营销人员的信誉、专业性、对待客户的态度、售后服务等方面怎么样。因此，医药营销人员应把握好拜访的机会，充分展现自己，给医生留下良好的第一印象。

三、促销资料的正确使用

现在大多数公司使用的是电子促销资料，纸质的促销资料在一对一的拜访中用得比较少，在会议中有时会使用。正确使用促销资料，是医药营销人员拜访客户时的重要内容之一。在前期促销资料准备充分的基础上，医药营销人员要熟记促销资料、正确讲解促销资料。

医药营销人员应熟悉产品的特征、功效、安全性、方便性、剂量和服用方法、适应证、禁忌证、不良反应、化学构成、作用机制、临床药理学、药品动力学、警告和预防措施、药品相互作用、药品包装、价格等，熟悉产品的临床研究文献及其他医生的使用经验等。作为一名医药营销人员，不管产品信息有多复杂，都必须从头到尾、彻彻底底地熟悉产品，只有熟记产品促销资料，才能准确无误地向客户介绍产品，才能更好地回答客户的问题，消除客户心中的疑问，获得客户的满意。

医药营销人员在熟记产品信息的基础上，应正确并富有技巧的讲解产品促销资料。医药营销人员应热情且不失严谨的讲解，在有限的时间内，着重讲解产品的优势以及医生感兴趣的方面。医生们一般不喜欢“背书型”的医药营销人员，讲解时一定不要照本宣科地向医生背诵药品的使用方法、剂量等知识，尽量用谈话的方式进行拜访，别做讲演。讲解时不要一味的“强行推销”产品，而应该在了解医生需求的基础上，有针对性地讲解产品促销资料。

医生的处方习惯不同，对药品的需求导向不同。一些医生在认真考虑药品带给病人的利益之前，会首先考虑到它们的副作用。例如，许多儿科医生在使用药品时非常谨慎，他们在为儿童治疗时不考虑使用某些具有副作用的药品，医药营销人员拜访这些医生时，必须强调推广的产品广泛使用的证明以及临床使用的安全性。一些医生首先考虑药品积极的治疗结果。这些医生的病人有可能在其他地方没有得到满意的治疗，而希望在新的医生处寻求好的疗效，医药营销人员拜访这些医生时，主要的讲解重点应该放在临床报告或来自患者反馈的疗效显著的信息。

四、拜访电话和接听电话

医药营销人员根据工作需要，有时需电话拜访客户和接听客户电话，下面将介绍医药营销人员拜访电话和接听电话时应掌握的技巧。

（一）拜访电话

1. 电话拜访前

医药营销人员电话拜访客户前，首先要克服自己对电话拜访的恐惧或排斥，勇敢的跨出第一步。在电话拜访前，要准备好笔和纸，不要吃东西、抽烟，要保持正确的姿势。列出电话拜访要点，充分熟悉并掌握产品知识。应选择合适的时间进行电话拜访，尽量避开客户休息时间，或者依据对客户的了解，避开客户忙碌时段，避免在不适当的时候给对方打电话。如果事先与客户预约了电话拜访的时间，则要准时打电话给客户。

2. 电话拜访中

电话接通后，应主动问候称呼，适当的问候语能拉近彼此的距离感，电话接通后的第一声非常重要。如果对方不知道自己的身份，还需主动报出自己所在公司和自己的姓名。

电话拜访时，应注意声音的感染力，要有喜悦的心情。电话拜访时，对方虽然看不见你的表情及态度，但可将你的声音作为第一印象的判断，保持愉快心情才能有悦耳的音调，同时也可使对方减低排斥感，如此增强亲和力。声音要注意语气、语速、停顿、音量、音调、清晰度等，措辞应简洁、专业、自信、流畅、积极，同时要配合身体语言，如微笑、挺胸等。

在电话拜访时，要与客户建立融洽友好的关系，应积极主动地适应客户，对客户真诚地赞美，态度礼貌友好，认真倾听，多听多记，并运用专业能力和专业知识打动对方。巧妙地运用提问的技巧，根据电话拜访的目标，采用开放式询问和封闭式询问相结合的方式，发掘客户的需求和态度。

如果遇到客户语气不好时，更应维持自己的好态度和热情，不要受到这种情绪波动的影响。如果电话拜访过程中，掉线了，你就需要重新拨通对方号码。

3. 电话拜访结束

电话拜访结束时，要表示感谢，并等客户先挂电话。电话结束后，整理电话拜访获取的内容，重要事项则重点标注清楚，并总结经验，反思不足。

如果电话拜访客户时，客户挂断了电话，说明对方可能在忙或者不方便接听，不要立即拨打过去，如果的确有紧急事情，可以发信息告诉客户。如果电话拜访始终被对方拒绝，也不要灰心丧气，继续加强学习，提升自我。

真正做好电话拜访，是一件相当不简单的事情，不要一开始就抱着太高的成功期望，也不需要抱着一定失败的心态，凡事都不是绝对的，都有变数，任何时候都要积极努力，拥有良好的心态。

（二）接听电话

医药营销人员接听客户电话时，也需掌握一定的技巧。

1. 专注地接听电话

接听电话时，应停止一切不必要的动作，不要让对方感觉到你在分心，这是不礼貌的表现。别躺着接听电话，保持正确的姿势，坐着或站着接听电话更能底气十足。

2. 礼貌地接听电话

应面带微笑接通电话；主动问候；使用普通话，用词要标准，语言简洁明了；声音大小适中、清晰，音调要抑扬顿挫；注意语调语速；注意接听电话的措辞，不要用任何不礼貌的语言方式让对方感到不受欢迎。

3. 认真聆听

接通电话时，一定要认真聆听，不要打断对方，听出对方的态度和真实想法，了解来电话的目的，并记录电话里的重要内容。

4. 不要随意挂断客户电话

医药营销人员虽然有时会有急事，但如果没有跟客户讲清楚并取得客户谅解的时候就急忙挂断电话是非常不礼貌的行为。如果真有急事，或者有其他客户在身边不方便接听电话时，医药营销人员可以先不接听电话，回复短信表示抱歉，事后及时回电，并解释清楚没接听的原因。当对方打错电话时，也要礼貌的挂断电话，表示理解。

医药营销人员拜访实录

一、医药营销代表拜访药剂科主任

人物：1. 某医院的药剂科张主任（下文简称“主任”）

2. 康盛公司医药营销人员张媛媛(下文简称“营销人员”)

时间:某天下午3:30

情景:

药剂科主任办公室,主任一个人坐在办公桌旁,正在看文件。医药代表手提公文包,走近办公室门口。门开着,他用手连续敲了两下,药剂科主任没有反应,又连续敲了两下。

主任:“请进。”

情景:小张很自信地走到办公桌旁。

营销人员:“张主任,您好! 我是康盛公司的医药代表,我也姓张,叫张媛媛,这是我的名片。”

情景:双手递上自己的名片。

主任:“康盛公司? 没听说过。你找我有什么事吗?”

营销人员:“康盛公司是康缘药业公司的子公司。我今天准备向您介绍我公司的新产品——六味地黄软胶囊。”

主任:“我们医院已经有了同类产品,按照医院规定,不能再进同类新产品,你还是到其他医院去看看吧!”

营销人员:“谢谢您的关照。不过呢,我公司的新产品很有特点,请允许我向您介绍一下,好吗?”

主任:“我马上要去开会,你下次再来吧!”

营销人员:“真的不好意思,这时候来打扰您! 不过,我就打扰您一分钟,行吗?”

主任:“好吧! 你可得抓紧点。”

营销人员:“我可以坐下来与您商谈吗?”

主任:“可以。”

情景:小张的双手利索地打开公文包,迅速地取出产品说明书和一支笔,主任像往常一样准备去接产品说明书,可是,代表并没有把说明书给他。小张一手拿着说明书,另一只手拿着笔,开始简要介绍产品的特征。主任的身体不自主地向前伸了一下。

营销人员:“张主任,说明书的距离似乎远了点,对您很不方便,我可以坐在这个座位上吗?”

主任:“可以”。

情景:小张移到办公桌旁边的座位坐下,然后,把说明书递到离主任很近的地方,手中的笔在说明书上流畅的移动。

营销人员:“六味地黄软胶囊与六味地黄丸相比,有四大特点:一是它的有效成分含量高,疗效好。软胶囊的主要成分丹皮酚含量大于0.3%,熊果酸含量大于0.03%,均大于其他同类剂型。二是它的崩解速度快。软胶囊的平均解时限为10分钟,崩解速度明显快于其他同类剂型。三是易吸收,起效快,生物利用度高。软胶囊内容物是采用水提醇沉、水蒸气蒸馏等先进提取工艺,并利用指纹图谱分析精制而成的一种油状液(脂溶性物),不含生药粉。四是服用量少、服用方便,3粒/次,2次/日。”

主任:“看你说得这么好,医药代表都会吹牛。”

营销人员:“您说得很有道理,现在有些医药代表在介绍自己产品的时候,总是喜欢夸大其词,这种做法违背了科学。”

情景:主任很自然地点头,表示赞同。

营销人员:“我们公司在培训的时候反复强调,介绍产品一定要讲究科学,实事求是,让相关的医生在开处方时,能做一个准确的判断。”

主任:“这种产品多少钱一盒?”

营销人员:“28元一盒。”

主任:“这么贵! 六味地黄丸才十几元一盒,这种产品在我们地区肯定不好销。”

营销人员:“是的,以前,我们也这样认为的。所以今年我们才下决心开发这片市场。”

主任:“这种产品在我们地区的前景不太光明。我认为,贵公司在这儿投资不值得。”

营销人员:“我们在开发市场之前,在附近的市场作了一次调研,数据表明,有83.7%的患者不太关心产品的价格,而更关心它的疗效。而且,现在的患者比较富裕,讲究药品的安全性。我们的产品经过特殊的加工,不含残留的农药。”

主任:“你说得有点道理。”

营销人员:“张主任,是否进几盒药,试一下?”

主任:“现在不是进新药的时间.如果需要进新药,必须经药事委员会讨论。”

营销人员:“谢谢您的关照,请问张主任,贵医院的药事委员会都由哪些专家组成的?”

主任:“这是医院的秘密,不能随便告诉其他人。”

营销人员:“张主任的职业道德真好。那么在开会之前,我要做哪些工作呢?”

情景:张主任似乎有点为难,小张见到这情形,马上改变策略。

营销人员:“我是否可以先去拜访一下西医内科主任,以便取得他的支持,好吗?”

主任:“你自己看着办吧!”

营销人员:“请问,内科主任姓什么?”

主任:内科主任姓李。

营销人员:“谢谢张主任!”

二、医药营销代表拜访西医内科主任

人物:1. 西医内科主任李医生(下文简称“医生”)

2. 康盛公司医药营销代表张媛媛(下文简称“营销人员”)

时间:某天下午4:00

情景:

李医生的门诊室还有两个患者,小张轻轻地走进去,耐心等待着,直到李医生把两个患者的事处理完。

营销人员:“李医生,我是康盛公司的医药代表,我姓张,叫张媛媛,这是我的名片。”

医生:“你有什么事吗?”

营销人员:“我可以坐下来与您谈吗?”

医生:“可以,不过,马上就要下班了。”

营销人员:“李医生,我知道您很忙,不会打扰您很久的。”

医生:“行! 行! 你说吧。”

营销人员:“在当地的医药界,我早就听说了您的大名,一直想来拜访您,可是没有机会。今天我的愿望总算实现了。今天来,主要向您介绍一下我公司的新产品——六味地黄软胶囊。”

医生:“我不经常用中成药,我是西医医生,对中医不太了解。”

营销人员:“是的,很多西医医生不太了解中成药时,不经常使用中药,我能理解这种处理方法。同时，这件事也说明，医药营销代表的工作太重要了，我必须把新产品的信息传递好。”

医生：“国内企业的医药代表在产品知识方面不怎么专业，经常没有把新产品的相关知识介绍清楚，我们很难开处方。”

营销人员：“谢谢李医生的提醒！我会尽力的。”

情景：小张的双手利索地打开公文包，迅速地取出产品说明书和一支笔。李医生像往常一样准备接产品说明书，可是，代表并没有把说明书给他。小张一只手拿着说明书，另一只手拿着笔，开始详细介绍产品的有关情况。

营销人员：“六味地黄的秘方始见于宋代钱乙《小儿药证直诀·卷下诸方》，始称地黄圆，以张仲景《金匮要略》的肾气丸减去桂枝(或肉桂)、附子，易干地黄为熟地黄而成。”

医生：“秘方的来源不错。”

营销人员：“六味地黄软胶囊的成分有熟地黄、山茱萸、山药、泽泻、牡丹皮、茯苓。辅料为：植物油。”

医生：“请你仔细地介绍下去。”

情景：李医生对此产品很了解，是想考考小张的专业知识。小张心领神会，全力以赴地发挥自己的专业水平。

营销人员：“六味地黄软胶囊方解。三补是：君药—熟地黄滋阴补肾、益精生血；臣药—山茱萸，温补肝肾、收敛精气，山药，健脾补肺、涩精止泻。佐药—泽泻，清泻肾火并防熟地之滋腻。配伍特点三补三泻，补泻结合，‘肝脾肾’三阴并治，而以滋阴补肾为主。用之滋补而不留邪，降泄而不伤正，民间誉为‘小仙丹’。”

医生：“它主要治什么病？”

营销人员：“六味地黄软胶囊功能主治有以下几种：滋阴补肾。用于头晕耳鸣，腰膝酸软，遗精盗汗。”

医生：“该产品的主要特点是什么？”

营销人员：“① 有效成分含量高，疗效好，软胶囊丹皮酚含量大于0.3%，熊果酸含量大于0.03%，均大于其他同类剂型。② 崩解迅速：软胶囊的崩解平均时限为10分钟，崩解快于其他同类剂型。③ 易吸收，起效快，生物利用度高：软胶囊内容物系采用水提醇沉，水蒸气蒸馏等先进提取工艺，并利用指纹图谱分析精制而成的一种油状液(脂溶性物)，不含生药粉。水提醇沉：对易溶于水的生物碱等采用水提之后再用乙醇浸润，去除杂质。④ 服用量少、服用方便：3粒/次，2次/日。与同类品种比较：A. 片剂口服，8片/次，2次/日；B. 浓缩丸口服，8粒/次，3次/日；C. 硬胶囊：口服，8粒/次，2次/日；D. 冲剂冲服，1袋/次，2次/日。⑤ 含药量准：每粒软胶囊重量误差仅为1%～2%范围。⑥ 不含糖：适宜中老年朋友尤其是糖尿病患者服用。⑦ ‘绿色中药’：软胶囊内容物系高科技萃取结晶，不含生药粉，解决了中药制剂中长期存在的农药残留污染和重金属超标问题。”

医生：“软胶囊的特点是比较明显的。”

营销人员：“李医生，能否考虑在贵科室先试用一下？刚才我介绍的，仅仅是我本人的观点，如果用案例来见证，才能真正说明问题，您说呢？”

医生：“我可以考虑试用一下贵公司的新产品，不过，我先得与科室内的其他医生商量一下，过几天给你答复，怎么样？”

营销人员：“行！我过几天再来看望您老人家。”

情景：小张略微想了一会儿，然后面带笑容地说。

营销人员："李医生，今天是星期二，我星期五下午四点再来如何？"

医生："行。"

情景：小张从从容容地站起来，与李医生握手告别。

资料来源： http://m.chinamsr.com/show.php?action=show&contentid=3536 节选，且有改编。

讨论：

1. 医药营销人员张媛媛拜访药剂科张主任时运用了哪些基本礼仪和技巧？有何启发？

2. 医药营销人员张媛媛拜访西医内科主任李医生时运用了哪些基本礼仪和技巧？有何启发？

医药营销人员拜访客户的基本礼仪实训

一、实训目的

通过实训项目，加深学生对医药营销人员基本礼仪和技巧的理解，使学生掌握医药营销人员拜访客户的基本礼仪和技巧。

二、实训步骤及内容

1. 选取六位同学，分成三组，每组两位同学，分别扮演医生和医药营销人员。选取四位同学担任评委。

2. 每组同学各自选取扮演的医药公司、医生角色。医药营销人员拜访医生，先做好充分的拜访准备，巧妙开场，递送名片，激发医生的兴趣，并向医生推广产品，与医生愉快交流，最后礼貌结束拜访。三组同学分别依次进行实训。

3. 老师和四位评委对各组表现进行打分和评价。

4. 老师综合各组表现进行总结。

1. 医药营销人员拜访客户时应掌握哪些基本礼仪？
2. 医药营销人员拜访客户前应做好哪些准备？
3. 医药营销人员拜访客户时应掌握哪些基本技巧？
4. 仪容仪表礼仪包括哪些内容？
5. 医药营销人员熟悉拜访对象包括哪些内容？
6. 医药营销人员应如何正确使用促销资料？
7. 探询与聆听应掌握哪些技巧？

第十二章 医药营销人员培养与训练

营销是与人打交道的职业，要有一定的心理承受能力和抗压能力，同时也要有很强的学习能力和感悟力。通过本章学习，希望读者掌握医药营销学基本知识，了解营销与爱好、职业的关系；掌握营销基本技能，培养营销感悟能力。

课程思政

通过本章学习，逐步培养学生正确的职业观、价值观，让营销成为从业者的爱好，在此过程中掌握必要的营销技能，培育服务意识、奉献精神、创新思维、实干思想，将个人发展同消费者、企业、国家的发展紧密结合起来，投身于社会主义现代化建设的伟大征程中，成为社会主义核心价值观的信仰者、践行者。

营销的四个境界

营销的过程，是与顾客沟通的过程，也是心理博弈的过程。营销人员的沟通效率越高，相互了解的越多，营销成功的几率就越大。与顾客沟通必经历的四个境界：

"最差的"：母鸡式沟通（完全的以自我为中心，不去了解顾客的需求和喜好，一味地向客户灌输自己产品信息，毫无情感，甚至对自己的产品也一知半解，最终费时费力还得不到客户的青睐）。

"入门级"：公鸡式沟通（回答技巧熟练，能非常精准的回答顾客的问题，沟通过程非常顺畅和愉悦，但是不够积极，比较被动，不能真正把握沟通的主动性）。

"合格的"：猫头鹰式沟通（能站在顾客的立场上，理解顾客的内心想法，具备很强的专业性，能够提出建设性的建议，帮助顾客解决问题；在沟通技巧方面也非常的成熟，对问、听、说、看各项技巧应用的也非常熟练）。

"高级的"：老鹰式沟通（对人性有深刻的理解，能准确挖掘客户现有或潜在的消费需求，既能轻松拿下顾客，顾客还得反过来各种感谢）。

形成以上四种不同营销状态最主要的原因就是营销者是否将与顾客的沟通当成一种乐趣，把营销当成是一种喜好，满足一种成就感，而不是把它简单地当成工作。毕竟乐趣是最好的老师。

资料来源：根据网络资源整理。

第一节　学习与营销的关系

没有人在初学步时，就能走得很好，营销也是这样。学会某项本领需要尝试和训练，还要历经学习曲线所描述的四个心理过程。生活中的各个领域都需经历这四个层次：无觉无知、自觉无知、自觉自知、无觉自知。

一、无觉无知

第一个层次叫无觉无知，还未认识到或者不承认自己需要帮助。在最基本的阶段，人们还未认识到或者不承认自己需要帮助，所以他们最难接受别人的帮助。初识营销时就是进入无觉无知的层次。

不清楚：处于这个层次的人就好像自己已经从高速公路上游离到乡间小路，毫无觉察。因为他们不清楚自己还需要学习新的东西，所以生活十分平庸。或者他们安于现状，未曾想过还要努力。

安于现状：还有一种人也是属于这一类。从来不换个方法行事，安于现状。在学着尝试新事物以前，这种人都处于无觉无知的层次。

寻求帮助：观察一下婴儿学步，会发现他并不知道自己怎样走路，他看到每个人都是在走路，所以尝试着自己走路。通过不断地跌倒，他知道了走路并不像看起来那么简单，于是伸出手寻求帮助。他伸手寻求帮助的时刻，开始进入第二个层次自觉无知阶段。

二、自觉无知

第二个层次是自觉无知，意识到自己不懂得如何做所做的事情。了解营销，但不知道该怎样去做，也就是营销的自觉无知层次。

当人们意识到自己不懂得如何做所做的事情时，也就脱离了无觉无知的阶段。接下来开始寻求帮助，并愿意再学习。大多数人都极有可能处于这个层次。

当意识到需要继续学习的时候，就应该马上行动起来。许许多多先前的大事业都在这个层次搁浅了，仅仅因为人们不知道该到哪儿寻求帮助，或者不愿意付出努力去寻找恰当的帮助。如果你不努力，能力的缺乏对于事业的成就将是毁灭性的。必须采取行动，进入第三个层次。

三、自觉自知

进入第三个层次是自觉自知，对于提高自己的渴求非常强烈，必将收获新的挑战。涉足营销，通过各种方法向有经验的营销人员学习，并模仿、超越他们，此时的营销达到自觉自知层次。

在这个层次，若对提高自己的渴求非常强烈，将足以战胜学习新知识的不适。不要对自己期望太高，这样会做得更好、更快。对新事物的尝试将占据很多时间，必须抓紧。当必须分析自己做得如何，下一次怎样才能做得更好时，会使内心太在意了，以至于影响了判断。当和朋友在热烈地谈论流行音乐时，发现最新的流行乐曲不是自己所认识的那支，会感觉到自己脑袋突然空白，为什么呢？因为人对自己的无知非常敏感。

作为其中的一员，当认识到必须和朋友在一起，就会接触和知道更多的知识时，也就进入到自觉自知的层次了。

四、无觉自知

第四个层次是无觉自知阶段，自如地应用以前掌握的知识。当对营销知识了如指掌，并游刃有余运用营销时，也就进入营销的无觉自知层次。

在这个阶段，能自如地应用以前的知识，无需刻意努力。

比如无觉自知的阅读状态：此时的阅读并不像刚开始读书的人那样，相反，为了理解整体，会选择快速地浏览，抓住关键内容，而不是用手指着，一个字一个字地读出来。

终生学习最大的益处在于，不再认为自己是环境的受害者。对自己的成功和失败都负有责任，当评价这些成功和失败时，将最真实、最诚实地面对自己。

开始学习新知识时，在实践之前，只能吸收很有限的部分，最好的办法是学习、练习、再学习、再练习，一次只能消化有限的信息，而且，要超越自觉无知的层次。要超越无觉无知和无觉自知这两个层次是痛苦的事情，但是，为了成功，必须迈出你坚定的步伐。

让营销成为爱好。观察处于营销中的每一个人，尝试着与他们谈论营销，会收获非常愉悦的心情，会对营销的事情更敏感，同时从中获益。

第二节　营销悟性培养

无论从事何种职业，居于何种地位，都会感觉到“悟性”对每个人的发展、成长发挥着巨大作用。

一、营销悟性的概念

“营销悟性”简单而言，就是对市场的感悟能力、对市场的敏感度。

作为营销战线上的一员，“悟性”更是具有非同寻常的影响，一个缺少“悟性”的营销人员注定会成为时代的失败者；而每一个成功的营销人士，必定具备很强的“悟性”。可以说，是否具备“悟性”、“悟性”能力强弱与能否在营销战线上取得成功息息相关。问题是：一般营销人员是否真的具备了成功营销人所必备的“悟性”素质呢？

二、营销悟性的表现形式

“悟性”在营销中的表现多种多样，概括起来，可以分为以下五种表现形式：

（一）未卜先知

“悟性”的第一种表现形式就是个人通过对市场细节的分析、研究，最终预测未来发展趋势，并提前采取应对措施。“未卜先知”可以说是具备“悟性”的人所必备的基本素质和能力之一。

营销视野

张华是安徽一家药品公司的营销人员，2003年2月，广东、香港出现"非典"疫情，当地居民出现抢购中药材的现象，后来虽经政府大力控制，没有蔓延开来，但是国外相继发生多起"非典"事件。张华敏锐地觉察到，这次疫情很可能在后期蔓延，因此他说服公司领导，囤积了一大批中药材。后来的事实证明他的预测是非常准确的。

资料来源：根据网络资源整理。

（二）举一反三

这种表现形式在现实的市场营销工作中表现更为普遍。个人能够从领导、同事、客户或其他人士的讲话中发觉出更深奥的东西，而不能只是"人云亦云"，无法掌握讲话的精髓。简单点说，"举一反三"就是要求我们能够"猜透别人的心思"。

营销视野

小李是一名优秀的日化用品营销人员，这天，领导拨给他2万元活动经费，让他组织一次大型降价促销活动，领导甚至还明确提出，为了打开这个市场，小李可以将部分日化产品大幅降价，只求销量，不求利润。小李拿到经费后，脑筋立刻转动了：公司从去年以来，就实行严格的效益成本考核，很显然，公司拨的这2万元活动经费，肯定要从市场上挣回来，如果完全按照领导意思，只降价求销量而不计较利润，那么最后倒霉的肯定是自己。为此，小李决定将部分产品大幅降价，而对其他大部分产品实行保值营销（本来这部分产品按公司冲账价算，也可以大幅降价，但小李将这些产品保持原来价格）；同时与经销商协商好，活动期间卖出的所有商品一律不再返利，这样极大地降低了损失，活动也取得了最终的胜利。营销人员一定要从别人的话中套出话来，即"言尤未尽"的意思。

资料来源：根据网络资源整理。

（三）去伪存真

具备"悟性"的人要学会从纷繁复杂的环境中发现事情的根源，抓住最本质的东西。许多营销人之所以长时期停留在原地，没有丝毫长进，根本的原因就在于他们太过分关注表象的东西，却很少用心去感受事情的真谛，看透表象之后的本质。

营销视野

我初次从事营销工作时，随同领导拜访医院，当时因为前任遗留问题太多，客户对我们不假言辞，声色俱厉，我都担心他会将我们"扫地出门"。领导只是静静地倾听，很少插嘴，对方讲完之后，他才将自己的设想、公司新的营销政策说出，最后宾主双方交谈甚欢。事后，领导这样教导我："一个商家，他越是批评你，贬低你，那么就表示他越看重你。正所谓'爱之愈深，恨之愈切'，我们要学会看懂商家的内心。"他的这番话正好表现出营销中的"去伪存真"。

资料来源：根据网络资源整理。

（四）心有灵犀

真正有“悟性”的人，往往可以在许多不经意间明白许多事理，掌握事物发展的本质和精髓。比如，在与客户打交道的过程中，在与同仁相互交流之中，或者是在与同事、领导探讨问题之中，具备“悟性”的人往往可以从这其中收获不少真理，做到“心有灵犀一点通”。

营销视野

公司有一个新到的大学生员工小杨，负责A市场内的营销工作。A市场内最重要的经销商是赵老板。赵老板财大气粗，阅历丰富，最初根本看不起小杨。小杨并不气馁，多次上门拜访。某天，赵老板无意中透露自己实力雄厚，但是人才、管理欠缺，小杨立刻留心上了。回家之后，小杨四处求援，收集资料，在短期内制定出一个完善的企业经营管理和市场开拓方面的规章制度，令赵老板大为赞赏。现在，赵老板已经成了公司的忠实客户，而小杨也成了赵老板最信赖的“私人顾问”。

资料来源：根据网络资源整理。

（五）触类旁通

也许营销人最需要具备的悟性（或素质）就是触类旁通了。市场营销从来就不是一个孤立的名词，市场营销事实上是融合了其他各行各业的精髓，整合而成的。市场营销之所以与其他各行各业有着密不可分的关系，也就在于触类旁通。作为一个营销人，我们完全可以从更广泛的范围来吸取新鲜知识，开拓自己的视野，提高自己的综合素质。比如，在读报刊时，在看电视时，在与人闲聊时，在休息时，在旅游中，甚至在洗澡中，我们都可以将许多眼见、耳听、心想的东西联想到市场营销，这就是触类旁通，也是悟性最重要的表现形式。

营销视野

林鹏是个武侠小说迷，也是一个产品经销商。一天，他看云中岳的一部小说，正好里面有这样一段话：“胜利永远属于勇于攻击的人，能守的人必定能攻。”当时，他正面临着市场上众多竞争者的合力打压，他是小心设防，步步为营，但是市场却日益减小。在看完这段话之后，他猛然意识到，自己的市场之所以日渐萎缩，经营陷入窘境，根本的原因就在于自己过于保守，不能勇敢面对竞争对手，最终他决定采取“以攻为守，步步紧逼”的营销策略，不但夺回了原有市场，而且由此一举奠定自己在当地的权威。事实上，绝大部分市场营销中的技巧、诀窍、真理都是从其他行业中得来的。所以我们说，触类旁通是最重要的。

资料来源：根据网络资源整理。

三、营销悟性的培养

“悟性”的作用如此之大，以至于每个营销人都希望自己具备很强的“悟性”能力。但是，许多人都感觉自己缺乏“悟性”，应该如何培养自己的“悟性”呢？

“悟性”在许多时候表现成一种跳跃性思维，一种发散性思维，一种逆向性思维，这种思维是可以培养的。

可从以下五个方面培养“悟性”：

（一）培养乐观、积极向上的心态

活力无限，精彩无限。凡是具备较强“悟性”能力的人，都具有积极健康的心态，在面对困难时能从容不迫，冷静处理好各种事情。可以说，营销人要想提高自己的“悟性”，那么，首先必须从思想上提升自己，这是其中不可或缺的一步。

（二）积累丰富经验和阅历

“悟性”即“领悟出来的知识、才能、见解”，而这种领悟必然需要时间，需要充足的经验和阅历。相对来说，时间越长，经验和阅历越多，那么，“悟性”提高得也越多。有些营销工作者整日坐在办公室，打打电话，写写文字，以为凭借自己聪明的头脑，快速的学习能力，可以很快掌握营销中的各种“技巧”，实际上，这永远只是一种幻想。“不经一事，不长一智”，人的成长是从挫折中得来的，同样，“悟性”也是营销人从实践中感悟出来的。

（三）细心观察，用心感受

“悟性”重在一个“悟”字上，因此，培养“悟性”更多的要依靠每个人自身的体会、感受、心得。有些人整天无所事事、碌碌无为，当一天和尚撞一天钟，从不用心去体验生活，感受市场，对身边的营销实践视而不见，因此这种人即使工作到老，也不能领悟出什么东西；相反，有些人可能开始什么事情都不懂，但他们知道该认真学习，细心观察，勤于探索，用心去体验，因此，他们可以快速培养出很强的“悟性”。这也是我们所常说的“师傅领进门，修行在个人”。

（四）多向同事、同仁、领导请教

刚入职的医药营销人员，缺乏医药市场营销悟性，需要向周围的领导和同事请教学习。由于这些领导和同事从事营销工作多年，对市场认识很深，因此，他们对于“悟性”的提高也有独到的见解，但是许多人还是感觉他们所讲的培养“悟性”听上去很美，但做起来不知从何处做准备。事实上，这种请教是建立在三个前提条件之下的：第一，请教者必须具备一定的实践经验，否则请教者根本不知道该怎么开口请教；第二，请教者要潜力很大，受到被请教对象的重视；第三，请教者与被请教者私交一定要好，否则被请教者根本不可能将营销精髓讲给请教者听。

（五）拓宽视野，博览群书

拓宽视野，博览群书，不断学习和总结，善于积累相关知识，增长见识，增强自己的洞察力和思辨力。

个人可以从各方面来全面提高自己的“悟性”能力，包括看电视、阅读报刊、通过网络教学学习、与各行各业的人士交流、学习专业知识等，这些方式都能很好地培养营销人的“悟性”能力。

作为营销战线上的一员，营销人提高自己“悟性”能力的最有效途径就是在遭遇非常大的挫折或困难时，千万别自我放弃，而是保持旺盛的精力，始终坚持下来，同时，在遭遇挫折的过程中，不断总结经验和教训，并迅速转化为自己的知识和财富。可以这么说，遭受打击越大，个人潜能越容易发挥出来，而“悟性”能力的提高也越快。

总体而言，提高“悟性”，重在个人，而非其他。

四、积极心态对营销的重要性

消极的心态，可以无情地剥夺一切使生活感到有意义的快乐。积极的心态，则使人获得幸福、财富、健康与成功，可以助人攀上自我实现的顶峰。当人们拥有积极心态时，通常会这样想，不管发生什么事情，对我都是有益的，我们不能左右风的方向，但我们可以永远是调整风帆的舵手。

营销视野

李莎是一家制药公司的医药代表，负责公司在八家医院的产品推广工作。正式上班的第三天清晨，按计划要给某医院药剂科主任送去新产品资料。时值冰雪寒冬，泥泞和着薄冰冻得死死的，李莎一边走一边不停地抱怨，忽然脚下一滑，咚的一声摔倒在地，李莎窘红着脸站起身，却发现脚踝已扭伤。一步一跛赶到医院，已错过了约见药剂科主任的时间，转头却在科室门诊看到新贴出“医药代表谢绝来访”，李莎心里一酸，流着眼泪回到自己的办公室，营销部主任微笑着注视她：“不错，在这样恶劣的天气里，能坚持工作的人一定不多；但这只是事情的一面。现在让我们想一想事情的另一面；正是在这样的天气里，你能出现在岗位上，还是做同样的工作，你所发挥的作用是不是要比往常有效数倍！难道这不正是你接近访问目标的更好时机吗？现在，我建议你再去一次，面带微笑，再去见那位药剂科主任。”

一年以后，李莎已成为一名业绩优秀的代表，接任了营销部主任。在对新代表进行培训时，她特别谈到了这件事并发自内心地感慨：“看看我们身边，百分之九十的失败者其实不是被别人打败，而是自己败给了自己。拿我为例，心态的转变只在于一闪念，但这一闪念却决定了结果乃至人生道路的莫大不同！”

资料来源：根据网络资源整理。

困难挫折时正是学习的好机会，失败也不过是走了弯路，并不是死胡同。

假如医药营销人员能这样看待人与事，让整个内心都充满勇气与灵智，就已经战胜了自己，离成功就已不远了。

播下一种心态，收获的是一种思想；播下了一种思想，就收获一种行为；而播下一种行为，收获的是一种性格；播下一种性格，则最终收获的是一种命运。

在营销工作中具备愈挫愈勇的抗压能力，保持积极心态，营销的道路亦会越走越长。

第三节　营销爱好培养

一、个人爱好与工作关系

什么是工作，不同的人对工作有不同的态度，有的人将工作看作一种谋生的手段，是一种应尽的义务；也有一些人将工作当成一种乐趣，也是一种快乐和享受。不同的态度也就会造成不同的人生现状，前者往往很难倾注激情，容易迷茫，很难有所成就；后者会充满激情，饱含使命感和成就感，就会有不错的回报。

在现实生活中很多人都喜欢把工作和个人乐趣分开。在某些情况下，这是必需的。比如医生总不能全是与患者做朋友吧？人们希望在生活中取得平衡，更好地满足自己，但是工作和享受不应该互相割裂。美国惠普公司总裁卡尔顿·菲奥里纳说过："热爱你所做的事，成功是需要一点激情的"。任何工作都蕴涵着许多乐趣，在工作中找到乐趣，享受工作中的乐趣，才能更好地去工作，才能提高工作效率，才能把工作做得更细致，把工作做得更好。热爱你所做的事，是一种人生的追求目标，是一种欲望的载体，当然也是成功的一个重要前提。

二、营销转化为爱好的现实意义

很多人一谈到营销，就简单地认为是"卖东西"，这只是对营销很片面的理解，其实人生无处不在营销，因为营销实际上是一个分析需求、判断需求、解决需求、满足需求的过程，所以营销不只是工作，更是一种服务意识和奉献精神。

多数情况下，把营销作为爱好能极大地增进从营销中所获得的乐趣和满足。这是因为，不断地学习，能使营销更有趣，更能获得有利可图的新技能。学习可以激发大脑，新知识给人们带来快乐和体验。一旦发现这点，营销终究会成为爱好。无需再说服自己：工作会带来乐趣。二者结合是自然的，迟早会发生的。

刚开始做业务是一件很辛苦的事情，对行业不熟悉，没有客户，所有的一切都需要从零开始。要去"扫街"，一天要和十几个甚至几十个潜在客户交谈，还要忍受对方的抱怨和粗暴的拒绝，一个月下来收入没有丝毫增加。很多想从事营销工作的人都因为不能忍受开始时的辛苦而转向别的行业。

三、营销技能的提升方法

在营销中，取得顶尖营销成绩的人，与营销成绩稍逊的人有根本性的区别。顶尖高手乐于疯狂地进行营销工作，对他来说，营销不只是工作，他知道如何将营销转化为爱好。

当他们寻找客户，约会客户，并进行交易时，顶尖高手是在做自己所喜爱的事情。他们也由此而获得丰厚的回报。如果从事营销工作，感觉到很吃力，但又希望在营销中取得成功，就必须向顶尖高手们学习，将工作转化为爱好。

一旦将营销转化为爱好，就不会介意路途的辛苦，也不会抱怨潜在客户的拒绝。当希望能寻找到被拒绝原因的时候，这就是营销的开始。在平时认为与营销无关的时间和场合中，养成细心观察的习惯，会发现营销正在发生。

在营销中越投入，从生活中的各个方面观察营销的机会也就越多。用心去研究，会发现营销遍布于人与人之间的每次交往中。将别人所做的营销努力，与自己进行比较，寻找差距，缩短距离。在观察中，用心记，不断提高。

当营销成为爱好时，就已形成观察、学习的习惯，营销技能会迅速提高，客户越来越多，业绩自然会不断提升。

四、专业营销人才的成长方式

出色的营销业绩是衡量专业营销人才的重要指标。除此之外，杰出人才还需要熟悉本领域的营销理论，把握营销的发展趋势，研究相关的经济学、社会学、哲学、法学、心理学、管理学等知识，不仅要上知天文，而且还要下晓地理。只有这样，才能成为一个综合素质较高且左右逢源，并深受客户欢迎的人。所以专业的营销人才不是天生的，是通过专业营销训练，不断试验、总结、反思、提升的结果。

知识拓展

营销大师——菲利普·科特勒

菲利普·科特勒(1931年—)，生于美国，经济学教授。他是现代营销集大成者，被誉为“现代营销学之父”，任美国西北大学凯洛格管理学院终身教授，是美国西北大学凯洛格管理学院国际市场学S. C. 强生荣誉教授。美国管理科学联合市场营销学会主席，美国市场营销协会理事，营销科学学会托管人，管理分析中心主任，杨克罗维奇咨询委员会成员，哥白尼咨询委员会成员，中国GMC制造商联盟国际营销专家顾问。

菲利普·科特勒多次获得美国国家级勋章和褒奖，包括“保尔·D. 康弗斯奖”“斯图尔特·亨特森·布赖特奖”“杰出的营销学教育工作者奖”“营销卓越贡献奖”“查尔斯·库利奇奖”。他是美国营销协会(AMA)第一届“营销教育者奖”的获得者，也是唯一一位三次获得过《营销杂志》年度最佳论文奖——阿尔法·卡帕·普西奖(Alpha Kappa Psi Award)的人。

科特勒著作颇丰，许多被翻译成多国语言，被多国的营销人员奉为宝典。其中，《营销管理》一书更是被奉为营销学的圣经。其他也被采用为教科书的还有：《科特勒营销新论》《非营利机构营销学》《新竞争与高瞻远瞩》《国际营销》《营销典范》《营销原理》《社会营销》《旅游市场营销》《市场专业服务》及《教育机构营销学》。2008年又出版了《亚洲新定位》和《营销亚洲》。

资料来源：根据网络资源整理。

第四节　营销人员的训练与信心

一、训练的概念

训练是指给受训者传授完成某种行为必需的思维认知、基本知识和技能的过程，营销人员训练，包括营销每一个环节需要的策略、技巧和执行方法，大到市场策划的整体策略，小到营销人员的言行规范，均属营销培训的范畴。训练的重点分为两个部分，一是人间性，另一个是科学性。

人间性指的是营销人员要了解客户的人性面、感情面及客户所处的立场，也就是人们通常所说的情商的培养，同时还要注重营销人员所需的毅力、诚实、态度等的修行。

科学性的重点是计划性地开展营销商品知识宣介和营销技巧的培训演练。经过训练后，新进的营销人员由公司的资深营销人员带领做实战练习。

二、信心的概念

信心是一个人自信力的表现，是一个营销人员应该具备的基本点，营销工作是一个极具挑战性的工作，作为一个营销人员所具备的信心，不仅是对企业有信心，对产品有信心，对模式有信心，也应该对自身能力有信心。

三、营销爱好与“训练和信心”的关系

营销是一个门槛比较低的行业，任何人都可以加入营销，但并不是每一个人都能成为出色的营销人员。要成为出色的营销人员，必须具备很高的营销素养，其中对行业的热爱成为决定成败的关键因素，而这种热爱离不开坚定的信心和反复的训练。从事医药营销门槛较高，首先需要有医药相关专业教育背景，必须具备很高的专业营销素养。

初次接触营销，极少人会把它作为爱好，只有体会到营销带来的快乐和回报，才会使从业人员深深地热爱营销这个行业。学习和训练，就是将工作转化为爱好的最佳利器。

世界上最伟大的营销员

闻名遐迩的汽车营销员乔·吉拉德，以15年共营销13000辆小汽车的惊人业绩，被《吉尼斯世界纪录大全》收录，并荣获“世界最伟大的营销员”的称号。乔·吉拉德自我介绍有三点成功经验可以借鉴。

1. 树立可靠的形象。乔·吉拉德总是衣着整洁，朴实谦和，脸上挂着迷人的微笑，出现在顾客的面前。而且对自己所营销的产品的型号、外观、性能、价格、保养期等烂熟于心，保证对顾客有问必答、一清二楚。他乐于做顾客的参谋，根据顾客的财力、气质、爱好、用场，向他们推荐各种适宜的小汽车，并灵活地加以比较，举出令人信服或易于忽略的理由来坚定买主的信心，主动热情、认真地代顾客进行挑选。年复一年，乔·吉拉德就这样用自己老成、持重、温厚、热情的态度，真心实意地为顾客提供周到及时的服务，帮助顾客正确决策，与顾客自然地形成了一种相互信赖、友好合作的气氛。

2. 注重感情投入。乔·吉拉德深深懂得顾客的价值，而顾客都是活生生的人，人总是有感情并且重感情的。所以，他标榜自己的工作准则是：“服务，服务，再服务！”乔·吉拉德感情投入的第一步是以礼待客，以情相通。顾客一进门，他就像老朋友一样地迎接，常常不失时机地奉上坐具和饮料；顾客的每一项要求，他总是耐心倾听，尽可能做出详细的解释或者示范；凡是自己能够解决的问题则立即解决，从不拖拉。乔·吉拉德感情投入的第二步是坚持永久服务。他坚信：“售给某个人的第一辆汽车就是跟这个人长期关系的开始。”他把建立这种与“老主顾”的关系作为自己工作的绝招。他坚持在汽车售出之后的几年中还为顾客提供服务，并决不允许别的竞争对手在自己的老主顾中插进一脚。乔·吉拉德的种种服务使他的顾客备受感动，第二次、第三次买车时自然就忘不了他。据估算，乔·吉拉德的销售业务额中有80%来自原有的顾客。有位顾客亲昵地开玩笑说：“除非你离开这个国家，否则你就摆脱不了乔·吉拉德这个家伙。”乔·吉拉德感动地说：“这是顾客对我的莫大的恭维！”

3. 重复巧妙的宣传。乔·吉拉德宣传的办法不但别出心裁，而且令人信服。顾客从把订单交给乔·吉拉德时起，每一年的每一个月都会收到乔·吉拉德的一封信。所用的信封很普通，但其色彩和尺寸都经常变换，以至没有一个人知道信封里是什么内容。这样，它也就不会遭到免费寄赠的宣传品的共同命运——不拆就被收信人扔到一边。乔·吉拉德特别

注意发信的时间,1 日、15 日不发信,因为那是大多数人结算账单的时候,心情不好;13 日不发信,因为日子不吉利。总是选取各种“黄道吉日”,让顾客接到自己联络感情的信件,心情愉悦或平静,印象自然更加深刻。因为平时“香火”不断,关键时候顾客这个“上帝”会保佑的。然而这么一位优秀的推广人员,却有一次难忘的失败教训。有一次,一位顾客来跟乔·吉拉德商谈买车。乔·吉拉德向他推荐了一种新型车,一切进行顺利,眼看就要成交,但对方突然决定不买了。乔·吉拉德百思不得其解,夜深了还忍不住给那位顾客打电话想问明原因,谁知顾客回答说:“今天下午你为什么不用心听我说话?就在签字之前,我提到我的儿子即将进入密歇根大学就读,我还对你说他的运动成绩和将来的抱负,我以他为荣,可你根本没有听我说这些话!你宁愿听另一位推广人员说笑话,根本不在乎我说什么!我不愿意从一个不尊重我的人手里买东西!”从这件事,乔·吉拉德得到了两条教训:第一,倾听顾客的话实在太重要了,自己就是由于对顾客的表面看来和买车毫无关系的闲话,漠然、置之不理,因而失去了一笔生意;第二,推销商品之前,先要把自己推销出去,顾客虽然喜欢你的产品,但如果不喜欢你这个推广人员,他也可能不买你的产品。

资料来源:根据网络资源整理。

讨论:

1. 结合所学知识谈谈乔·吉拉德为什么会取得骄人业绩?
2. 你能够从乔·吉拉德的失败经历中吸取什么教训?
3. 讨论:想成为一名超级推广人员,应该具备哪些素质和技能?

营销过程管理实训

营销过程管理是营销人员对营销活动的合理安排,优秀的营销过程管理将会使营销活动事半功倍。营销过程管理一般包括以下几个步骤:

第一步:准备阶段。机遇属于有准备的人。营销前详细地研究消费者和产品的各种资料,研究和估计各种可能和对应的语言、行动,并且准备营销工作所必需的各类工具和研究客户的心理,营销人员在销售过程中必须要把握客户购买心理特点,准确提出适合客户需求的推荐产品,尽快使客户视线集中,并产生共鸣,这是摆在医药商品营销人员面前的重要课题。

第二步:善于发现潜在顾客。营销人员在营销过程中,要发现客户,发现机遇,善待客户。因为潜在消费者的来源,有因响应医药商品广告而至的;还有来自营销人员和医药企业工作人员的激活与挖掘。

第三步:树立第一印象。消费者对营销人员的相貌仪表、风范及开场白十分敏感,营销人员应亲切礼貌、真诚务实,给消费者留下良好的第一印象,营销人员通过自己的亲和力引导客户对医药产品的注意与信任。

第四步:产品推荐。介绍医药产品的过程中随机应变,一面引导消费者,一面配合消费者,关键是针对消费者的需求,真诚地做好参谋,提供给消费者合适的商品。

第五步:谈判。营销人员用营销技巧,使消费者产生决定购买的意向,使消费者确信该产品完全能满足需求;说服消费者坚决采取购买行动。

第六步:面对拒绝。营销人员面对的拒绝,可能就是机遇,判断客户拒绝的原因,予以回复。如客户确有购买意向，应为其作更详尽的分析、介绍。

拒绝是消费者在营销过程中最常见的抗拒行为，营销人员必须巧妙地消除消费者疑虑，同时营销人员要分析拒绝的原因，实施对策。可能的原因有：准备购买，需要进一步了解产品实际效用；推托之词，不想购买或无能力购买；有购买能力，但希望价格上能优惠；消费者建立谈判优势，支配营销人员。

实训内容：

请选择连花清瘟胶囊，在实施非处方药销售过程中的营销管理，并按以上步骤，设计关于该品种的营销管理过程，找出有可能被拒绝的原因。

复习思考题

1. 学习的四个心理过程是什么？结合对医药营销的学习，判断自己属于哪个阶段？
2. 什么是悟性？
3. 悟性表现包括哪些方面？
4. 如何培养悟性？

参考文献

[1] 杨金凤.医药市场营销与实务[M].北京:人民卫生出版社,2010.

[2] 上官万平.医药营销:医药代表实务[M].上海:上海交通大学出版社,2012.

[3] 付晓娟,龚萍.药品营销实务[M].北京:中国医药科技出版社,2013.

[4] 官翠玲,李胜.医药市场营销学[M].北京:中国中医药出版社,2015.

[5] 史立臣.医药新营销[M].北京:企业管理出版社,2017.

[6] 徐爱军.医药商品推销学[M].北京:中国中医药出版社,2018.

[7] 王鹏.医药代表专业化指南[M].北京:北京艺术与科学电子出版社,2018.

[8] 大卫·科利尔杰依·弗罗斯特.医药代表实战指南[M].季纯静,译.北京:电子工业出版社,2018.

[9] 安迪·法兰.医聊:医药代表拜访指南[M].张志扬,孙峰,译.北京:电子工业出版社,2018.

[10] 秦勇,张黎.医药市场营销:理论方法与实践[M].北京:人民邮电出版社,2018.

[11] 林延君,沈斌.医药行业大洗牌与药企创新[M].上海:中华工商联合出版社,2018.

[12] 周光理.医药市场营销案例与实训[M].北京:化学工业出版社,2020.

[13] 史立臣.新医改下的医药营销与团队管理[M].上海:中华工商联合出版社,2013.

[14] 朱圣超.赛生医药市场拓展及营销策略研究[D].南京:南京大学,2016.

[15] 丁锦希,田冉,李伟.药品集中采购政策框架下的"一票制"配送模式研究[J].中国医药工业杂志,2016(7).

[16] 史立臣.医药新营销(制药企业医药商业企业营销模式转型)[M].上海:中华工商联合出版社,2017.

[17] 戴文杰.医药代理商经营全指导(新环境新管理)[M].上海:中华工商联合出版社,2019.

[18] 刘洋.谈医药营销模式创新机制[J].现代营销(信息版),2020(6).

[19] 刘芸.FREDA制药公司营销策略研究[D].长春:长春工业大学,2020.

[20] 黄珊.新形势下医药行业营销渠道研究[J].经济管理文摘,2021(1).

[21] 侯胜田.医药营销调研[M].北京:中国医药科技出版社,2009.

[22] 甘湘宁,杨元娟.医药市场营销实务[M].北京:中国医药科技出版社,2017.

[23] 伯恩斯,布什.营销调研[M].北京:中国人民大学出版社,2015.

[24] 章蓉.药品营销原理与实务[M].北京:中国轻工业出版社,2019.

[25] 侯胜田.药品营销调研一应用与案例[M].北京:化学工业出版社,2005.

[26] 王悦.非处方药(OTC)营销与实务[M].北京:人民卫生出版社,2010.

[27] 魏骅,陶有福.社会药房药学服务指南[M].合肥:中国科学技术大学出版社,2020.

[28] 余贞备.会务精细化运作实用手册[M].北京:知识产权出版社,2014.

[29] 梁春燕,李琳.会议组织与服务[M].北京:北京大学出版社,2010.

[30] 曾智,申俊龙.药品销售行为学[M].北京:化学工业出版社,2015.

[31] 李朝霞.药品营销综合技能训练[M].北京:中国中医药出版社,2013.

[32] 胡爱娟,路青霜.商务礼仪实训[M].北京:首都经济贸易大学出版社,2014.

[33] 龚荒.现代推销学[M].北京:人民邮电出版社,2015.

[34] 檀文茹. 商务谈判与合同管理[M]. 北京:中国人民大学出版社,2012.
[35] 诺特伯格. 番茄工作法图解:简单易行的时间管理办法[M]. 大胖,译. 北京:人民邮电出版社,2011.
[36] 严正. 管理者胜任素质[M]. 北京:机械工业出版社,2007.
[37] 培杰. 销售冠军都是实践管理高手[M]. 北京:文化发展出版社,2019.
[38] 戴维·艾伦. 尽管去做:无压力工作的艺术[M]. 北京:中信出版社,2003.
[39] 英国 DK 出版社,巍思遥译. 自我管理之书[M]. 北京:电子工业出版社,2019.
[40] 俞萍. 中国医药代表发展历史、现状及问题分析[J]. 特别健康,2017(17).
[41] 吉婉婉,陈晶. 基于需要层次理论对我国医药代表概念的再界定[J]. 中国药业,2012(12).
[42] 国家药品监督管理局. 国家药监局关于发布医药代表备案管理办法(试行)的公告(2020 年第 105 号). [EB/OL]. [2020-9-30]. https://www. nmpa. gov. cn.
[43] 杨天齐. 利益与职责[D]. 南京:南京大学,2013.
[44] 布赖恩·费瑟斯通豪. 远见:如何规划职业生涯 3 大阶段[M]. 苏健,译. 北京:北京联合出版公司,2017.
[45] 林志吟. 带量采购、两票制冲击,医药流通企业寻出路[DB/OL]. [2019-04-09]. https://www. yicai. com/news/100157963. html.
[46] 一文读懂"医药供应链"[DB/OL]. [2020-07-22]. http://www. /360doc. com/content/20/0722/10/13664199_926042915. shtml.
[47] 医药招商[EB/OL]. [2021-05-01]. https://baike. baidu. com/item/%E5%8C%BB%E8%8D%AF%E6%8B%9B%E5%95%86#ref_[1]_113749.
[48] 药品流通[EB/OL]. [2021-05-01]. https://wiki. mbalib. com/wiki/%E8%8D%AF%E5%93%81%E6%B5%81%E9%80%9A,https://baike. baidu. com/item/%E5%8C%BB%E8%8D%AF%E6%8B%9B%E5%95%86#ref_[1]_113749.
[49] 医药招商成功在于经销商是重要环节[DB/OL]. [2011-08-22]. www. qgyyzs. net.
[50] 如何才能挑选合适的药品代理商[DB/OL]. [2014-10-26]. http://zixun. 3156. cn/u10000a133138. shtml.
[51] 孟庆亮. 踏入药店营销[J]. 销售与市场,1999(11):1.
[52] 李佳. 医药企业市场营销研究[D]. 苏州:苏州大学,2010.
[53] 石东山. 浅析中国医药销售的历史与发展[J]. 中国市场,2017(7).
[54] 崔阳洋. 设备供货商电信大客户营销团队建设研究[D]. 北京:北京邮电大学,2014.
[55] 徐科一. 中国医药企业的营销理念创新之路[J]. 新产经,2018(5).
[56] 刘鹏真. 医药企业开拓第三终端市场的营销策略探究[J]. 清远职业技术学院学报,2015(5).
[57] 党子圻. 浅谈第三终端市场的营销策略及实例分析[J]. 中国商论,2017(30).
[58] 王贤. 医药第三终端的地位及如何开发[J]. 中国保健营养,2017(2).